# 基督教文化研究丛书

主编 何光沪 高师宁

四编 第 **9** 册

## 耶稣作为明镜
### ——20世纪欧美耶稣小说

张 欣 著

花木兰文化事业有限公司

国家图书馆出版品预行编目资料

耶稣作为明镜——20世纪欧美耶稣小说／张欣 著 -- 初版
-- 新北市：花木兰文化事业有限公司，2018〔民107〕
目 2+206 面；19×26 公分
（基督教文化研究丛书　四编　第9册）
ISBN 978-986-485-488-2（精装）
1. 耶稣 2. 小说 3. 文学评论
240.8　　　　　　　　　　　　　　　　　107011448

ISBN-978-986-485-488-2

**基督教文化研究丛书**
四编　第九册　　　　　　ISBN：978-986-485-488-2

# 耶稣作为明镜
## —— 20 世纪欧美耶稣小说

作　　者　张　欣
主　　编　何光沪　高师宁
执行主编　张　欣
企　　划　北京师范大学基督教文艺研究中心
总 编 辑　杜洁祥
副总编辑　杨嘉乐
编　　辑　许郁翎、王筑　美术编辑　陈逸婷
出　　版　花木兰文化事业有限公司
发 行 人　高小娟
联络地址　台湾 235 新北市中和区中安街七二号十三楼
　　　　　电话：02-2923-1455／传真：02-2923-1452
网　　址　http://www.huamulan.tw 信箱 hml810518@gmail.com
印　　刷　普罗文化出版广告事业
初　　版　2018 年 9 月
全书字数　188049 字
定　　价　四编 9 册（精装）台币 18,000 元　　　　版权所有 请勿翻印

# 耶稣作为明镜
## ——20世纪欧美耶稣小说

张欣 著

## 作者简介

张欣，浙江人，北京师范大学文学院比较文学与世界文学所副教授，北京大学比较文学与世界文学所博士，主要研究基督教文学、英美文学和小说理论。出版专著《天地之间一出戏：20世纪英国天主教小说》，在《读书》、《基督教文化学刊》、《基督教思想评论》、《神学美学》等学术刊物上发表论文《正统的新声——评切斯特顿〈回到正统〉》、《人子形象的自我建构与灵性探索》、《唯美主义者的天主教想象》、《巴赫金与俄罗斯宗教哲学》、《"女圣徒"与日常伦理》等十余篇。

## 提　　要

　　20世纪众多欧美作家以多种方式重写了耶稣的故事。本书首先追寻了这些写作继承的三大遗产：福音书、基督论和启蒙以来的世俗化耶稣形象，然后指出在20世纪的耶稣小说重写中，最突出的重点是耶稣的人性侧面——即人子的形象。整体而言，受到20世纪整体思潮的影响，耶稣小说的叙事方式逐渐走向个体化，或者说"存在化"，通过耶稣形象探索了20世纪人的形象发展轨迹。单个而言，《大师与玛格丽特》中的耶稣形象延续了东正教中的"羔羊基督"形象，使之在新的时代环境中生出新的多处意义。这些小说对耶稣的人性的表达和追问，一方面使这些形象成为这个世纪人论发展的一面镜子，另一方面也丰富和挑战了对耶稣的神学叙事。同时，这些小说对耶稣的探讨也成为基督教在当代西方社会中的处境的折射，说明两者之间隔阂重重，既充满生命力又充满张力的关系。耶稣小说以一种醒目的方式揭示了这种处境，也回应了这种处境。

# "基督教文化研究丛书"总序

何光沪 高师宁

　　基督教产生两千年来，对西方文化以至世界文化产生了广泛深远的影响——包括政治、社会、家庭在内的人生所有方面，包括文学、史学、哲学在内的所有人文学科，包括人类学、社会学、经济学在内的所有社会科学，包括音乐、美术、建筑在内的所有艺术门类……最宽广意义上的"文化"的一切领域，概莫能外。

　　一般公认，从基督教成为国教或从加洛林文艺复兴开始，直到启蒙运动或工业革命为止，欧洲的文化是彻头彻尾、彻里彻外地基督教化的，所以它被称为"基督教文化"，正如中东、南亚和东亚的文化被分别称为"伊斯兰文化"、"印度教文化"和"儒教文化"一样——当然，这些说法细究之下也有问题，例如这些文化的兴衰期限、外来因素和内部多元性等等，或许需要重估。但是，现代学者更应注意到的是，欧洲之外所有人类的生活方式，即文化，都与基督教的传入和影响，发生了或多或少、或深或浅、或直接或间接，或片面或全面的关系或联系，甚至因它而或急或缓、或大或小、或表面或深刻地发生了转变或转型。

　　考虑到这些，现代学术的所谓"基督教文化"研究，就不会限于对"基督教化的"或"基督教性质的"文化的研究，而还要研究全世界各时期各种文化或文化形式与基督教的关系了。这当然是一个多姿多彩的、引人入胜的、万花筒似的研究领域。而且，它也必然需要多种多样的角度和多学科的方法。

　　在中国，远自唐初景教传入，便有了文辞古奥的"大秦景教流行中国碑颂并序"，以及值得研究的"敦煌景教文献"；元朝的"也里可温"问题，催生了民国初期陈垣等人的史学杰作；明末清初的耶稣会士与儒生的交往对话，带来了中西文化交流的丰硕成果；十九世纪初开始的新教传教和文化活动，更造成了中国社会、政治、文化、教育诸方面、全方位、至今不息的千古巨变……所有这些，为中国（和外国）学者进行上述意义的"基督教文化研究"提供了极其丰富、取之不竭的主题和材料。而这种研究，又必定会对中国在各方面的发展，提供重大的参考价值。

就中国大陆而言，这种研究自 1949 年基本中断，至 1980 年代开始复苏。也许因为积压愈久，爆发愈烈，封闭越久，兴致越高，所以到 1990 年代，以其学者在学术界所占比重之小，资源之匮乏、条件之艰难而言，这一研究的成长之快、成果之多、影响之大、领域之广，堪称奇迹。

然而，作为所谓条件艰难之一例，但却是关键的一例，即发表和出版不易的结果，大量的研究成果，经作者辛苦劳作完成之后，却被束之高阁，与读者不得相见。这是令作者抱恨终天、令读者扼腕叹息的事情，当然也是汉语学界以及中国和华语世界的巨大损失！再举一个意义不小的例子来说，由于出版限制而成果难见天日，一些博士研究生由于在答辩前无法满足学校要求出版的规定而毕业受阻，一些年轻教师由于同样原因而晋升无路，最后的结果是有关学术界因为这些新生力量的改行转业，后继乏人而蒙受损失！

因此，借着花木兰出版社甘为学术奉献的牺牲精神，我们现在推出这套采用多学科方法研究此一主题的"基督教文化研究丛书"，不但是要尽力把这个世界最大宗教对人类文化的巨大影响以及二者关联的方方面面呈现给读者，把中国学者在这些方面研究成果的参考价值贡献给读者，更是要尽力把世纪之交几十年中淹没无闻的学者著作，尤其是年轻世代的学者著作对汉语学术此一领域的贡献展现出来，让世人从这些被发掘出来的矿石之中，得以欣赏它们放射的多彩光辉！

2015 年 2 月 25 日
于香港道风山

# 目次

# 序　言

神秘的耶稣形象

## 为什么是耶稣?

　　20 世纪德国文学中最重要的形象是谁？当代著名神学家、文学评论家卡尔—约瑟夫·库舍尔（Karl-Josef Kuschel）如是说：“是耶稣。”[1]在我们（中国学者）眼中，20 世纪的德国应该已经“被世俗化”（secularized），为什么这个古老的宗教人物能够在当代文学中扮演如此重要的角色？如果再进一步得知，将地域范围扩大到整个西方，这个判断也是基本准确的，面对这个中国学者原有知识结构无法容纳的并置，就使我们不得不深思这个问题——20 世纪西方文学中的核心形象与耶稣的关系。

　　偶尔，我们也能够在 20 世纪的西方文学里认出他：《魔山》中举行最后晚宴的皮佩尔科尔恩身上，《铁皮鼓》中不愿长大的奥斯卡，《愤怒的葡萄》中愤世嫉俗的绥凯，《大师与玛格丽特》里喋喋不休的耶舒阿……但是，在这个思潮更迭，学说争鸣的世纪中，这位四处出没的幽灵究竟意味着什么。在更多的时候，这些重要的所指被我们放过，由于在通识教育中忽略了西方的宗教史，我们更习惯于从非信仰的视角漠视这个意蕴深厚的符号。但是，随着对西方文化认识的加深，鲜有文学研究者承载着丰厚的文化内涵的耶稣必然进入我们的视野。而我们也必须面对这个问题的核心：耶稣形象的神秘性。

　　另一个相关问题是：20 世纪被作家们重写次数最多的人物形象是谁？再次令我们意外，不是苏格拉底、柏拉图、孔子，也不是凯撒，拿破仑，或者埃及艳后……还是耶稣。以电影为例，耶稣的故事曾多少次被搬上银幕？下表仅是一份不完全的统计。

---

1　《德国文学中的耶稣》，*Jesus in der deutschsprachigen Gegenwartsliteratur*，转引自《历代耶稣形象》，帕利坎，杨德友译，上海三联书店，1999，刘小枫序。

表一：

| 中文译名 | 原名 | 年份 | 其　它 |
|---|---|---|---|
| 《圣袍千秋》 | *The Robe* | 1954 | 获奥斯卡最佳艺术指导等 3 项大奖 |
| 《宾虚》 | *Ben Hur：Tale of the Christ* | 1959 | 获最佳影片、最佳导演等 11 项奥斯卡大奖 |
| 《万王之王》 | *King of Kings* | 1961 | 60 年代的好莱坞福音电影巨作 |
| 《给我们巴拉巴》 | *Give Us Barabbas!* | 1961 | |
| 《壮士千秋》 | *Barabbas* | 1962 | 由 1951 年诺贝尔文学奖获得者拉格奎斯特（Pär Lagerkvist）的获奖小说《巴拉巴》改编而成[2] |
| 《马太福音》 | *Pier Paolo Pasolini* | 1964 | 意大利电影大师帕索里尼执导 |
| 《万世流芳》 | *Greatest Story Even Told* | 1965 | |
| 《耶稣传》 | *The Jesus Film* | 1979 | 在超过 238 个国家、以 1000 多种语言放映，史上翻译成最多语言的电影，在 176 个国家的电视上播放过。据估计，《耶稣传》被观看和收听总计多达 62 亿人次 |
| 《基督的最后诱惑》 | *The Last Temptation of Jesus Christ* | 1988 | 著名禁片，由卡赞扎基斯的同名小说改编而成 |
| 《蒙特利尔的耶稣》 | *Jesus of Montreal* | 1989 | |
| 《传记：耶稣—他的生平》 | *Biography: Jesus - His Life* | 1995 | 纪录片 |
| 《约翰福音》 | *The Gospel of John* | 2003 | |
| 《耶稣受难记》 | *The Passion of the Christ* | 2004 | 著名影星梅尔·吉布森执导、编剧，史上最卖座 R 级片 |
| 《耶稣诞生记》 | *The Nativity Story* | 2006 | |
| 《抹大拉：从羞耻中走出来》 | *Magdalena: Released from Shame* | 2008 | |

---

2 获奖原因是"由于他在作品中为人类面临的永恒的疑难寻求解答所表现出的艺术活力和真正独立的见解"。

电影是 20 世纪出现的最重要的文化现象之一，它既是大众流行文化风向标，也是先锋艺术的载体。虽然耶稣的故事被搬上银幕的次数不及福尔摩斯，但考虑到他的生平故事已经完全定型而且家喻户晓，不像侦探故事一样可以无限编写续集，这样的重拍次数已经相当惊人。而且，耶稣电影还不止一次创造了电影史之最：翻译成最多语言的电影，最卖座 R 级片，获奥斯卡奖最多的影片之一……不仅如此，重拍或重写耶稣不仅意味着票房奇迹和年度畅销书，还可能会成为备受争议的话题，这其中不仅包括《基督的最后诱惑》和《耶稣受难记》，甚至连《达·芬奇密码》的风行显然受益于它对耶稣生平的大胆设定。

那么，耶稣的故事在 20 世纪西方文学中被重写了多少次？法国学者贝特朗·韦斯特法尔（Bertrand Westphal）在专著《小说与福音：当代欧洲小说中的福音书变形，1945-2000》的末尾列出了近百部作品，[3] 美国学者艾丽丝·波内（Alice Birney）在《耶稣的文学形象：一份诗歌、戏剧、小说与批评的国际书目》[4] 中列出了一份更为详尽的书目：从 1900 年至 1989 年，重写耶稣的小说（包括短篇、中篇、长篇与译作）共有 400 余部，重写耶稣的诗歌有 400 首左右，戏剧有 200 余部，此外还有广播剧，甚至百老汇的舞台也用摇滚乐塑造了一位超级巨星耶稣……[5] 恐怕没有任何学者能够穷尽这份单子中列出的所有作品。但我们再次确认了一个确凿无疑的事实，那就是在这个世纪人们对耶稣的兴趣以一种令人惊异的方式延续着。

上面这些事实加在一起，也许我们可以得出这样一个基本判定：耶稣不仅过去是，现在依然是，将来也很有可能仍然是，西方文化的核心形象。至少，在当代多元化的文化势力中，耶稣形象是为数不多的最有生命力者之一。

这再一次要求我们将他身上的教权印记剥去，以一种新的视角观看他，追问为什么是他，不是圣母马利亚或保罗、奥古斯丁……在这个东方学兴盛的时代，也不是孔子、佛陀，或者穆罕默德。显然，耶稣不仅代表了一个在西方举足轻重的宗教传统，他引起的广泛兴趣昭示他拥有一股巨大的力量与

---

3　*Transposition de l'Evangile dans le roman européen contemporain, 1945-2000*, Bertrand Westphal, Limoges: Pulim, 2002.

4　*The Literary Lives of Jesus: An International Bibliography of Poetry, Drama, Fiction, and Criticism*, Alice Birney, New York: Garland Pub, 1989.

5　1971 年，美国百老汇上演了美国当代著名剧作家安德鲁·威伯（Andrew Webber）以耶稣为主人公的摇滚音乐神剧《耶稣基督万世巨星》（*Jesus Christ Superstar*）。

潜能，这个形象竟如此谜人，使不同教派、不同国家，不同宗教立场的人们争相书写与阅读他。[6]

20 世纪西方文学中的耶稣重写是一个奇异而神秘的现象。我们期望在这部著作中初步探讨这一现象，分析其成因、特点和给予我们的启示，为认识这一形象提供一种可供选择的阐释。

## 为什么是小说？

本文以重写耶稣的小说而不是其它文学和艺术形式作为研究对象，一方面是因为重写耶稣牵涉太广，不得不缩小范围，其次也是因为小说在 20 世纪西方文学中举足轻重，拥有巨大影响力。小说无疑是西方近代以来最具优势的文体，它产量巨大，拥有广泛的读者和极大的影响力。同时小说也是一种具有鲜明现代标志的文类。小说对文学中现代性的呈现作出了巨大贡献。英国学者伊恩·瓦特（Ian Watt）在 18 世纪英国小说研究的里程碑式著作《小说的兴起》中，将小说的出现与近现代个人主义的崛起联系在一起，他认为，小说表达了"特定个人在特定时间、地点的特有经验"，[7]在小说中，"个体"（即"特定个人"）被赋予了前所未有的重要性，此前，文学作品中的主人公往往代表某种阶层或特定社会群体（贵族、修道士、流浪汉、朝圣者、骑士……），主人公是此阶层或群体众生的集合，个体特征让位于群体共性。而在小说里，主人公不再附属于他的社会身份，而是追寻其个体超越社会身份之上的独立价值，这赋予了小说这种文体天然的现代性。在原来的欧洲封建制度下，人附属于阶层，固定的生活方式对应于程序化的表达，因而近代之前的小说的叙事发展大多依赖于空间的转移而不是时间的推移，主人公多为因某种需要而四处行走的某一类人，如流浪汉、骑士、朝圣者、探险家。在近代小说中，时间成为了决定性因素，岁月的流逝成为小说最重要的坐标轴。小说关注主人公在时间中的发展。于是，小说中的主人公如何在存在中与时间对抗或彼此生成，成为小说中永远的二律背反。由于小说表达了近现代个人主义的兴起，并为个体叙述的建立提供了具体而微的模版（如《少年维特之烦恼》之于歌德时代的进步青年，《克拉丽莎》之于理查逊时代的中下层

---

6 如劳伦斯、莫里亚克、布尔加科夫、卡赞扎基斯、艾特玛托夫、若泽·萨拉马戈、诺曼·梅勒等。

7 《小说的兴起》，伊恩·瓦特，高原、董红钧译，三联书店，1992。

女性，《简爱》之于 19 世纪中叶以来的知识女性的作用等等），所以在新时代大放异彩，独领风骚。

中国学者黄梅在《推敲"自我"：小说在 18 世纪的英国》中认为：16、17 世纪以降，西方原有世界观中神设的"众生序列"（the Great Chain of Being）[8]被打破了，人"似乎成了飘浮的孤独个体，有可能或是不得不重新为自己定位，重新探求并塑造自己的角色和人生意义。"[9]她认为，这努力建构自我身份的个人正是所谓的"现代主体"，后者是小说的核心主题之一。[10]小说的兴起伴随的是欧洲社会中基督教信仰逐渐衰落的世俗化进程。在此之前，基督教的"宏大叙事"（Great Narrative）容纳了世界的起源与人类历史的走向，个体通过信仰参与这个大叙事，生命的终极追问在其中获得解答，分享"宏大叙事"的意义。"宏大叙事"的衰微导致多元化"个体叙事"兴起，"众声喧哗"的时代应运而生，这个背景也是耶稣小说得以产生的原因。

小说作为 20 世纪西方文学的强势文体，得以突破了宗教禁区，讲述此前牧师、神学家才有资格言说的耶稣，这一"宏大叙事"的主人公成为了个体言说的对象。这种讲述也说明作者和读者期待耶稣形象摆脱僵化的宗教符号，成为充满鲜活生命力的个体。由于小说叙事与"现代主体"建构的内在联系，耶稣小说不仅探索了"现代主体"的构成，并且也为这个主体的建构提供了新的维度。

尤其有趣的是，最初建构耶稣形象的文本——新约福音书——最接近的文体也是小说。形式和内容不可分割。福音书缔造了耶稣这样一个独一无二的形象，赋予了他无穷的阐释性。耶稣小说可以说不仅在内容上，而且在形式上也继承了这种个体言说的讲述方式，当然，也添加了一份 20 世纪的色彩。

## 何为"耶稣小说"

"耶稣小说"即重写耶稣的小说。文学中出现的耶稣形象各式各样，在近现代文学中，至少有三种不同的复现耶稣形象的文学体裁：

第一种是耶稣传记。耶稣传记主要指对福音书耶稣故事的非虚构性重写，包括严谨的学术研究，如 19 世纪德国学者施特劳斯（David Strauss）耸动一

---

8　*The Great Chain of Being*, O. Lovejoy, Cambridge, Mass: Harvard University Press, 1936.

9　《推敲"自我"：小说在 18 世纪的英国》，黄梅，三联书店，2003，第 7-9 页。

10　同上。

时的《耶稣传》；允许细节虚拟想象的传记文学，如 19 世纪法国学者欧内斯特·勒南（Ernest Rénan）[11]的畅销书《耶稣的一生》。在 20 世纪有德国传记作家艾米尔·路德维希（Emil Ludwig）[12]写作的《人之子——耶稣传》等。

耶稣传记普遍受到所谓寻找"历史上的耶稣"（the quest for the historical Jesus）运动的影响，这个命题由启蒙时期的德国神学家提出。他们尝试将历史上的真实耶稣与基督教传说中的救世主分开，重新找到作为真实的历史人物耶稣。这场运动产生了了深远影响，使耶稣逐渐脱离了符号化的宗教形象，具有了历史性，同时这一形象因为将耶稣去神话化，也备受争议。

1863 年，勒南出版了故事性的人物传记《耶稣的一生》，首次为欧洲文化阶层提供了人文化的耶稣形象，塑造了第一个受到人们广泛关注、非正统的耶稣形象。勒南自述他的创作方法："为了努力使昔日的伟大灵魂再度活跃起来，某些预言和推测是必须采用的。"[13]所以他描写耶稣生平时采用了较自由的创造性联想。这种以现存史料为骨架，由作者注入血肉的创作方法，成为当代小说从非正统视角用虚构的方法重写耶稣的先驱。

勒南在 20 世纪的后继者路德维希在传记《人之子——耶稣传》中也说道："我这里所描写的耶稣的言行，福音书的章节里都有，只是在表达的观点和方法上，在以言和行连接起来的思想之桥上，作者必然地被赋予自由想象的空间。"[14]重写耶稣的小说不仅效法了勒南和路德维希的写作方式，而且采取与他们相似的立场——与当代经验联系，用纯粹人性的方式描写耶稣的内心冲突、克制与决断。路德维希认为："打开他（指耶稣——笔者注）本性的钥匙……是在他的那颗人性之心里。"[15]耶稣传记突破了教会对耶稣的传统解释，削减了这个形象的神圣性，同时使人文化的耶稣形象深入人心，这一切都为当代小说的虚构重写铺垫了道路。

耶稣传记注重寻找历史上真实存在的耶稣。从启蒙时期一直到 20 世纪末，这种努力从未断绝。耶稣传记往往具有考证性质，对耶稣涉及的历史、地理、政治、经济、文化状况的考察细致入微，为小说重写提供了许多素材乃至创

---

11 欧内斯特·勒南：1823-1892，法国哲学家、历史学家与宗教学家。

12 艾米尔·路德维希：1881-1948，德国传记作家。

13 《耶稣的一生》，欧内斯特·勒南，梁工译，商务印书馆，1999，第 41 页。

14 《人之子——耶稣传》，艾米尔·路德维希，张新颖译，南海出版公司，1998，第 6 页。

15 同上，第 7-8 页。

作思路。不少耶稣小说也参考了这些素材，在涉及历史问题时非常严谨。因此，区分耶稣传记与耶稣小说主要看文本是否设定自己为虚拟。与传记相比，小说的自由度显然要高得多。传记不论如何需要采用持客观立场的第三人称视角，内容也不能离开福音书的基本范围；而小说可以采用各种不同的视角，包括使用人物内视角来探寻角色的心路历程。而且在小说中，传记中无法容纳的"戏说"或"外传"可以发展成主线。

第二种是包涵类耶稣形象的小说，其中的耶稣形象被称作耶稣的"虚拟变形"（fictional transfiguration）。美国学者斯奥多罗·齐奥克斯基（Theodore Ziolkowski）在《耶稣的虚拟变形》[16]一书中提出了这种说法，用于指代文学中的类耶稣形象，或者说与耶稣相似的形象。如《魔山》中的皮配尔科尔恩在举行晚宴之后自杀，晚宴上有 12 个人出席参加，暗指耶稣举行的最后的晚餐，皮配尔科尔恩就是耶稣形象的"虚拟变形"。虚拟变形在西方文学中非常多见，《愤怒的葡萄》中的绥凯，《红与黑》中的于连，《少年维特之烦恼》中的维特都是耶稣的"虚拟变形"。耶稣作为具有革命性思想的底层人士，以及被迫害致死的殉道者的命运，往往与 20 世纪文学尝试传递的各种革命观念相契合。所以使用类耶稣文学形象，常常能够增加角色的深度和寓意。齐奥克斯基还将一些将耶稣移植到当代的小说也归入"虚拟变形"的行列。如英国小说家威廉姆·斯第德（William Stead）的《假如耶稣来到芝加哥》[17]，又如美国小说家厄普顿·辛克莱（Upton Sinclair）的《他们叫我木匠先生》[18]，讲述耶稣从教堂的玻璃窗中走下来，支持当地裁缝联盟的罢工活动，最后生命受到威胁，又回到玻璃窗上。这类小说常常借助耶稣批判现代文明，其中的"耶稣形象"或者"类耶稣形象"千变万化，值得深入。

耶稣的"虚拟变形"包含的范围很大，针对这一类形象已经有不少研究。较重要的研究著作不仅有齐奥克斯基的这部专著，当代德国著名神学家与文学评论家卡尔—约瑟夫·库舍尔（Karl-Josef Kuschel）的名著《当代德国文学中的耶稣》也在较小的地域范围内进行了类似研究。

---

16 *Fictional Transfigurations of Jesus,* Theodore Ziolkowski, Princeton: Princeton University Press, 1972.

17 *If Jesus Came to Chicago: A Plea for the Union of All Who Love in the Service of All Who Suffer*, William Stead, Chicago: Laird & Lee, 1894.

18 *They Call Me Carpenter: a Tale of the Second Coming*, Upton Sinclair, Whitefish: Kessinger Publishing, 1922.

而本文研究的是第三种涉及耶稣的小说：重写耶稣生平的小说，齐奥克斯基称这种小说为耶稣的"虚拟传记"（fictional biography）。与耶稣传记相似，这种小说关注耶稣自身，与之不同的是，它不以重现历史真相为目标，而是采用虚拟的方式探索耶稣的形象。

与耶稣传记、类耶稣小说相比，耶稣小说问世最晚，原因之一是虚拟重写耶稣需要一个宗教氛围相当宽松的社会环境。当代新教神学家艾伯特·史怀泽（Albert Schweitzer）[19]在《寻找历史上的耶稣》中指出，人们总是找到他们要找的那个耶稣，每个时代，每个个体都不断根据自身形象再次创造他。而每个时代描绘耶稣的方式，也往往成为我们理解这个时代思想特性的一把钥匙。20世纪小说的耶稣形象群恰恰可以成为这个世纪思想的镜像。[20]通过考察耶稣小说，借以研究当代西方文学与神学之间的生动互动，是本文为自己设立的研究方向。

## 研究现状

到目前为止，大陆学界对西方现代文学中耶稣形象的研究主要集中在已经翻译成中文的三部小说：它们分别是前苏作家布尔加科夫的《大师与玛格丽特》、前苏作家艾特玛托夫的《断头台》、希腊作家卡赞扎吉斯的《耶稣基督的最后诱惑》。其它耶稣小说基本无人问津。这些研究一般针对一部小说展开，其中一些涉及了文学与宗教的跨学科研究，但综合考察耶稣形象的文章很少，仅有康澄的《对二十世纪前叶俄国文学中基督形象的解析》[21]，探讨了《十二个》、《大师与玛格丽特》、《日内瓦医生》三部作品，和潘华琴《〈大师与玛格丽特〉和〈断头台〉中宗教题材的运用》[22]等少数几篇。这些研究显然不能概括现代西方耶稣小说的全貌。同时，有的学者将小说中的耶稣形象与《圣经》四福音书的耶稣故事进行比较，但是对历史上的、基督教传统中的、乃至当代人文研究中的耶稣形象与小说耶稣形象的关系，缺少基本的梳理。这样的处理方式忽视了这个形象背后复杂的历史因素与丰富的文化内涵，也很难构成对文本的准确解读。比较具有全局眼光的是梁坤于2009年在《基督

---

19 艾伯特·史怀泽：1875-1965，出生于阿尔萨斯，20世纪著名新教神学家。

20 *The Quest of the Historical Jesus*, Albert Schweitzer, W. Montgomery, J. R. Coates, S. Cupitt, and J. Bowden trans., Minneapolis: Fortress Press, 2001.

21 《外国文学研究》，2000年第4期。

22 《苏州大学学报》，1999年第1期。

教思想评论》第十辑中发表的《20 世纪俄罗斯文学中的基督复活主题》一文，她在文中提出，在俄罗斯当代文学中"多样而强烈的基督学倾向似乎是从文化内部克服 19 世纪以来俄罗斯宗教危机的一种表现"，[23]这篇文章从民族危机和宗教传统的内在关系的角度，鸟瞰 20 世纪俄罗斯文学中几个著名的耶稣形象和类耶稣形象，弥补了国内相关研究的欠缺，只是惜于篇幅，未能见到更加充分细致的论述。

西方的相关研究无疑走在我们前面。1995 年，德国学者朗格霍斯特（G. Langenhorst）在牛津大学出版发行的杂志《文学与神学》中发表了《重新发现作为文学形象的耶稣》[24]一文，他在其中指出，虽然在过去 20 年中，简直可以说出现了一场耶稣的文学复兴，尤其涌现了大量重写耶稣的小说，但是，一直到他写作之时，英语世界有关文学与神学最有分量的研究中，却几乎没有涉及耶稣形象自身的。这个现象至今仍未得到大的改观。

在西方文学研究中，耶稣形象的"虚拟变形"得到了较多关注。齐奥克斯基的著作对西方从文学角度研究耶稣形象具有奠基作用。在这部著作中，他详细考察了 18 世纪以来与耶稣有关的各种文学作品，他将启蒙时期至 1970 年的耶稣虚拟变形归入前后相继的 5 种类型：去基督教化（De-Christianizing），基督教社会主义耶稣，基督疯子（Christomanics），神话（Mythic）耶稣，同志（Comrade）耶稣，与第五福音书。但是齐奥克斯基研究的初衷是考察文学形象的传统与流变，他认为，离原形越远的"变形"越富于文学价值，因此只有"虚拟变形"具有研究价值。"虚拟传记"则因为离原形过近，不值得研究。

1978 年库舍尔出版了《当代德国文学中的耶稣》，他同样认为直接表现耶稣的文学已经过时了。但他批评齐奥克斯基在研究中不应该忽视神学维度，这导致齐奥克斯基无法解释当代作家仍然写作耶稣的"变形"；他认为齐奥克斯基由于忽略了变形背后的传记学、哲学与神学因素，未能抓住这些变形的实质。

朗格霍斯特的《重新发现作为文学形象的耶稣》一文是近年来比较重要的研究耶稣重写的论文。在这篇文章中，朗格霍斯特较为详细地列出了 19 世

---

23 《基督教思想评论》，2009 年，第十辑，第 23 页。

24 *The Rediscovery of Jesus as a Literary Figure*, Grorg Langenhorst, Literature & Theology, Vol. 9, NO.1, March 1995, p.85.

纪末以来许多重写耶稣的文学作品（其中绝大多数为小说），也提出了一些研究的角度与方法，并认为文学重写现象绝对不容忽视。在研究中他兼具文学与神学的维度，并为未来的耶稣重写研究提出了几个问题：新的耶稣小说传统是否对耶稣的神学阐释构成了挑战？耶稣的什么地方吸引了这些不相信耶稣是基督的作家？耶稣形象的独特性何在？他们目标明确地转向描写耶稣时代的犹太人约书亚（Joshua，耶稣的希伯来文名），这个现象意味着什么？朗格霍斯特认为，各种神学之外的当代耶稣形象，文学中的、电影中的、舞台上的，神学都必须严肃地对待。而限于篇幅，他的研究仅停留在概述与提出问题的阶段。

　　法国学者贝特朗·韦斯特法尔于 2002 年发表了专著《小说＆福音：1945-2000，当代欧洲小说中的福音流变》，这可以说近年来最重要的耶稣小说研究。贝特朗涉及小说的数量较多，他延续了齐奥克斯基的思路，主要研究福音书在文学中的演变情况。贝特朗描述道，"当文艺复兴熄灭了宗教裁判所最后的木材堆，耶稣从神学家们的垄断中被连根拔起，一头扎进巨大的文学狂欢节之中。"[25]他的研究撇开了神学的思路，纯粹从文学的角度出发，将研究耶稣小说的合法性建立在神话和文学在虚构性上的相似性："如果神话起初建立的真实性随着时间的流逝面临丧失的威胁：它就很自然地倾向于自我虚拟化。"[26]他引用杰哈尔德·热奈特（Gérard Genette）在《小说与措辞》中的说法："神话是这样一种叙事类型，明显立足于小说的彻底不精确与流变之上。"[27]他将福音书的故事等同于神话，认为它是一个"寓言（une fabula）"。[28]但笔者不赞成这种对待福音书的启蒙式立场。笔者认为，这种所谓纯文学研究的立场忽略了很重要的一点，就是耶稣小说之所以出现，其根本在于人们对宗教的持续而强烈的兴趣。世俗化只是现代社会的一些方面或者一种叙事声音，人数众多的宗教信仰群体的存在迄今为止是不争的事实。对这一根深蒂固的信仰传统和人群的漠视，毋宁说是启蒙主义的傲慢，而非真实的客观中立的立场。显然，福音书不是一种虚构文体，因为它不仅没有这样自我设

25 *Roman & Évangile: Transposition de l'Evangile dans le roman européen contemporain, 1945-2000*, p.12.

26 Ibid., p. 15.

27 *Fiction et diction*, Gérard Genette, Paris: Editions du Seuil, 1991, p.35.

28 *Roman & Évangile: transposition de l'Évangile dans le roman européen contemporain, 1945-2000*, p.17.

定，而且它还不断强调其内容的真实性。离开福音书的自我设定去研究福音书，不仅忽略了福音书的言说语境、言说对象以及接纳它为正典的群体，而且会遮蔽福音书的独特性，使我们对这种充满了张力的独特的文学样态视而不见。

贝特朗的研究强调文学及文学研究的独立价值，强调审美的独立性。但是一个文学形象的审美价值是否必须独立于其神学内涵却是值得商榷的，按照这样的标准，西方艺术史上蔚为大观的福音书题材的艺术创作就都失去了其内容上的意义。贝特朗的观察很准确，绝大多数耶稣小说都把耶稣作为一个人来对待，但是，谈论耶稣的人性丝毫不意味着和神学没有关系。

朗格霍斯特在论文中指出，70年代以来，当代圣经学者的研究成果越来越多为教会的领导人和会众接受，纯粹的圣经叙事概要以及圣经叙事的再创作，不复被视作对圣经权威的挑战，朗格霍斯特认为，这是当代耶稣小说出现的重要的神学背景。[29]导致70年代以来耶稣小说层出不穷的另一个原因是教会群体在释经方面日渐开放，以及当下基督教方兴未艾的复兴运动。以五旬节运动和福音派为代表的当代基督教复兴运动显示出了一系列新动向，如对信仰探讨的开放态度，对核心教义的归正，以及对生命更新的积极求索。本文的最后一章将探讨耶稣小说与这些神学变化之间的关联。

现有的研究还包括保罗·本斯主编的《20世纪文学、艺术和电影中的耶稣》，2007年在美国出版，[30]这是一部多位学者写作的合集，能够代表美国对耶稣重写的最新研究状况。这部著作涉及到小说、绘画和电影，命题包括圣经注释的当代处理、马克思主义的对立，性爱的浪漫和弗洛伊德式应用；被钉十字架的耶稣的犹太身份等。由于作者较多，牵涉面较广，因此不是系统研究。

## 方法论

对耶稣小说的研究属于基督教文学研究领域，后者又从属于比较文学的跨学科研究。跨学科研究是近些年比较文学学科建设中讨论的热门话题，尽管国内外学界都涌现了不少操作实例，但至今其正当性仍在辩论之中。什么才算"跨学科"？这一问题背后潜藏着对这种提法的质疑。学科分野有助于

---

29 *The Rediscovery of Jesus as a Literary Figure*, p.86.
30 *Jesus in twentieth-century literature, art, and movie*, Paul Burns ed., New York: Continuum, 2007.

厘清问题，拥有自身的合理性，各学科的研究边界不仅在于不同的研究对象，也在于不同的研究视角。"跨"学科会导致学科的边界模糊乃至受到挑战，是否真的如其所承诺的那样卓有成效？在这些思量的背后也透露出了比较文学这门学科自身的不自信，以及对"跨学科"研究失去深度、徒有虚名的担忧。

所以在这里有必要对本文的研究视角和方法做一些交代。就事实层面而言，文学和宗教的密切关系一直为人们认可。没有基督教就没有《神曲》，没有伟大的宗教情怀就不会出现《卡拉马佐夫兄弟》和《复活》，没有福音书就不会有《喧哗与骚动》……在历史上，许多文学家的创作直接渗透着神学，最典型的如但丁和弥尔顿。即使在当代，仍有许多文学作品和宗教表现出密切的关系。如美国作家厄普代克承认新教神学家卡尔·巴特（Karl Barth）[31]对他创作的影响，英国作家格雷厄姆·格林（Graham Greene）[32]受到天主教神学家纽曼（John Henry Newman）[33]的影响等；同样，读者也一直保持着与文学创作的信仰共鸣：《天路历程》激励了数代新教徒，当代美国小说《末世迷踪》[34]系列受到基督徒的热情追捧等。所以，在解读这些文本的时候引入神学或基督教的视角，是相当自然的。

前面列举的大多数例子都可以归入"影响研究"的行列。但不可否认的是，在近代西方文学中，宗教命题确实越来越少直接呈现在作品里，在一个成功"驱魅"的社会中，魔鬼和上帝似乎较少在严肃的创作中直接登场。[35]在很长一段时间里，文学作品中主人公的个人追寻历程和宗教已经毫不相干，或者仅仅只是点缀而已。但当代西方思想的生存论转向为宗教命题重新成为文学主题提供了基础。20 世纪文学对人的表达日渐复杂、深入，尤其对人的内在性的表现有很大发展。宗教对永恒的追问，对人生虚空的喟叹，基督教传统中对内心世界的探索，又悄然潜入了这个世纪的文学。就像美国神学家保罗·蒂利希（Paul Tillich）[36]在《现代艺术的宗教风格》一文中所下评论一

---

31 卡尔·巴特：1886-1968，20 世纪最重要的新教神学家之一。

32 格雷厄姆·格林：1904-1991，英国著名天主教小说家。

33 纽曼：1801-1890，19 世纪英国天主教神学家兼教育家。

34 *Left Behind: A Novel of the Earth's Last Days*, Tim Lahaye, Jerry Jenkins, Tyndale House,1995.讲述了基督教所认为的末世临时的情景。

35 当代出现魔鬼的文学作品往往带有狂欢色彩，而不是带来可怖的地狱场景。如在《卡拉马佐夫兄弟》和《大师与玛格丽特》中。

36 保罗·蒂利希：1886-1965，又译保罗·田立克，美国著名新教神学家，存在主义神学家的代表人物之一。

样："宗教意味着终极关怀，也询问人存在的意义究竟'是有还是无'的问题，并拥有解答这个问题的很多信条。这是最广泛、最基本的宗教概念。宗教最终关心人的存在、人的自我和人的世界，关心它的意义、疏离和局限性。"[37]

但相关性是一回事，严肃的学术研究似乎是另一回事。德国神学家、文学批评家库舍尔在《诗人作为明镜：20 世纪文学中的人性、神与耶稣》[38]一书中使用20世纪的文学名著探讨他关心的信仰问题："人性之谜，上帝-深渊，耶稣的面容"。在《序》中，他一开始就为自己从信仰的角度解读文学辩护："我这样做将文学'功能化'了吗？是的。但为什么不？我和所有读者一样，当他们让一个文本成为'他们的'的时候，即他们发现这个文本对他们说了一些有用的真理时，同样是在'功能化'一个好文本。但功能化不意味着强迫或命令。'功能化'只是承认，在我的生命与阅读中，一些文学文本对我而言已经不可缺少。他们成为了'我的'文本。我的神学思想常常被它们激发……我不想我的思想落在它们后面。"[39]库舍尔认为从基督教的角度研究文学的合法性在于，文学讲述各种人类经验，宗教信仰是人类一项重要而普遍的体验，文学表达自然会涉及宗教体验，文学表达信仰的方式和神学在形式上有差异，但两者在历史上一直以多种形式交互、共生、互补，因此，神学家能够分析借助文学分析信仰中的问题。

而且，从生存论的角度来看，文学表达或许比理论探讨更贴近宗教信仰的实践层面。大卫·雅斯贝尔（David Jasper）在《文学研究与宗教》一书中提出："文学自主性的审美价值并不一定和实用性的神学价值相冲突。"[40]神学不是关于信仰的枯燥理论，而是立足于当下信仰的实践总结。文学生动地表现人类的生活经验，它的表达能够较少顾及宗教传统教义，它对人类当下经验的自由探讨有可能对当代神学阐释构成启发与挑战。另一位学者 T. R. 赖特（T. R. Wright）在《神学与文学》一书中也指出：文学"讲述的东西无法用其他形式表达"。[41]文学以独特的方式提出并解答时代的问题，跨学科的研究若

---

37 《现代艺术的宗教风格》，保罗·蒂利希，《宗教与当代西方文化》，爱德华·塞尔编，衣俊卿译，台北桂冠图书股份有限公司，1995，第 250 页。

38 *The Poet as Mirror. Human Nature, God and Jesus in Twentieth-Century Literature*, Karl-Josef Kuschel, John Bowden trans., London: SCM Press, 1999.

39 Ibid., Prologue, p.2.

40 *The Study of Literature and Religion: An Introduction*, David Jasper, 2<sup>nd</sup> edn, Bastingstoke and London: Macmillan, 1992, p.100.

41 *Theology and Literature*, T. R. Wright, Oxford and New York: Blackwell, 1988, p.4.

能将其中的信仰问题提炼出来，与神学对这些问题的思考彼此参照，既能有利于在更广阔的范围中理解作品，或许也有助于神学拓宽思路。

库舍尔的研究仅仅是研究基督教文学的一个角度而已。文学与宗教的结合形式是多种多样的，研究基督教文学的角度也同样是多样的。中世纪神学对《神曲》布局的影响，《浮士德》中魔鬼形象的独特性，《诗篇》的文学技巧，《约伯记》的叙事结构，这些都可以是基督教文学研究的范围。引入基督教思想能够使我们更加了解西方文学——这是国内学人已经在做的，也能够通过阐释文学探讨信仰——这是目前的研究还比较欠缺的部分。笔者以为，当前的基督教文学研究需要谨防简单化，不能只是停留在指出作品受到了宗教的影响的阶段。在涉及西方宗教时，这个问题尤其明显。比如耶稣小说，虽然以福音书为蓝本，但是作者面对的已经不是原始福音书中的耶稣形象，而是一个经过无数世代阐释的文化复合品。各种宗派、时代中的耶稣形象既相近，又存在差异。现代小说中的耶稣形象源于福音书，而且受到了上千年之久的耶稣阐释史的影响。需要熟悉西方宗教史乃至神学史，才能够深入分析其中的关系。同理，研究《红字》需要考虑北美清教徒文化以及加尔文宗教义的影响；探讨英国小说家伊夫林·沃（Evelyn Waugh）[42]则需要认识到他的天主教信徒的身份，即英国是一个新教国家，天主教属于信仰上的少数派，相对于新教，天主教徒拥有独特的文化传统和社会身份。

国内的基督教文学研究已经越来越摆脱以往简单化的问题，出现了更加专业、细致的研究，这实在是可喜的局面，如李枫的《诗人的神学：柯勒律治的浪漫主义思想》[43]、肖霞的《日本近代浪漫主义文学与基督教》[44]等；近年来还不断涌现《圣经》文学研究，如李炽昌、游斌合作的《生命言说与社群认同——希伯来圣经五小卷研究》，[45]张缨的《<约伯记>双重修辞解读》[46]等，大陆学者已经正式加入了世界基督教文学研究的行列，开始发出自己的声音。

---

42 伊夫林·沃：1903-1966，英国著名天主教小说家，代表作包括小说《旧地重游》和《荣誉之剑》。

43 《诗人的神学：柯勒律治的浪漫主义思想》，李枫，社会科学文献出版社，2008。

44 《日本近代浪漫主义文学与基督教》，肖霞，山东大学出版社，2007。

45 《生命言说与社群认同——希伯来圣经五小卷研究》，李炽昌，游斌，中国社会科学出版社，2007。

46 《〈约伯记〉双重修辞解读》，张缨，华东师范大学出版社，2009。

　　与国外的同仁相比，我们的研究显然还有一段距离。西方的研究往往不仅进入宗教与神学的层面探讨，而且能够在探讨中综合历史影响、神学思想、文学叙事等多种因素，如《矛盾中的妥协：班扬与笛福的叙事实践与叙事形式》[47]，《冲突中的神义论，清教伦理与 19 世纪美国文学中的困境》[48]这样的研究，探讨了具体的神学问题（预定论，神义论）在文本中呈现的方式，阐释了它们对文本叙事的影响；文学文本反过来又如何表达了这种神学问题及其在实践中面临的困境。又如《应许的结局：神学与文学中的末世论》[49]这类专著，采取另一学术径路，不研究历史上的事实影响，而探索文学叙事与思想史的关系，这部作品选取近现代文学中的重要作品，分析它们处理结局的不同方式：如"等待戈多"式，"希望神学"式，指出文学的结局与神学的末世论在文本中构成的隐喻关系，从而探讨基督教末世观对现代小说结局的影响。这些研究都能够有助于深入地理解基督教在西方文学中的地位与作用。这类"影响研究"还具备一个共同点，在处理中世纪之后欧洲文学与基督教的关系时，倾向于在思想史和心灵史的层面寻找契合点，并且将这些深层次的影响与文学形式的变迁联系在一起。一部优秀作品的追问具有美学价值，也蕴藏着文化内涵，正是后者使文学和神学嫁接在一起。

　　作为一门新兴的学科，比较文学自形成之日起，就以其特有的开放性不断拓宽自己的边界。就学科史来说，比较文学跨越了初期的实证研究，将研究领域扩大到平行研究和双向阐发，而且开始了牵涉面更广的跨学科研究。边界的拓宽一方面说明了比较文学鲜活的生命力，另一方面也将比较文学再次置于严肃的挑战面前。基督教文学作为跨学科研究，目前仍然没有现成的或者说统一的范式可以遵循。笔者以为，理想的跨学科研究，需要深入两门学科的内部问题，两者的嫁接必须是真实有效的，研究者提出的问题清晰地处于两门学科之中，而获取的结论都对于双方都不无裨益，以达到在彼此参照与资源共享之中深化两门学科各自的理解和认识。而笔者对跨学科研究的执着，归根到底是出于人文学科是不可分割的这一信念。比较文学是国内文学专业中唯一以研究方法而非研究对象为定义自身的，在这种特殊的背景中，

---

47　*Negotiation With Paradox: Narrative Practice and Narrative Form in Bunyan and Dofoe*, Stuart Sim, Savage: Barnes & Noble Books, 1990.

48　*Theodicies in Conflict: A Dilemma in Puritan Ethics and Ninenteen-Century American Literature*, Richard Fower, New York: Greenwood Press, 1986.

49　*The Promised End: Eschatology in Theology and Literature*, Paul S. Fiddes, Oxford: Blackwell, 2000.

笔者也常常感到自己的学科身份受到挑战，常常感到比较文学的理念极有价值，现状却不尽如人意。

就本文而言，笔者所采用的研究方法——跨学科研究——是由研究对象决定的：耶稣小说无法在文学或神学各自的领域中被解释清楚，需要梳理耶稣形象的历史传统，并联系 20 世纪的文化环境，才可能发掘耶稣小说生成的深层次原因。而耶稣小说的神学价值，同样有赖于对文学的独特性的清晰认识。

## 本书的主要内容。

第一章为历史研究，分阶段梳理了 20 世纪耶稣形象的文化遗产：福音书中的、中世纪的、近代的，这些遗产是耶稣小说重写的参考对象，不论是作为继承的对象还是颠覆的对象，它们都是当代耶稣小说出现，并帮助我们理解这些小说中的耶稣形象的基础。

第二章总括 20 世纪西方耶稣小说，得出其中最具有代表性的形象是人子的结论，并从肉身、内在性和超历史性几个角度分析了这种形象的基本特征。

第三章阐述人子形象与时代思想之间的关系，分析这个世纪的思潮如何具体影响了耶稣小说的生成与创作，提出了小说中的"存在化讲述"的概念。

第四章分节阐释了 20 世纪不同的耶稣形象：失败的救世主形象及其失败的原因；俄罗斯独特的耶稣形象遗产——羔羊基督的现代形态；人子形象与当代精神求索之间的关系；以及女作家笔下的耶稣。

第五章阐释提炼耶稣小说及其塑造的耶稣形象的神学意义。首先从当代神学中基督论面临的困境入手，探讨文学叙事所呈现的个体与耶稣关系的神学意义。其次联系当代叙事神学的发展、基督教复兴运动与灵修传统，尝试探讨一种针对基督教文学的基督教文学批评。

# 第一章　耶稣形象的遗产

　　历世历代的神学、哲学、文学赋予了耶稣各种各样的身份：救世主、神圣逻各斯、神子、人子、伦理教师、诗人、解放者……在长达 2000 年的历史中，耶稣已经成为一个异常复杂的承载了多种涵义的符号。当代小说中的耶稣形象虽然以《圣经·新约》中的四福音书为蓝本，但也受到历代神学阐释、民间传说乃至人文学者研究的影响，是建立在历史集体想象之上的新的个体言说。本章依顺序梳理了历史上最为典型的耶稣形象，以期发现它们为 20 世纪的重写留下了什么样的遗产。

## 第一节　永恒的福音书

　　毫无疑问，《圣经·新约》中的四福音书树立了所有耶稣形象的原型。

　　四福音书指《圣经·新约》中的四部福音书：《马太福音》、《马可福音》、《路加福音》与《约翰福音》。基督教会传统认为，这些福音书由教会早期几位使徒写成，成书时间为一世纪下半叶。《马太福音》被认为由耶稣的门徒马太而作，学者认为它的写作对象是犹太人，特点是多次引用《旧约》，目的为说服犹太人耶稣就是《旧约》中应许、他们所等候的弥赛亚（Messiah，犹太人对救世主的称呼）。《马可福音》相传由教会第二代使徒马可根据耶稣的大弟子彼得的见证编纂而成，多数新约学者认为，它在四部福音书中成书最早，资料最原始，描写也最质朴。《路加福音》的作者相传为非犹太裔的医生路加，他是保罗传教时的伙伴，身为"外邦人"（当时犹太人对非犹太人的称呼），他的写作对象也是"外邦人"。这部福音书行文流畅，文笔优美，显示出作者良好的教育水平与文化修养。《约翰福音》相传为使徒约翰所作，尤其强调耶稣的神性。四福音书大抵记载了耶稣的生平：降生、传道、受难和复活。四福音书内容有许多重合，尤其前三部福音书，因为叙事风格、叙事手法与内容都很相似，又被称作"对观福音书"。耶稣的故事最早在信徒之中口耳相传。随着福音在罗马帝国逐渐传开，以及第一代使徒渐渐离世，信徒们感到有必要以文字的方式记录下权威的与耶稣相关的信息。如《路加福音》的开头写道："提阿非罗大人哪，有好些人提笔作书，述说在我们中间所成就的事，是照传道的人从起初亲眼看见，又传给我们的。这些事我既从起头都详细考察了，就定意要按着次序写给你，使你知道所学之道都是确实的。"[1]这些话表明这部福音书是一封书信，写给一位叫做提阿非罗的有地位的人，以便于他了解基督教信仰，由于路加不是耶稣在世时就跟随他的第一代使徒，所以他写作的时候考察了其它根据亲眼见到耶稣的人留下的文字记录。

与口头传统相比，书面福音书并不是一开始就获得了权威。在早期教会还流传其它一些福音书，如在 20 世纪重新发现的《多马福音》，以及今天以残片形式存在的《埃及人福音》、《抹大拉的玛丽亚福音》等，其中记载了部分四福音书中没有出现的耶稣言行，有的记载了更多耶稣童年时期的神迹故事。但是由于没有被教会接受，这些福音书在历史上逐渐失传，直到最近一个世纪才被重新发现。部分学者认为，《可兰经》中一些《圣经》没有的耶稣故事就来源于这些非正典福音书。大公教会在流传的众多福音书中较为普遍地接受了这四部，在 4 世纪中晚期将它们确立为教会正典，与其它一些书卷编撰在一起，组成《新约》，与《旧约》并举。[2]从此以后，四福音书提供的耶稣形象成为了不可撼动的典范，即使基督教历史上的神学建设也必须以福音书中的材料为圭臬。

显然，福音书中对耶稣的描写相当成功，塑造了一个十分有魅力的形象。他的教导质朴无华，传道风格生活化，突破阶层区分和文化偏见。他爱憎分明，对弱者充满怜悯，对权贵亦。他不辞劳苦，不畏艰险，直至为信仰献身。福音书建立的耶稣形象具有活泼、非程序化的特点。耶稣故事常常出现空白，

---

1　《圣经·新约》，路加福音 1-3。本书所用《圣经》，若未加标注，均为和合本。

2　筛选正典的标准主要有两条：教会是否认为是上帝"默示"的，以及是否直接或间接具有使徒的权威。为此，基督教曾于公元 393 年和 397 年召开两次教会大会，将四福音书确立为福音书正典。关于《新约》正典包括福音书的确立过程详见《圣经正典》，F.F.布鲁斯，刘平、刘友古译，上海人民出版社，2008，以及《新约正典的起源、发展和意义》(美)麦慈格，刘平、曹静译，上海人民出版社，2008。

叙事时有断裂，仿佛一部没有被修剪干净的未完成的作品，而这种言行录的叙事方式保留了耶稣形象的多重阐释空间。从今天基督教的影响来看，福音书的叙事可以说相当成功。

新约学者们从不同的角度讨论了福音书与希腊—罗马文化中传记或神谱的关系，以及与希伯来传统中先知书的联系。福音书的形式与当时当地已有的文本类型肯定存在着某种关联。然而，相对这些当时已有的文本类型，福音书还是显示出了类型上的独特性。

福音书的形式与作者的写作意图密切相关。福音书由耶稣的生平构成，主要记录耶稣传道期间的言行，少数地方夹杂作者的简单评述。这些作者写作福音书都是为了说明耶稣是基督，如《约翰福音》的末尾写道："耶稣所行的事还有很多，若是一一地都写出来，我想，所写的书就是世界也容不下了。"[3] "但记这些事，要叫你们信耶稣是基督"。[4]《路加福音》的开头也写道："这些事我既从起头都详细考察了，就定意要按着次序写给你，使你知道所学之道都是确实的。"[5]

特定的写作意图决定了作者们对记录内容的选择。作者在写作时明显侧重更能表现耶稣的弥赛亚特征的部分：所以他们详细记载耶稣非同寻常的降生（童女怀孕、天使报讯、博士朝拜、希律屠婴等）。关于耶稣的童年只记载了一件事：耶稣 12 岁时在耶路撒冷的圣殿中发生的小插曲，此后便是耶稣在 30 岁左右出现在约旦河边，接受施洗约翰的洗礼，然后开始传道。根据福音书的记载，耶稣总共活了约 33 年，在世上传道的时间大约三年半。[6]这三年半的时间（即耶稣生命的 1/11），占了福音书 94% 以上的篇幅。作者的写作意图决定了福音书内容的构成，以致在耶稣的生平中留下许多空白。他生命中的 10/11，如家庭生活、童年、成年后至 30 岁之前的经历都没有提及。史怀哲曾说："我们（从福音书中）获得的关于耶稣生平的素材实在跳跃得令人叹息。"[7]这些空白为今天的耶稣小说提供了写作的余地。一些作品专门针对这些未知

---

3　《圣经·新约》，约翰福音 21：25。

4　同上，约翰福音 20：30a。

5　同上，路加福音 1：3-4。

6　此处的耶稣生平综合了四部福音书的内容，如耶稣 12 岁时在耶路撒冷的圣殿中发生的故事，耶稣在 30 岁左右受洗并开始传道均记载在《路加福音》中。而耶稣传道时间为 3 年半左右，则是根据《约翰福音》的记载推算出来的。

7　*The Quest of the Historical Jesus*, p. 8 .

的年份（unknown years）大做文章。如尼古拉斯·诺特维其（Nicolas Notovitch）的《耶稣基督的未知生平》（*La vie inconnue de Jesus Christ*）（1894），讲述耶稣18 岁旅行到了印度，学习佛陀的教导，回耶路撒冷途中滞留波斯，在那里向查拉图斯特拉教徒布道。另一位作家利未·道林（Levi Dowling）的《耶稣基督的太空时代福音》（*Aquarion Gospel of Jesus the Christ*）（1908），详尽地发展了诺特维其的基本框架：耶稣从印度出来后去了西藏，在那儿遇见孟子，在古波斯拜访了祭司，去希腊的途中经过亚述与巴比伦，向雅典人传道，为亚历山大城的七贤所膏……这部作品曾受到神智论者的热烈欢迎。以及较近的杰哈尔德·梅萨迪耶（Gerald Messadié）写作的《成为神的人》（*L'homme Qui Devint Dieu*）[8] 耶稣的父亲约瑟是旧约律法教师，他成年后向多西德（Dosithée）学习魔法，四处拜访求学。这类耶稣小说往往异想天开，不太顾及历史的真实性，但这些杜撰显示了他们对耶稣智性发展历程的重视，体现了人们对耶稣智慧的高度认可。

在福音书中，除了对耶稣的成长经历我们不得而知之外，我们还需要面对另一处空白，即耶稣的内心活动。福音书既是作者对耶稣生平的记录，也是作者自身的信仰告白。一方面，这种见证式的写作力求真实，自然不会去揣测耶稣的内心活动，而只记载可见的外在言行。另一方面，在福音书及其同时期文学，甚至包括他们之前的各种文学类型，在讲述故事或描写人物时都鲜有心理描写。但对于酷爱细致的心理描写的现代人来说，这是他们了解一个人的重要途径，于是，这部分也成为当代耶稣小说重点补充的内容。

特定的写作意图不仅决定了材料的选择，也决定了福音书的叙事方法。福音书的写作目的决定了它的视角。由于这个文本不能带有任何虚拟色彩，务必真实，因此，每部福音书都自觉不自觉地采用类单一有限视角叙述耶稣的故事，这就使福音书看上去几乎全部由作者亲眼所见或亲耳所闻的内容构成，使福音书拥有一种类似当代新闻纪实的效果：直观、生动、富有真实感。在这一点上，《约翰福音》是最明显的。

学者们一般认为，福音书的形成大约经过了三个阶段：使徒们口头宣讲耶稣生前事迹与教训的阶段；初期教会根据这些口头传说，将耶稣故事及言论编撰成书，用于做礼拜；最后由有关作者进一步整理这类集子，写成完整的福音书。[9] 但是历史上的基督教会将福音书视为某位使徒的著作。这在福音

---

8 *L'homme Qui Devint Dieu*, Gerald Messadi, Paris: R. Laffont, 1995.

9 关于福音书的具体形成过程参见《四福音书解读》，刘光耀、孙善玲等，宗教文化出版社，2004。

书中也能找到一些内证，比如《约翰福音》的结尾说："为这些事作见证，并且记载这些事的，就是这门徒；我们也知道他的见证是真的。"[10]此处的"这门徒"被认为就是约翰自己。将福音书冠上使徒之名的结果是将对耶稣的叙事的真实性建立在个体的言说之上。换句话说，《圣经》中证明耶稣是基督，采用的不是看似严谨的逻辑论证，而是通过个体的话语。从历史来看似乎有些不可思议，对西方文化与历史产生了难以磨灭的影响的基督教的基础竟然是几个历史上几个小人物的个体叙事。

但是，事实上我们可以在《旧约》中找到个体叙事的"权威性"或"有效性"，这颗种子在《旧约》中就已经埋下了。在《旧约》中，个人的讲述被赋予了非常重要的地位。39卷《旧约》中有28卷以个人名义写成，包括摩西五经与所有先知书。《旧约》叙事的经典情节是，领受了神的旨意的犹太先知对抗悖逆上帝的以色列民，而且就犹太民族所处的政治环境而言，先知的话往往显得有悖常理，但是来自个体的有效叙事最终证明总是正确的。在《新约》中个体叙事的作用更加明显，几乎所有《新约》经卷都由某位使徒冠名，而且基本上都是写给某个教会或个人的书信，带有极其鲜明的个人色彩和地方特色。如《哥林多前书》，是保罗写给哥林多教会的一封劝诫的书信，从信中我们可以得知，哥林多教会是保罗传教时亲自建立的，他离开之后教会出现许多问题，如结党纷争、淫乱等，于是他针对哥林多教会的具体问题给予了许多教导，言说的口气相当个人化，有严厉的谴责，也有温和的劝诫。哥林多教会呈现的问题与《加拉太书》中的加拉太教会、《罗马书》中的罗马教会是完全不一样的。[11]这些都说明以福音书为代表的《新约》叙事非常注重个人叙事，而不是逻辑论证甚至集体见证，它并不避讳将叙事的真实性建立在个体之上。

谈起福音书，往往将其视为一个整体，但事实上福音书是复数的，即由四部福音书构成。这也是福音书在形式上的独特之处。虽然在成书时每部福

10　《圣经·新约》，约翰福音21：24。

11　详见《圣经·新约》中的《哥林多前书》、《加拉太书》和《罗马书》，我们从这些书信中发现，由于和这些教会的关系不同，保罗书信的内容和语气差异很大。如《加拉太书》中既有温情的回忆——他生病时加拉太人对他的照看，也有恳切的责备，斥责加拉太人无知，这么快就离开去基督去相信律法，因为加拉太教会也是保罗建立的。而保罗写作《罗马书》时还没去罗马宣教，这是一份希望确立关系的书信，所以他语气比较客气，并且把福音的道理讲得非常全备，来确认彼此的信仰。

音书都独立成篇，但被确立为正典之后，就在客观上形成了对耶稣故事的四次讲述。每位作者从自己的角度，面对不同的读者群进行写作。通过文本阅读可以发现，每部福音书提供的耶稣形象有一些细微的差异。比如说，《马太福音》强调耶稣是弥赛亚；《马可福音》中的耶稣长于行动等。德国当代新约学者戴歌德认为，《马可福音》、《马太福音》、《路加福音》、《约翰福音》中的耶稣形象按顺序渐趋神性化。[12]这样，就为我们提供了四个各有侧重点的耶稣形象。如果不是四福音书彼此之间存在矛盾之处，这些各有侧重的形象或许可以将耶稣表现得更丰富。但是，四福音书记载的事件中却存在差异，而且其中一些是无法调和的。

比如唯一一件四部福音书都记载的耶稣的神迹——耶稣用 5 饼 2 鱼喂饱 5 千人，四部福音书在行文中就有出入。在对观福音书中，门徒进前对耶稣说，众人应当吃东西了：在《约翰福音》中，耶稣主动问门徒如何为众人准备食物；对观福音书中的 5 饼 2 鱼似乎来自门徒，在《约翰福音》中是一个小孩带着五个大麦饼和两条鱼；《马可福音》记载众人一排排地坐下，有的一百一排，有的五十一排，《路加福音》却记载耶稣吩咐众人每排大约五十人坐下。如果考虑到彼得、马太、约翰当时应该都在场，这样一些出入就显得更为有趣：究竟是门徒记错了，还是这件事本身就具有传说性质，根本不是事实。

早期基督徒将四福音书收在一起归入正典时，也发现了这些差异。曾经有人着手将四福音书合成一卷，剔除其中的差异，使之首尾一贯。但这种做法并未得到教会的认可。因为对基督教而言，一卷书之所以为正典，是因为它是上帝的话语，自然应该尽可能保持原貌，不能根据当下的需要随意修订。这对福音书原初信息的保存显然很有益处。但对后世的人，尤其是从非信仰的视角接触《新约》时，就会读到一个讲述了四遍的有所差异的耶稣故事。在这四重讲述的差异之处，耶稣形象显出其歧义性。受到启蒙思想影响的 19 世纪文本批判学曾利用这种福音书彼此之间的矛盾置疑《圣经》的可靠性，由此否定教会的《圣经》无误论。从某种意义上说，他们的批判触及到了基督教信仰的根基，即正典的可靠性，但有趣的是，这种被称作"高等批判"

---

12 关于四福音书的差异，参见《福音书与初期教会政治：社会修辞的研究进路》，戴歌德（Gerd Theissen），周健文译，香港中文大学崇基学院神学院出版，2006。戴歌德为德国当代著名新约学者，在这部著作中，戴歌德详尽地阐述了在建立共识，指导社群内外关系，建立权威结构等方面的不同，造成了四福音书文本之间的差异。

的阐释模式并没有导致后启蒙时期基督教被人们彻底放弃。如果我们考虑教会阅读福音书的传统方法，会发现《圣经》作为一部信仰见证和记录，采用阅读科学实验记录的态度质疑其严谨性并没有抓住其中最有价值的部分，更何况这种阅读事先就否认了耶稣事件的真实性。

　　四重讲述增加了福音书耶稣形象的歧义性与复杂性。多重叙事的手法恰好符合现代艺术对真实性的认识。几个叙述者从不同的叙述视角讲述被叙者，既能塑造被叙者的形象，又能同时塑造叙述者们的形象。因为单一的叙事者比较倾向于寻求读者的认同，读者的注意力容易集中在被叙者身上，而当几个叙述者出现时，读者比较容易和叙述者们保持距离，而且在叙事的差异中留意到叙述者各自的特点。当几个叙述者的叙事完全重合时，被叙者的形象能够更加清晰；如果叙事者之间出现矛盾，就使被叙者显得不确定，出现歧义性。通过四重讲述，耶稣被置于复杂的人物关系与社会环境中，对他的认识变得更加丰满，耶稣形象的复杂性（包括歧义性、丰满度、不确定性）也都随之增加。

　　现代小说仍然采用文本复现生活，但是各种小说的自反实验已经使读者能够接受这样一种看法：叙事不能脱离主体，这也是由于语言世界与人的生存世界之间的根本差异，多重叙事之间的差异可以显示了叙述者的不可靠，这事实上接近人们在现实世界中的真实体验。福音书的四重讲述虽然是不自觉形成的，但在并置时，客观上能够产生类似现代小说自觉使用多重讲述的效果，也符合小说对真实生活的认识和表现，因而具备某种现代性。[13] 也因为这种亲缘性，喜欢叙事实验的现代小说借鉴了福音书的四重讲述，最为经典的是福克纳的《喧哗与骚动》。在这部现代小说名著中，班吉、昆丁、杰生三兄弟各自从他们的视角讲述了他们生活中的一天，然后作者采用全知角度，以女仆迪尔西为主线，讲述了复活节当天发生的事。错综复杂的讲述呈现的没落南方景象令人印象深刻，这种多重叙事手法至今为人们称道。当代加拿大小说家尼诺·里奇（Nino Ricci）的耶稣重写小说《见证》也借鉴了福音书的四重讲述：通过福音书中相对边缘的几个人物：卖主的犹太，抹大拉的玛

---

13 如弗吉尼亚·伍尔夫在《论现代小说》中的论述："生活并不是一副副匀称地装配好的眼镜；生活是一圈明亮的光环，生活是与我们的意识相始终的、包围着我们的一个半透明的封套。把这种变化多端、不可名状、难以界说的内在精神——不论它可能显得多么反常和复杂——用文字表达出来。并且尽可能少羼入一些外部的杂质，这难道不是小说家的任务吗？"

丽亚，耶稣的母亲玛丽亚，以及一个未曾在福音书中出现的虚构人物西门，分别讲述耶稣的故事。小说成功塑造了一个丰满并带有未完成性的耶稣形象。近二、三十年来，重写耶稣小说频繁地使用角色讲述，部分源于现代小说叙事与福音书讲述方式的这种亲和力。

我们在前面提到，福音书的作者具有明确的写作意图，即见证耶稣是基督。但这种明确的意图却没有使耶稣变成高大全式的英雄人物，变得抽象、失去真实感，而是保持了丰满与张力，这背后蕴含着一个更为久远的文本传统，即《旧约》希伯来文本。

圣经文学研究的开创者是犹太学者奥尔巴赫，在其比较文学名著《摹仿论》的第一章《奥德修斯的伤疤》中，奥尔巴赫对比了荷马史诗与《旧约》的叙事艺术。通过比较荷马史诗对奥德修斯的伤疤的讲述和《旧约·创世记》中亚伯拉罕献以撒的故事，他认为，虽然两个故事的情节同样具有传说性质，但是荷马的叙事风格比较注重娱乐与修辞，《旧约》中隐忍含蓄的表述则更贴近真实的生活，这是《旧约》宝贵的"现实主义"传统。奥尔巴赫的这项研究在一定程度上开辟了当代的圣经文学研究之路。

奥尔巴赫进一步指出，"荷马作品的整个素材始终是传说性的故事，而旧约全书的素材则随着故事的进展越来越接近历史"[14]他分析了传说故事和历史之间的区别："即便传说故事没有通过神奇的力量、一再重复已知的主题和忽略地点时间条件或类似的情况马上显露出自己，那也大都可以很快从其结构上辩认出来。传说故事的发展十分平缓。所有的复杂，所有的磨擦阻力，所有其它混杂在主要事件及主要动机中的次要东西，所有干扰情节明晰发展和人物行动的简捷方向的优柔、中断和动摇都被去掉了。"人的现实经验却是复杂的："我们亲身经历的历史，我们从亲身经历的人的证言中得知的历史，它的进展则支离破碎，矛盾重重，纷繁复杂。"[15] "平静而和谐的事件，主题简单化，人物性格稳定化，避免冲突、起伏和发展，这些只是传说故事结构的特点，它们在旧约全书的传说世界中不占据主导地位。"[16]也就是说，与荷马史诗从头至尾的神话性质相比，《旧约》，即使在《创世记》中，很快从神的

---

14 《摹仿论》，奥尔巴赫，吴麟绥、周建新、高艳婷译，百花文艺出版社，2002，第 21 页。

15 同上。

16 同上，第 23 页。

创世神话过渡到了炉灶旁的家庭生活，如以扫和雅各因继承权发生的龃龉，又如约瑟和他的兄弟们错综的爱恨恩怨关系。[17]

相比之下，荷马史诗"是详尽的描述，着墨均匀，各部份联接紧密，表现自如，发生的一切均在幕前，一目了然，在历史发展及人类问题方面有局限"；《旧约》则"突出几个部分，淡化其它部分，支离破碎，未完全表达的东西具有强烈的作用，后景化，含义模糊，需要诠释，世界历史的要求，历史发展观念的形成及问题的深化。"[18]奥尔巴赫认为，由此证明，《旧约》对现实的表现更贴近人们的真实生活感受与经验。这种含义不明的叙述模式具有更大的阐释空间，形成了历史发展的观念，而且有助于问题的深化，因为它相比之下，没有抹平人们的生平经验中的复杂性。

因此，奥尔巴赫认为，比起荷马世界中的人物，《旧约》中的人物，比如亚伯拉罕、雅各、摩西，更具体、更亲切，这是因为"反映真正历史的内心和外部事件的纷繁复杂性在表述中没有被抹掉，而是更加清楚地保留下来。之所以如此，原因首先在于犹太教关于人的观念"。[19]在犹太—基督教传统中，人由上帝创造、也活在上帝面前的人。这个传统相信上帝对人类历史、环境的神圣护理（Providence），相信上帝对日常生活的安排与干预，"上帝的伟大作用在这里深深影响着日常生活，从而崇高与日常生活不仅在实际上紧密相连，而且也根本不可能分开。"[20]因此，在《旧约·创世纪》中，一碗红豆汤可以成为重要的道具，家庭的炉灶旁上演着以色列始祖生命中的重要事件。雅各、以扫、利百加和以撒，[21]他们的言谈举止充满了日常性，神的旨意正是在这样的日常生活剧中展开与实现。当读者按照作者的要求，遵从这些神学思想，接受事件的真实性进入阅读时，便能体会到古以色列人面对上帝的恐惧与颤栗[22]，正如奥尔巴赫对亚伯拉罕在献以撒事件中的评价："他

---

17 比较《奥德赛》中奥德赛与妻子的家庭生活，和《创世记》中以撒和利百加的家庭生活，雅各和两个妻子以及他们的儿子们之间复杂的关系。

18 《摹仿论》，第26页

19 同上，第23页。

20 同上，第26页。

21 以撒是亚伯拉罕的儿子，以扫、雅各是以撒与妻子利百加的双生子，以撒、雅各是犹太民族重要的祖先，以色列这一名称就源于雅各的另一名字。《圣经·旧约》的《创世纪》中记载，雅各用一碗红豆汤买了以扫的长子名分。

22 《恐惧与颤栗》，克尔凯廓尔，又译祁克果，刘继译，贵州人民出版社，1994。

的内心深处充满了绝望的愤怒和希望的期待；他的那种沉默的顺从是多层次的，难以捉摸的——而荷马作品中的人物却不可能有如此复杂的内心世界。"[23]

在《旧约》中可以看见人物的变化发展。比如《旧约》中浓墨重彩描写的君王大卫，他幼年时在旷野中放羊，"善于弹琴；是大有勇敢的战士，说话合宜，容貌俊美"。[24]成年后几经艰辛终成一国之君，后来一世英明几乎毁于一次奸情，从此家庭纷争不断，众子觊觎王位。在他暮年之时，"大卫王年纪老迈，虽用被遮盖，仍不觉暖"。[25]从擅长歌唱的牧羊童，到开朗、英明的青年领袖，再到色迷心窍的国王，最后成为连被子都捂不暖的垂死老人。地位的变迁，身体的衰老，性格的变化与反复，这些在《荷马史诗》的人物身上都不会发生。奥德赛游历了几十年回到家中，他的力气没有衰退，仍能拉开其它人无法拉动的弓箭，他的妻子也美貌如旧。

《新约》的四福音书大约成形于公元 1 世纪下半叶的希腊化时期，此时希伯来语，即《旧约》的用语已经不再是巴勒斯坦地区以色列民族的通用语言。耶稣和他们徒讲亚兰文[26]。《旧约》翻译成希腊文的七十士译本[27]远比希伯来原文流传广泛。在四福音书成书之时，由于耶稣门徒跨越民族的宣教活动，教会中的"外邦人"即非犹太的数量已经大大超过了犹太人，[28]希腊语作为罗马帝国的通用语言也自然成了福音书采用的语言。但是，虽然没有采用《旧约》的古希伯来语，《新约》的叙事传统却深深植根于《旧约》之中，作为口头传承的延续的福音书保留了许多《旧约》犹太文学独有的特征：如家谱、穿插其中的神迹故事与赞美诗，分别指向了《旧约》中的历史书、先知书与诗歌的文本传统。而其中与耶稣相关的一系列称号，如"大卫的子孙"、

---

23 《摹仿论》，第 13 页。

24 《圣经·新约》，撒母耳记上 16：18。

25 《圣经·新约》，列王记上 1：1。

26 亚兰文（Aramaic）：古近东的官方语言，是旧约圣经后期书写时（如《但以理书》）所用的语言，也耶稣时代的犹太人的日常用语。一些学者认为耶稣是以这种语言传道的。

27 七十士译本（Septuagint），新约时代通行的旧约希腊文圣经译本。这个译本普遍为犹太教和基督教信徒所认同。全卷书除了包括今日普遍通行的《圣经·旧约》以外，还包括次经和犹太人生活的文献。

28 《基督教的兴起：一个社会学家对历史的再思》，罗德尼·斯塔克，黄剑波、高民贵译，上海古籍出版社，2005。

"基督"、"逾越节的羔羊"等，均源自《旧约》。四福音书均多次直接引用《旧约》，间接引用则难以计数。

　　深受《旧约》影响的福音书显然继承了《旧约》文体的特点。我们可以在其中看见类似的"没有被抹掉"的人生经验。比如，在耶稣的生平中，对于他奇异的出生，他的父亲约瑟与母亲马利亚显然都经历了一个作为人之常情的接受过程。《马太福音》中记载，约瑟得知马利亚未婚先孕的消息之后，由于"约瑟是个义人，不愿意明明地羞辱她，想要暗暗地把她休了。"[29]但天使梦中的显现与吩咐，赢得了约瑟即刻的服从："约瑟醒了，起来，就遵着主使者的吩咐，把妻子娶过来；只是没有和她同房，等她生了儿子（有古卷作"等她生了头胎的儿子"），就给他起名叫耶稣。"[30]

　　"义人"在《圣经》中意味着敬畏神，顺从神的命令者，而且一定程度上还分享了一些神的属性，如慈爱、怜悯、公义等。从约瑟对待马利亚的态度上，我们可以看见他的"义"：未婚妻怀孕，对约瑟本是莫大的背叛和羞辱，他可以诉诸犹太律法制裁她，而约瑟却愿意放过马利亚，只是暗暗地取缔婚约。他在梦中见到天使之后，就立刻改变主意，置自身荣辱于不顾，《马太福音》中用几个连续的动词表现了约瑟快速的顺从与对天使命令的回应：醒了，起来，就遵着…吩咐，把妻子娶过来。在当时，娶妻不是一天能够完成的事。在"起来"与"娶妻"之间必然还发生了一些事，这一处描写刻意省略了这些中间环节以表明他行动的迅捷，这种陈述方式恰好突出了约瑟的对上帝的顺服与他怜悯的品格，即他的"义"。

　　马利亚也是如此。她初见天使的问安十分惊讶："马利亚因这话就很惊慌，又反复思想这样问安是什么意思。"[31]她听见怀孕的消息，倍感疑惑："我没有出嫁，怎么有这事呢？"以及随后的顺服——"情愿照你的话或就在我身上"，[32]毅然地接受了这件会令她不仅名誉受损，而且还可能有性命之忧的事。

　　同样奇特的是，福音书中的耶稣虽然在一开始就被认定为以色列民族的救主，却时常流露出人性化，甚至软弱的一面。他会抱怨叹息，"嗳！这又不信又悖谬的世代啊，我在你们这里要到几时呢？"[33]在福音书中我们看见，这

29　《圣经·新约》，马太福音 1：19。
30　同上，1：24-25。
31　《圣经·新约》，路加福音 1：18b。
32　同上，1：34a。
33　《圣经·新约》，马太福音，17：17a。

位救世主会饿，会累，会渴，身体会疲倦，他看见人们为死去的拉撒路哀哭，"就心里悲叹，又甚忧愁"（约 11：33），而且他甚至会哭泣（约 11：35）。

而更令人惊异的是耶稣和受难相关的一系列行为。《马可福音》中记载，他在最后的晚宴上已经向门徒表明了他被卖的命运，而远在来到耶路撒冷城之前，他就已屡次告知门徒，他将在耶路撒冷被杀。但受难前的耶稣却显出了前所未有迟疑与痛苦，他"就惊恐起来，极其难过"，（可 14-33）对他们说："我心里甚是忧伤，几乎要死，你们在这里等候警醒。"（可 14-34）在逾越节的晚上，他在晚餐之后在客西马尼园中祈祷时，"耶稣极其伤痛，祷告恳请，汗珠如大血点，滴在地上。"（路 22：44）而这其中最引人遐思的莫过于耶稣在十字架上的呼喊"我的神，我的神，为什么离弃我？"（可 15：34）充满了痛苦和绝望；以及耶稣在客西马尼园中的祈祷："我父啊，倘若可行，求你叫这杯离开我；然而，不要照我的意思，只要照你的意思。"[34]耶稣对于受难的命运显出了复杂的内心矛盾，这个部分也没有被福音书作者"抹掉"。

根据其它福音书的记载，耶稣在十字架上还说了其它六句话。《约翰福音》的记载是向门徒交托母亲，说"我渴了。"（约 19：28）以及"成了"（约 19：30）。《路加福音》记载他说"父啊，赦免他们！因为他们所作的，他们不晓得。"（路 23-30）以及安慰与他同钉十字架的罪犯"我实在告诉你，今日你要同我在乐园了。"（路 23：43）交托母亲于门徒的"母亲，看你的儿子……看你的母亲"（约 19：26-27），"我的神，我的神，为什么离弃我？"（太 27：46）以及"父啊！我将我的灵魂交在你手里。"（路 23：46，约 19：30）

若将这些言语归总会发现耶稣在十字架上的心情实在复杂。通过记录耶稣的外在言行，福音书表现了他丰富的内心。在这里，正如奥尔巴赫所言：生活的真实历史进展支离破碎，矛盾重重，人物的性格不稳定，有冲突，起伏与发展。现实生活的错综复杂，磨擦阻力，"所有其它混杂在主要事件及主要动机中的次要东西，所有干扰情节明晰发展和人物行动的简捷方向的优柔、中断和动摇"得以保留，耶稣受难的故事没有被抹平为一个无畏的英雄大义凛然奔赴死刑台的情节。

同时，此时耶稣身边发生的事也惊人地暧昧不明：十二门徒之一犹太为三十块钱卖了耶稣，却在耶稣受难后试图将钱归还犹太公会，并且上吊而死，这使他背叛的动机显得耐人寻味。彼拉多素有残暴之名，却与耶稣展开了关

---

34 同上，26：39。

于真理的对话，而且似乎非常不情愿判他死刑。头一天对耶稣欢呼的逾越节民众第二天突然消失，取而代之的一群喊着"钉死他"的暴徒。原本发誓与耶稣同死的门徒们四散逃跑，所剩无几，性情刚烈的大门徒彼得竟然屡次不敢承认自己是耶稣的门徒……

此外，从福音书我们看见，耶稣身处的环境异常复杂，各种政治、民族、宗教势力交织。福音书对耶稣的叙事包涵着这些信息。耶稣的整个传道生涯几乎完全在与各种政治、民族乃至宗教势力的冲突中度过。比如，在耶稣的时代，以恪守《旧约》戒律出名的法利赛人是犹太人的宗教领袖，在百姓中也颇有声望和号召力，但耶稣却十分严厉地斥责他们过于强调律法的做法，认为这是伪善者的行径。耶稣不理会法利赛人严格的安息日制度，关于献祭等教导也与法利赛人相抵触，由于耶稣在民间很受欢迎，遭至法利赛人的嫉恨，以致出现了法利赛人屡次想抓他的话柄、派人捉拿他的事件。此外还有只相信摩西五经，依附罗马政府，在政治上较有势力的撒都该人，也同样感到被耶稣侵犯了利益。而耶稣不避讳地接触当时社会中的各种人群，官长、法利赛人、渔夫、妇女、税吏（因为罗马政府向犹太人征税被犹太人唾弃）、激进分子（他一个叫西门的门徒即是这种民族解放激进分子）、被整个社会遗弃的麻风病人，甚至妓女，挑战了许多社会禁忌与宗教禁忌。最后他走向十字架正是政治和宗教的双重迫害所至。在福音书中，这些历史与外部事件的纷繁复杂得以保留。

比如，《马太福音》第二章说道："当希律王的时候，耶稣生在犹太的伯利恒。"[35]这句简简单单的话里包含了许多春秋笔法，只要对犹太历史和当时的社会环境有较多的认识，并且熟悉《旧约》隐忍含蓄的言说方式，就能够了解这句话背后的含义。

首先，它指明了犹太人的亡国状态。根据《旧约》的记载，犹太人认为，只有大卫的子孙才能够成为犹太人的王。但当时的王希律却不是犹太人。希律是以东人，以东人与犹太人世代为仇，被犹太人视为污秽、不洁净的人。此时，犹太沦落为罗马的一个行省，希律王是罗马政府分封的王，他性格残暴，甚至杀死了自己的几个儿子，犹太人不时爆发武装起义反抗他，希望复国独立，但均遭到残酷镇压。"当希律王的时候"，指向以色列历史上一段暗无天日的日子。

---

35 同上，2：1。

其次，它暗示了耶稣是犹太人等候的救世主。伯利恒是以色列最著名的君王大卫的故乡。《旧约》预言弥赛亚将从大卫的子孙中诞生。《旧约》小先知书《弥迦书》中预言弥赛亚将出生在伯利恒："伯利恒以法他啊，你在犹大诸城中为小。将来必有一位从你那里出来，在以色列中为我作掌权的；他的根源从亘古、从太初就有。"[36]耶稣生在伯利恒，意味着他就是预言中的弥赛亚。

将以上两点结合在一起，这句看似简单的话不仅仅说明了耶稣出生的时间和地点，而且也包涵神学涵义：神的旨意、恩典与眷顾在以色列民痛苦的日子中临到。

在福音书的耶稣生平中，内在和外在的矛盾冲突层出不穷。这使福音书耶稣形象远比后来圣徒传中的人物形象更具真实感。比如中世纪最著名的圣徒圣方济各（St. Francis）[37]，在流传下来的圣徒传中，圣方济各的言行被高度模式化，他的自我单一而没有冲突，与外界的冲突也被两级化为简单的善恶冲突。似乎只要圣方济各选择了信靠上帝和自我牺牲，他就必然胜利。后来的历史研究证明，圣方济各一生中面对了很多非常现实的问题，贪婪的教区主教阻挠他的善举，辛苦创立的修会不久就离开了他的理念，他与门徒的跨文化宣教失败，等等。[38]中世纪的圣徒传忽略了这些问题，留下的是完美圣徒从胜利走向胜利的故事。人们对耶稣是否真的存在会产生怀疑，但从没有人怀疑历史上曾经存在过圣方济各这样一个人，可是模式化的描写却使真实的历史人物失去了真实性。

综上所述，不仅福音书建构的耶稣形象，而且它讲述耶稣的方式也是今天耶稣小说出现的重要原因。20世纪西方小说不断重写耶稣，与福音书的内容、形式构成、讲述方式以及耶稣形象拥有的现代特征都密切相关。多种多样的冲突，外部的、内心的、与敌人的、与朋友的，使福音书中的耶稣形象初步符合现代观念：一个具有内心深度与日常丰富性的人。

---

36 《圣经·旧约》，弥迦书5：2。

37 圣方济各：1181或1182-1226，又译圣弗朗西斯，方济各修会的创立者。

38 关于圣方济各的生平参见《圣方济亚西西传》，翟茂曼，陶为翼译，生命意义出版社，1991。

## 第二节　教会的基督论

　　最晚在公元 4 世纪中晚期，福音书已经被教会确立为正典。4 世纪，基督教早期教父之一神学家哲罗姆（Jerome）[39]将《新约》全书译为拉丁文，史称武加大译本。随着这个译本在西方拉丁语世界广泛传播，西方教会的新约正典经卷确立了。至公元 4 世纪结束之前，无论在东方希腊语世界，还是在西方拉丁语世界，新约正典一致得到确认。福音书文本的经典地位虽然已经确定，人们心目中的耶稣形象却不是一成不变的。以福音书为起点，耶稣形象的变迁可以大致归纳为如下过程：福音书之后的世代越来越重视和强调耶稣神圣性的一面，这个形象中原有的朴素真实的人性的一面则越来越被忽视，此变化趋势在中世纪末期达到巅峰，致使耶稣形象在一定程度上趋于僵化；宗教改革与文艺复兴运动开始调整耶稣形象发展的方向，耶稣的人性重新受到重视，18 世纪的启蒙运动令耶稣的神圣性不断减退以致完全丧失，人性逐渐成为这个形象的唯一拥有的性质，这一下降的趋势延续直到今天。

　　我们在上一小节分析了福音书中的耶稣形象，虽然福音书是所有后世耶稣形象的原文本，但是今天对耶稣的认识却往往不是直接来自福音书。在我们对福音书的认识中，矗立着一座无法逾越的宫殿，就是中世纪神学对福音书耶稣形象的阐释。谁也不能跨过这座迷宫去阅读福音书，尤其对于西方人，在一个圣诞节是最重要的节日，随处可见耸立着十字架的教堂的时空中成长，"耶稣=基督"是一个如此深入人心的概念，以致无论是否接受这个等式，都无法避开对上千年教会阐释的认知。长达千年的中世纪，毫无疑问地奠定了耶稣形象在西方文化中难以磨灭的重要地位。

　　西方的中世纪被认为是基督教的时代，顾名思义，以基督耶稣为体系的核心，神学阐释下的耶稣形象在中世纪社会中扮演了举足轻重的地位，直到今天，中世纪确立的耶稣基督形象都仍然是西方文化中最为经典的耶稣形象。他威严的目光中透着怜悯，他崇高不可触及，他的手势中隐含着真理和命令，不容抗拒和质疑；同时，他又以十字架上受难的枯瘦身体承受了世间最大的羞辱和苦难，以世人不可企及的崇高与悲悯面向苦难众生。

　　造成耶稣形象在中世纪的崇高地位的原因有很多，和基督教在中世纪的主导地位一样，这种现象是复杂的社会历史文化因素的总和：罗马帝国及其

---

39 哲罗姆：302 或 304-420，又译耶柔米，基督教早期教父之一。

文化的衰落，欧洲蛮族的崛起等是外因；基督教的跨族群宣教策略，殉道者和护教士的出现，耶稣形象的巨大魅力等可以视之为内因。但是由于教会在中世纪巨大影响力，在中世纪影响最深远的耶稣形象并不是直接来源于福音书，而是基督教会对耶稣的阐释，即基督论，造成这个形象的原因包括以下：绝大多数人是文盲，无法亲自阅读《圣经》；在印刷术改进之前，任何手抄本都极其珍贵，只有极少数人能够拥有不乏《圣经》抄本，福音书亦无法普及，以及教会在社会和文化生活中的主导地位和阐释垄断……

公元 451 年基督教第四次大公会议在卡尔西顿召开。由于当时东方教会产生了好几种基督论，在教会内部造成混乱，罗马皇帝马西安（Marcian，396-457）汇集东西方主教召开此会，会议决议即为《卡尔西顿信经》，确立了教会的正统基督论[40]，这时基督教已经是罗马帝国的国教。我们在上文谈及，基督教刚成立的时候，仅仅被视为犹太教的一个支派，因此，形成于教会早期的福音书中的犹太痕迹非常浓厚。但在 400 多年间的发展过程中，基督教吸纳了各种民族的信徒，初期教会的犹太特色渐渐淡出，基督教的神学阐释也在希腊哲学的影响下逐渐形成。当卡尔西顿会议根据福音书、其它《新约》经典以及早期基督教教父著作决议基督论时，距福音书成书的年代已有 300 余年。在此期间，基督教极大拓展了疆界，其政治地位、势力、信徒构成、教会面对的问题，与福音书成书的年代相比都有了很大变化。政治、文化、社会地位、构成人群等各方面的差异，都导致卡尔西顿的基督论对耶稣的言说与福音书产生了很大距离。

历次基督教大会与基督有关的决议是中世纪耶稣形象的决定性因素。在《卡尔西顿信经》之前，325 年的《尼西亚信经》肯定了耶稣基督"与圣父同性同体"的地位[41]，680 年举行的第三次君士坦丁堡会议谴责了基督一志论，

---

40 "所谓基督论是以福音书及《新约》各书卷为依据而对耶稣是谁的一种描述，这种描述诚然并非一定要从信仰立场出发，但若它要被称为是对《新约》中的耶稣形象或身份的真实刻画，即若它要宣称是对《新约》正典中关于耶稣信息的如实言述或诠解，它就必须包涵从信仰立场看来是可以接受的东西。……在一定程度上可以说，所谓基督论中有更多的对布尔特曼（R. Bultmann）所谓'信仰的基督'（Christ of faith）的刻画。"——引自《四福音书解读》，第 11-12 页。

41 完整的表述为："我信唯一的天主，全能的圣父，天地万物，无论有形无形，都是祂所创造的。我信唯一的主、耶稣基督、天主的独生子。祂在万世之前，由圣父所生。祂是出自天主的天主，出自光明的光明，出自真天主的真天主。祂是圣父

但最重要的与基督论相关的决议仍是《卡尔西顿信经》，它规定的基督论正统成为此后一切基督论探讨的基础：基督的单一位格完整，神、人二性的分别。除了少数东方教派，卡尔西顿会议定义的古典基督论直到今天仍然被天主教、新教、东正教三大教派认可。我们来看一下《卡尔西顿信经》的主要内容：

> "……我们的主耶稣基督与（神）子是同一位；他在神性和人性上都同样完美无瑕，他是真神与真人，具有与我们相同的理性灵魂与身体；与父神同质，并且同样也与我们人类同质；除了罪之外，在所有事上都与我们相像；在神性上，他于万世以前从父神受生，并且同样在末世，为了我们以及我们的救恩，在人性的方面，从童贞女马利亚，这位神之母生出来；同一位基督、子、主、独生子，具有二性，不会混乱、不会改变、不能分开、不能离散；这二性的区别绝对不会因为结合而抹杀，反而各性的特征因此得到保存，并且联合为一位格与一质，并不分开或分裂为两个位格，而是同一位子、独生子、神圣的道、主耶稣基督。"[42]

一见卡尔西顿决议的内容，就能感受到言说耶稣的方式与福音书的巨大差距。首先，它使用了对《圣经》而言完全是外来的词言说耶稣，例如"位格"、"本性"与"同质"等。这些哲学术语乍一看使人相当困惑。其次，在言说时除去任何个人色彩，开头的"我们"事实上是以大公教会的名义宣称。再次，它力求逻辑严密，严丝合缝，尤其杜绝了任何歧义性，没有采用福音书可能生发多种阐释的叙事体，而是非常严格的宣言形式。

《卡尔西顿信经》之所以呈现如此面貌，与它问世的背景有很大的关系。东方教会各种基督论流行，教会内部争论不休，在当时，东方希腊哲学普遍

---

所生，而非圣父所造，与圣父同性同体，万物是藉着祂而造成的。祂为了我们人类，并为了我们的得救，从天降下。祂因圣神由童贞玛利亚取得肉躯，而成为人。祂在般雀比拉多执政时，为我们被钉在十字架上，受难而被埋葬。祂正如圣经所载，第三日复活了。祂升了天，坐在圣父的右边。祂还要光荣地降来，审判生者死者，祂的神国万世无疆。我信圣神，祂是主及赋予生命者，由圣父圣子所共发。祂和圣父圣子，同受钦崇，同享光荣，祂曾藉先知们发言。我信唯一、至圣、至公、从宗徒传下来的教会。我承认赦罪的圣洗，只有一个。我期待死人的复活，及来世的生命。亚孟。"（摘自天主教香港教区出版之《主日感恩祭典》）《尼西亚信经》的主要作用是确立了三位一体的教义。

42 《基督教神学思想史》，奥尔森，吴瑞诚、徐成德译，北京大学出版社，2003，第241-242 页。

为人们所推崇，是通用的"科学语言"，所以这些争论深受希腊哲学传统的影响，以相当哲学化的方式呈现。《卡尔西顿信经》被制定出来，是为了防范各种不恰当的基督论。尽管《卡尔西顿信经》采用了不少令人困扰的哲学术语描绘耶稣，但事实上，一般认为，《卡尔西顿信经》的真正核心其实是四句采用否定方式描述的话，即所谓卡尔西顿的"四面围墙"："不会混乱，不会改变，不能分开，不能离散。"奥尔森认为，"这四句话可以作为巩固本质合一奥秘的四面围墙：基督在一个位格里面，具有两个完整与完全的本性。'不会混乱，不会改变'保护这个奥秘，免受欧迪奇主义与一性论等异端的干扰，这些异端想要从神性与人性，制造一个混合体，第三个族类（tertium quid），来保护位格的合一。'不能分开，不能离散'，保护这个奥秘免于聂斯脱利主义的侵犯；聂斯脱利主义为了强调人性与神性的区别，把这二性分割成两位不同的人。卡尔西顿定义所说的是，只要你不逾越这些围墙，你就可以用许多种方式，表达道成肉身的奥秘。这个定义所做的一切就是，保护与表达这个奥秘，但它对于奥秘本身，并不作任何解释。"[43]卡尔西顿会议的召开与会议决议的产生主要是为了抵制东方有关基督论的各种异端，因此精确的哲学辨析很有必要。

福音书产生的背景相当复杂。一般认为，《约翰福音》问世最晚，在四部福音书中，《约翰福音》被许多学者认为是神学色彩最为浓郁的，已经受到了希腊哲学的明显影响，如《约翰福音》在篇首开宗明义地说："太初有道，道与神同在，道就是神。"[44]这里，"道"的希腊文原文是"擂暴嘤暴监"，即逻各斯。显然，《约翰福音》采用了一个在希腊哲学中至关重要的词汇，即逻各斯来说明耶稣的本质。在基督教大范围传播之前，著名的犹太学者亚力山大城的斐洛（Philo of Alexandria）[45]曾经尝试采用希腊哲学阐释犹太教，曾引入希腊的逻各斯概念解释《旧约》的创世论。基督教早期教父奥里根（Origen）[46]，斐洛的同城后辈，也借鉴了他的方法，第一个使用希腊哲学中的逻各斯概念解释《约翰福音》的逻各斯一词。他们二人的努力使逻各斯概念与希伯来的神论联系起来，论证希伯来文化中也有逻各斯的地位。这些探讨都主要在

---

43 《基督教神学思想史》，第244页。

44 《圣经·新约》，约翰福音1：1。

45 斐洛：生活于约公元前30年至公元40年，最重要的犹太教希腊化学者。

46 奥里根：185-283，又译奥涅金，最重要的早期教父之一。

希腊哲学的框架里讨论作为哲学概念的逻各斯。奥里根基本是在斯多亚主义意义上使用逻各斯概念，对于斯多亚学派而言，逻各斯就是宇宙理性，因此，在奥里根的解释中，耶稣被理解为一种启示的理性，他的解释深刻地影响了后来的《约翰福音》注释者乃至中世纪对耶稣的定义，帮助了在希腊文化的语境中对基督的理解。

《约翰福音》中提及"逻各斯"，在某种意义上赋予了"逻各斯"前所未有的涵义。《约翰福音》说："道成了肉身，住在我们中间，充充满满地有恩典、有真理。我们也见过他的荣光，正是父独生子的荣光。"[47] "肉身"在希伯来传统中并不单指生理意义上的身体，而是用指身体的词代指整个人，包括人的精神[48]与肉身。古希腊哲学传统将世界划分为精神与物质，认为精神高于物质。在人身上也是这样，精神的部分高于肉体，而且希腊文化重视理性，认为这是人之所以为人的本质。[49]但是，福音书时代的犹太人对人的理解不同。他们继承了《旧约》的人观，更倾向于将人视作完整的整体。比如，"在旧约圣经里'nephesh'一词很多时候会被译作'灵'（soul），但在另一些情况下却必须译作'喉'、'颈'或'胃'。换言之，这词汇可以用来描述属精神和肉体的器官，同时具有'属灵性'和'身体性'的功能，但它并非指称人的某一特别部分或功能，而是指向整个人。"[50]同样的例子在圣经中不胜枚举。所以，当《约翰福音》说："道成了肉身"时，"肉身"是指包括肉体、理性、情感、意志等各方面的完整的人。"道"（逻各斯）成为"肉身"，对希腊哲学而言是陌生的概念。正因为如此，在东方才出现了"幻影说"等取消耶稣的肉身，或"嗣子说"等取消耶稣神性的基督论。帕利坎评论道，在基督论中处于核心地位的道成肉身（Incarnation）神学是源于犹太教的"耶和华的位格的力量"与"一位希腊哲学家的理性"的结合。[51] "道成肉身"教义中的这两个传统之间构成的张力至今都存在。

"道"表明了超越和永恒，"肉身"则指向彻底的临在。对于基督教而言，"道成肉身"，是神成为真正的人，是"道"在个体上的呈现。"道成肉身"

---

47 《圣经·新约》，约翰福音1：14。

48 这一段中的"精神"也可以释成"灵魂"。

49 参见《西方人文主义》，阿伦·布洛克，董乐山译，三联书店，1998。

50 《基督教神学思想导论》，许志伟，中国社会科学出版社，2001，第118页。

51 《历代耶稣形象》，第72页。

神学也即基督论，包括耶稣的神人二性与二性彼此之间的关系。神性与人性在同一肉身内的关系如何——这是公元4-7世纪教父讨论的核心。基督教早期遭遇的问题是，只有神能够实行救赎，如果不是神自己成为人完成代赎，这种代赎是否有效？所以耶稣必须具备完全的人性。而如果耶稣没有成为彻底的真正的人，也同样存在他的代赎是否有效的问题。所以，基督必须同时具有完全的人性。在他的神性和人性之间还必须存在和谐的连接关系。但是神性和人性如何才能在一个位格个体的身上同时存在呢？这却是一个千古难题。因为神性和人性截然有别，正如道之于肉身存在，二者共处一个位格，而这个位格还是完整的，就如同一个矛盾体竟然现实存在一般令人感到难以用理论清晰地去描述。

卡尔西顿会议决议确认了耶稣完全的神性和完全的人性，单一位格的完整，以及神人二性之间"不混、不变、不分、不离"的关系。但是这个决议没有阻止耶稣形象越来越倾向于以神性为主导，而他的人性则逐渐被遮蔽了。

从福音书的叙事中可以发现，福音书的作者从未怀疑耶稣的人性，他们感到棘手的是证明耶稣的神性。福音书记载了耶稣的门徒艰难地认识他的神性的过程，因为在犹太教观念中，将任何人当作神都是对神极大的亵渎。在福音书中，耶稣常常指出门徒对他神性的一面认识不够，直到复活之后，耶稣还在教导门徒认识他的神性。《路加福音》中记载，耶稣复活后，在去以马忤斯的路上与两个门徒同行，责备他们说："无知的人哪，先知所说的一切话，你们的心信得太迟钝了。基督这样受害，又进入他的荣耀，岂不是应当的吗？"[52]但是，因为耶稣的人性在福音书作者看来是不言自明的，所以他们的记录完全倾向于耶稣的不同寻常之处，也就是可以说明他是神的部分，对耶稣人性的记录附属在对神性的叙述背后，这样，福音书在客观上导致了对耶稣神性的片面强调。福音书的写作是早期教父探讨基督论的最重要依据，因此，虽然他们常常需要依赖希腊哲学的观念和词汇来阐释基督论，但是他们仍然本着尊重福音书和《新约圣经》的原则进行基督论的探讨。对于卡尔西顿会议的基督论决议，学者们的观点见仁见智，但是都大致认可，该决议背后的两位主要思想家是当时的罗马主教利奥（Leo I）以及东方亚历山大主教与宗主教西利尔（Cyril of Alexandria）。奥尔森评论道："他们两人都认为，耶稣基督

---

乃是永恒的神的逻各斯降尊纡贵，取了一个本身并无特定存在的人性（所以并不是一个人）。这是一个不具人格的人性。这个人的意识、意志与行动的中心就是逻各斯，永生的神儿子。"[53]而天主教学者布莱恩·戴利（Brian Daley）在其最新的研究专著中则认为："卡尔西顿定义自身是早期教会尝试理解对被钉十字架的救赎主的使徒教导的总结或高潮，但是它本身又过分简单、公式化，对一些哲学传统喜好的某些概要式、理论化解读太过开放，而可能缺少敬虔、仪式与布道的神学紧迫感。"在他看来，该定义对基督教信仰的重要性在于"它是一个大胆而不完全成功的尝试，即尝试调和历史上试图讲述基督的位格与行为的奥秘的不同声音。已经有了更多的相关讲述，而且还有很多东西需要被讲述。"[54]

　　笔者认为奥尔森的评价有一定偏颇之处。事实上相比他们的论敌，利奥和西里尔正是在竭力维护耶稣完整的人性，而他们的论敌更希望保护耶稣的神性在希腊哲学意义上的完整性。卡尔西顿信经的用词在相当大程度上偏离了福音书活泼生动的耶稣形象，但是构成中世纪基督论的刻板印象的主要原因却不是这部信经，而是中世纪所处的特殊历史环境以及在相应情况下形成的特殊教会机制。由于教会在时值封建时期的中世纪欧洲思想中一家独大，因此其推崇的耶稣形象很容易走向僵化或者程式化。耶稣被推举为伟大的救世主，类比于奥古斯都，似乎处于等级社会的最顶层。这使耶稣的形象失去了很多亲近感，而各种各样的圣徒形象的出现正是为了填补这种耶稣基督与普通信众之间的巨大鸿沟。

　　另一方面，受到东方隐修传统实践以及希腊哲学褒扬精神贬抑肉身存在的传统的影响，耶稣形象产生了一种精神化的倾向。修道院是中世纪最合适的追随耶稣的地方。在普通人的生活中，远离耶稣似乎是不可避免的，教会、圣徒、圣母、修道士的祈祷成为世人得救的中保，耶稣成为威严的高高在上的王者，耶稣的日常性消失了。

　　对早期基督徒而言，人的定义是在耶稣基督的定义之后产生的，而不是像今天这样反过来。顾名思义，基督徒就是基督的门徒，是信仰和效法基督的人。所以，基督论的问题同时也是人类学的问题。当卡尔西顿确认耶稣

53 《基督教神学思想史》，第244页。
54 *God Visible: Patristic Christology Reconsidered*, Brian E. Daley SJ, Oxford University Press, 2018, p. .

"在……人性上……完美无瑕，是……真人，具有与我们相同的理性灵魂与身体……并且同样也与我们人类同质；除了罪之外，在所有事上都与我们相像"的时候，事实上，它也同时对人做了定义：人有理性的灵魂与身体，人是罪人。理性的灵魂加上身体构成人，是典型的古希腊人论。人是罪人的观念则源自古希伯来。在卡尔西顿决议中，两种不同来源的人论思想融合在一起。但由于耶稣的人性在事实上被抽空，只余下肉体性，结果，在这种基督论的影响下，中世纪的人论整体也倾向唯灵论，认为人的精神部分高于肉体的部分，呈现为一种不彻底的灵肉二元论。

在《卡尔西顿信经》中，也包括此前和此后关于基督论的辩论中，耶稣不可避免地由福音书中个体言说的对象转变成静态的理论探论对象，丧失了活生生的亲切的魅力。虽然会议决议可以视为对福音书的一种保护性的理论发展，但是福音书朴实的叙述已经被抽象的神学词汇取代。准确的哲学归纳与思辨有助于抵挡异端的侵袭，但是当这样一种抽象的定义成为传统，尤其是唯一的传统时，福音书中生动、具体、带有地域特征、民族特色、时代烙印的耶稣形象就消失了。

早期基督教艺术普遍富有生气，在最初几个世纪罗马城市的地下墓穴（当时是基督徒躲避迫害的聚会场所）中，一些耶稣的早期画像存留至今。如果比较这些画像和中世纪的画像，会发现其中的耶稣更像一个普通人，头上还没有光环。墓穴壁画上所描绘的人物虽然简单，却极具真实感，所画的都是有血有肉存在于现实世界中的人。在最初几个世纪，基督教离开初期教会还不远，耶稣还保持着福音书中的鲜活形象。至6世纪中叶，早期基督教艺术中的写实主义已经完全被抛弃。形式化、象征化，因袭时尚的镶嵌画和雕像成了东方拜占庭艺术的特色。西方的做法也大相径庭，许多艺术家用敬虔的态度来制作他们的艺术品，以追求更高的灵性价值。对于中世纪的艺术创作而言，写实绝对不是重要的，重要的是描绘出世界表象背后那不可见的精神架构，显示万物的本质和根源。于是，艺术家们在力求描绘出各种灵性概念时，却忽略了自然和人性。这种倾向从中世纪流传的各种圣徒传文学就可以看出来。[55]

---

[55] 圣徒传非常模式化，圣徒的言行处处显出神性的标志，生平故事充满神话因素。由于天主教的圣徒崇拜传统深入人心，所以在20世纪，许多最重要的天主教作家都对历史上的圣徒传提出了质疑，他们进行一种可以被称作反圣徒传的书写。如温塞特（挪威）的《劳伦斯之女克里斯汀》；莫里亚克（法）的《腹蛇结》；贝尔

　　鲜活具有真实感的耶稣形象在基督教会的诠释过程中逐渐丧失，这一点从耶稣形象犹太特征的失落也可以看出来。

　　我们知道，福音书的语言具有浓厚的犹太色彩。福音书用当时流行于巴勒斯坦地区的希腊语写成。耶稣和他的门徒说亚兰语，亚兰语也属于闪语，与同属于闪语的希伯来语又有所区别。在耶稣的时代，希伯来语（即《旧约》的语言）仅用于礼拜和学术，巴勒斯坦的犹太人说亚兰语，在很多情况下也使用希腊语。因此，福音书中到处散见用希腊字母拼写的亚兰语词汇和短句，《马可福音》中尤为多见。如耶稣在十字架上的呼喊："以罗伊！以罗伊！拉马撒巴各大尼？"即是亚兰语"我的神！我的神！为什么离弃我？"的希腊语音译。[56]耶稣常被人用亚兰语称为"拉比"（即夫子、老师之义），这也说明耶稣与当时犹太的拉比传统有密切的关联。"对于第一世纪的基督教徒来说，耶稣即拉比的概念是不言自明的"，但是"对于第二世纪的基督徒来说，这一概念令人困惑，对于第三世纪和以后的基督徒来说，它的含义是模糊的。"[57]随着基督教在罗马帝国传开，信徒不再限于巴勒斯坦地区的犹太人，越来越多对犹太教及其传统一无所知的人加入了基督教。随着犹太教势力在教会中衰落，不仅耶稣的犹太民族性被遗忘，犹太传统中与希腊思想迥异的人论传统也逐渐失落了。非犹太裔基督徒开始思考基督教，尤其是面向罗马帝国进行护教的时候，很自然地借鉴了当时流行的希腊哲学。希腊哲学不纯然是一种工具，它拥有完整、系统的哲学观念以及带有自身特色的人论、神论和宇宙论。基督论的探讨采用了希腊哲学的术语，古希腊的世界观也随之渗入。帕利坎在《历代耶稣形象》中提到，作为福音书中耶稣的名字，"基督"和"主"这两个称号在以后得到广泛使用，但是其中大部分闪语内涵都失去了，[58]而拉比这个称呼则几乎被人们遗忘，直到启蒙时期人们才重新想起来耶稣是一位伟大的教师。从公元 2 世纪起，耶稣的犹太背景就逐渐失落了。这种失落非常彻底，以至于基督教很快确立了延续至 20 世纪的反犹"传统"。耶稣形象的民族性被遗忘，也标志着这个形象抽象化的开始。

　　纳诺斯（法）的《乡村教士日记》；格林（英）的《权力与荣耀》和《恋情的终结》，以及尼诺·里奇（加）的《圣徒传》等。

56　《圣经·新约》，马可福音 15：34。

57　《历代耶稣形象》，第 21 页。

58　同上，第 20-21 页。

二性结合的问题带来了许多困扰，许多的争论和所谓"异端"即由此而出，如欧迪奇派（Eutychians），认为基督的神人二性溶合为一，成为第三性。又如亚流主义，即第四世纪亚历山大教会长老亚流认为，如果耶稣是逻各斯（logos）的化身，与父神相同，那么神性会因耶稣在时间中的人性而改变，而且上帝会在里面受苦，这是不可能的。所以，在耶稣基督里面道成肉身的逻各斯，并不是完全神圣的，而是一个伟大且地位很高的受造物。又如聂斯脱里主义认为，基督固然为救赎众人而死，但祂里面神的道却不可能死，所以基督神人二性必须有所区分，因此强调神性与人性的结合是道德性的结合，是意志上的结合，而非本质上的合一。又如区利罗认为，道成肉身的肉体里并无人类的位格，是耶稣基督的位格，透过马利亚取了人类的肉身，也就是说马利亚生了肉身的神，这就是道成肉身的方式，神的儿子就是耶稣基督的人格。耶稣基督的人性似乎没有位格，但它仍然超过单纯的身体与动物的生命力。因为耶稣基督的人性，仍包括真正人性的一切，如：灵、魂、体、心志和意志，只是对逻各斯而言，它没有独立自主的个人存在，是完全属乎神了，等等。二性如何并存于一个位格，是希腊式言说和源于犹太教的耶稣形象之间无法弥合的张力，这个问题一直延续下来。

总之，在卡尔西顿基督论力求不偏不倚的论述背后，是现实中人们对耶稣的神性的强调远远大过了他的人性，我们下面来看两段中世纪文学片段中的耶稣形象。中世纪的主要文学形式是诗歌与戏剧，文学中的耶稣形象也主要通过这两种文体表现出来。下面以诗歌《十字架之梦》、约克圣体剧之"耶稣被钉十字架"片段与汤利连环剧之《牧羊人剧第二剧》为代表，说明中世纪文学中的耶稣形象如何形象地表现了这种基督论的特点。

《十字架之梦》是8世纪的古英语诗歌。[59]《十字架之梦》采用中世纪流行的梦境起首，讲述"我"在梦中看见十字架，听见十字架讲述耶稣受难经过，结尾是"我"对十字架讲述内容的敬虔的回应。

在《十字架之梦》中可以看见中世纪文学普遍存在的寓意与象征手法。十字架是最残酷的刑罚之一，它不仅非常残忍，还意味着屈辱，通常只有奴隶和叛国者才会被钉上十字架。但在《十字架之梦》中，十字架被称为"荣

---

59 本文采用《基督教文学经典选读》中的散文译本，麦格拉思编，苏欲晓等译，北京大学出版社，2004。

耀之树"、"最奇妙的树木"、它长得"奇美","黄金裹身"[60]、挂满宝石,熠熠生辉。

"那奇树改变外观和颜色;时而浸泡在鲜血的咒诅中,时而披上华丽的装点。"一种可怖的刑具被圣化为崇拜的圣物,十字架自身历史的、现实的涵义完全丧失了,取而代之的是对彼岸的象征。在这段描写中,神秘的气氛笼罩着所描绘之物,文本的着重点完全在于表现灵性上的象征意义:"鲜血的咒诅"象征耶稣在十字架上流的鲜血除去了世人因犯罪而得的咒诅;"华丽的装点"象征基督的荣耀。

接下来作者借"十字架"的口吻描述耶稣的受难:"我看见人类的主坚毅而来,他要爬到我身上。……那位年轻人,我们大能的主,剥光自身,意定神决,毫不退缩。他爬上被人蔑视的十架,在众人的审视下满怀勇气,因为他决意要救赎人类。"在这里耶稣被描绘成主动走上十字架,取得辉煌胜利的英雄。而福音书中的耶稣却是被卖、被抓,受审,被鞭笞,受戏弄、遭唾弃,被钉十字架,甚至在十字架上仍受到嘲笑。尽管福音书中也借耶稣的口说,他这样受难是有深意的。但在描绘受难经过时,他并不是像《十字架之梦》中那样大无畏地主动爬上十字架,而是被代表世俗权力的罗马巡抚彼拉多与代表宗教势力的犹太祭司合力判处死刑。"受难"与"赴死",一个主动、一个被动,表现出对耶稣形象完全不同的侧重。

《十字架之梦》又写道:"人们匆匆从远方聚到上帝的儿子身边",将他从十字架上放下来,然后使他死去后,将其埋葬。福音书记载,耶稣被捕后门徒都逃走了,为首的门徒彼得三次不认主,安葬耶稣的也不是门徒。《十字架之梦》描写的耶稣,既没有士兵的押送,也没有十字架底下妇女的哀哭,而是一个独自做了决定,下定决心慷慨赴死的日耳曼式英雄,完全从耶稣受难的文化历史背景中抽离出来。留下的只是作为基督的荣耀、得胜的形象。与福音书相比,这个耶稣形象是比较单一的。

在"十字架"不长的描述中,出现的耶稣的称谓有:"人类的主","大能的主"、"大能之王"、"上天之主"、"上帝的儿子"、"至高者"、"基督"、"全能之主"、"得胜之主"、"人子"、"荣耀的王子"。全文没有出现"耶稣"这个名字。换言之,"我""看见"的是"人类的主",而非一个受死的囚犯。而福

---

60 此处及以下均引自《基督教文学经典选读》(上)之《十字架之梦》,第 161-163 页。

音书的叙事者在直接称呼耶稣时只使用一个名字，就是"耶稣"，如《约翰福音》中记载，"次日，约翰看见耶稣来到他那里"。[61]换言之，他们看见的是一个人，作者相信并力图向读者证明他是神。"耶稣"是一个常见的犹太男子名字，意思是耶和华是我的拯救，也可以译为"约书亚"、"耶舒阿"、"约书阿"。在《旧约》中就有一卷书叫做《约书亚记》。这个名称不仅保留了耶稣在地上为人的事实，还标志着耶稣的犹太出身，即他的民族性。

与福音书中较朴实的耶稣形象相比，在《十字架之梦》中，耶稣的人性只剩下纯粹的生理特征，比如"年轻人"、"肋旁流出的血"、"在极度痛苦中猛烈扭曲着身子"，"疲惫的肢体"、"在剧烈地挣扎后，筋疲力尽"。它没有否认耶稣受难时生理上的痛苦。但是，除了在生理上还是一个人之外，他的任何心智部分都是神性的一部分。而这与《卡尔西顿信经》的倾向是一致的。伴随着历史性、民族性的丧失，耶稣形象也渐渐失落了他的具体性，转化为一系列抽象的概念："人类的主"，"大能的主"，"大能之王"、"上天之主"……

当然，以今天的眼光去评价《十字架之梦》抽象与非历史性并不公允。在公元 8 世纪，现代的历史观无处容身，也不流行严格的文本批评。相反，与当时许多文学作品相比，《十字架之梦》中十字架对耶稣的讲述还是比较具体、生动的。这首诗歌在叙事上的独特之处在于采用拟人化第一人称。将十字架拟人化，作为耶稣受难时最近距离的见证、甚至最直接的感受者（钉耶稣的钉子也入十字架，耶稣的血浸透了它）。从如此贴近耶稣的角度描写他的受难，也使读者贴近了耶稣的受难效果，具有一定感染力，其中的耶稣形象呈现出的不过是中世纪耶稣形象的共同特点。

下面再来看中世纪圣体剧（又名套剧、连环剧、神秘剧）中的耶稣形象。圣体剧是节日时（常为圣体节）由城市手工业行会在街头彩车上巡回上演的戏剧，基本内容是刻画人类历史与救赎历史，其中绝大多数场景取自《圣经》。而英国圣体剧是中世纪晚期（14 世纪至 16 世纪）的一项重大文学成就。此处选取的片断分别来自英国的约克神秘套剧与汤利连环剧[62]。在 15 世纪，约克

---

61 《圣经·新约》，约翰福音 1：29a。

62 "汤利连环剧"这个名称来自从 17 世纪起长期拥有这部连环剧抄本的兰卡郡信奉天主教的汤利家族，1836 年这套连环剧首次出版时即以《汤利神秘剧》为名。"威克菲尔德"这一地名写在抄本中第一折《创世纪》和第三折《挪亚和他的儿子们》的题目里，是汤利连环剧的原产地。汤利连环剧为中世纪基督教戏剧史贡献了许多优秀的剧目，其中最具艺术价值的首推标有"威克菲尔德"字样的作品，所以

市的财政地位在英国仅次于伦敦，它的套剧也最为排场。这里选用的士兵将耶稣钉上十字架这一出，是公认约克套剧中最优秀的部分。[63]而汤利连环剧中的《牧羊人剧第二剧》[64]不仅是英国圣体剧的代表，而且是整个中世纪戏剧史上的一座高峰。这两部圣体剧能够在一定程度上代表中世纪圣体剧的成就。

约克套剧中的"士兵将耶稣钉上十字架"这一出戏基本由四个士兵的对白构成，他们一边将耶稣钉上十字架，一边对话，通过他们的对话详细描绘了钉十字架的全过程；整出戏耶稣只说了两段话，是两段不长的抒情独白。

下面是士兵的四句对白：

"士兵3：既然一切都齐备，

　　　　咱干起活来也会更顺溜。

士兵4：十字架已经摆好在地上，

　　　　该凿的孔也都已凿好。

士兵1：那就让这倒霉蛋平躺好

　　　　再将他绑在柱子上。

士兵2：他要为所做的一切受刑罚，

　　　　你们很快要看到那些事到底真不真。"

士兵的独白基本上都是这样与耶稣受难的严肃主题看似不相干的插科打诨，采用通俗的市井俚语，富于喜剧效果。因为这些圣体剧都由各业行会在彩车上演出于闹市，可以想见，这些插科打诨非常符合观众的口味，能够令他们觉得异常亲切。士兵的对白约占全文9/10。

耶稣的话则是两段优美动人的独白，其中既有面对天父的祷词，也有对世人的呼吁，下面是其中一部分。

"耶稣：……在此我情愿来赴死，

　　　　为赎罪，拯救全人类，

　　　　我别无他求，只求你

　　　　因着我，让他们都蒙你悦纳……"[65]

---

西方戏剧史学者给予汤利连环剧中这一组剧目的作者"威克菲尔德大师"这样一个尊称。

63 参见《基督教文学经典选读》的译本。

64 威克菲尔德大师的创作中共有两部牧羊人剧，各自独立成篇。

65 《基督教文学经典选读》（上），第290-291页。

奥尔巴赫曾经提出，中世纪圣体剧把日常与神圣结合起来，是民间现实主义精神的伟大复兴，这在文体上具体表现为对古希腊的文体分用原则的突破。[66]荷马之后的西方写实主义一直采用所谓文体分用原则：即在悲剧情节中（无论在悲剧、诗歌、散文中）不涉及日常生活与小人物，冲突亦是英雄式的，激烈并且主题宏大；而日常生活与小人物只在喜剧情节中出现，命运、国家、荣誉等严肃问题不会与平常人的生活联系在一起。因此，中世纪圣体剧在历史发展的脉络中确实是一种进步。因为它在一部作品中明显混合了两种文体。在圣体剧中，尽管耶稣在十字架上发出慷慨的悲悯之词，士兵却围着他说着市井之言。

但这些士兵的市井之言并非纯粹为了搞笑逗乐的插科打诨，而隐藏着救赎神学观念。如前面列举士兵的对白以及耶稣的独白这两段，在耶稣与士兵语言强烈的对比中透露出"光照在黑暗里，黑暗却不接受光"[67]的神学思想。耶稣在十字架上发出悲悯之言，士兵所代表的世人却茫然无知地将他钉上十字架，强烈的对比显出了世人的愚昧与罪行，以及耶稣的伟大与圣洁。这些神学思想圣体剧的观众们都耳熟能详。这样，主题宏大的圣体剧确实给予了日常生活与平民百姓存在的空间。所以确如奥尔巴赫所说，中世纪圣体剧将神圣带入日常，是一次民间现实主义的伟大复兴。

但是在这部戏中同时还可以看到，圣体剧中宏大主题与日常的结合仍然是有限的。在这幕剧中，耶稣与士兵之间没有对话。士兵的部分包括了全剧所有喜剧因素，他们的语言接近口语。而耶稣的独白是诗体的，严肃、抒情、庄重，他的情感与思想都很崇高的，而且是单一的。这很可能是因为，在当时耶稣的日常性仍然是无法想象的。即使其它人在圣体剧中可以具备日常性，如亚当、众圣徒，甚至圣母玛利亚，但耶稣却不能。他必须是永恒的、超越的，除了肉体之外，不会拥有任何暂时的成分。所以，就出现了一部作品中"文体分用"的独特现象。在其中，士兵尽管与崇高共存，却保持着不可逾越的距离，日常与喜剧相连，永恒与悲剧相连的文体分用原则仍然存在于文本内部。类似的"文体分用"在《牧羊人剧第二部》中存在，牧羊人的语言一旦对耶稣发出立刻由"日常体"变为"崇高体"。如牧羊人彼此之间的对话是这样的：

---

66 《摹仿论》，第 170-181 页。
67 《圣经·新约》，约翰福音 1：5。

　　"第三个牧羊人：……啊，先生，上帝拯救你，还有你我的主人。我很想弄点儿什么吃喝。

　　第一个牧羊人：基督诅咒你，我的伙计，你真是个好吃懒做的奴才。"[68]

而当牧羊人去朝拜圣婴的时候他们就转换了语气，日常用语不再出现，如：

　　"第二个牧羊人：欢呼，统治世界的救世主，因为是你选中了我们！欢呼，高贵的孩子和花朵，是你创造了一切！欢呼，满怀慈善的主，是你从无何有中创生出万物。欢呼，我跪倒拜伏。我为这孩子带来一只小鸟。[69]欢呼，小宝贝！小启明星，你是我们的信仰所归，我要饮你杯中的酒。"[70]

　　面对襁褓中的婴孩，牧羊人的赞美充满了神学概念：耶稣是世界的统治者、救世主；上帝拣选万民，从无中创造万物；耶稣是满有怜悯的主；而小鸟、小启明星、杯中的酒这三个具体的意象则都具有隐喻意义，是中世纪受到基督教影响的象征美学的产物。

　　在《牧羊人剧第二部》中也一样，戏中玛丽亚、约瑟都没有讲话，耶稣在襁褓中自然也没有开口。全场都是牧羊人、麦克等人的对话或独白。天使报讯，牧羊人朝拜耶稣的场景只占全文篇幅1/10。剩下的9/10主要围绕牧羊人与麦克偷羊之事展开，在这个部分，对白情节富于喜剧效果，插科打诨随时出现，基本上是一出完整的民间笑剧。但是到了朝见耶稣的场景时，闹剧成分立刻一扫而空，成为一幕庄严、肃穆、带有强烈仪式色彩的正剧。

　　卡尔西顿会议未能止息有关基督论的所有争论，后来又出现了耶稣的一志论、属性互通、虚己说等等基督论。信义宗的始创人马丁·路德主张，基督有神人二性意味着：即使在基督升天之后，人性仍无所不在，与神性属性互通。属性互通的宗教假设导致了争辩，有的学者主张基督在成肉身时放弃了神的属性，仅偶尔使用神性；有的则主张基督任何时候都有神的属性，不过是予以隐藏或仅在暗中使用。同样，关于虚己说也有不同的看法。这种种

---

68　《丑角的复活：对西方戏剧文化的价值重估》，孙柏，学林出版社，2002，第288页。

69　鸟特别是鸽子象征着圣灵。鸟等同于乳香；很多视觉艺术均表现幼主基督手里拿着一只鸽子。——原注。

70　《丑角的复活：对西方戏剧文化的价值重估》，第304页。

基督论的核心是：耶稣基督是完全的人，也是完全的神，两个位格，一个本体，如何可能？神性与人性如何共处？信仰寻求理解，安瑟伦的这句名言不仅为奥古斯丁，也为历史历代认真的基督徒所追随。关于基督教的探讨在今天的大多数人看来是不知所云的玄学，但对中世纪的知识分子却不是纸上谈兵，因为基督徒需要弄清楚自己敬拜与追随的那一位究竟是谁，基督的形象，不仅决定了人们是否决定追随他，也将决定信徒追随的方式。

　　直到今天，古典基督论缔造的耶稣形象仍然发挥着影响力，尽管往往是作为当代书写与再阐释的僵化的对立面而存在。但我们在这里描绘的并不是一幅完整的中世纪耶稣形象图，中世纪的基督论还有另一个重要的组成部分。1209 年，教皇英诺森三世在接见圣方济各之前也做了一个梦："整个教皇宫殿面临坍塌，但是却被一个小个子穿着简朴的修士托住"。[71] 第二天他接见了这个小个子修士圣方济各（又译圣法兰西斯，Saint Francis of Assisi，1181 或 1182-1226，意大利），中世纪最著名的圣徒，被称作"另一位基督"。四年以前，在阿西西城边一个小教堂祈祷时圣方济各听见基督对他说："法兰西斯，起来，去修理我的房屋，你看，它被毁坏了。"[72] 从此他开始了"修理耶稣的房屋（即教会）"的工作。323 年，君士坦丁大帝最终取得了军事上的胜利，他将基督教立为国教，终止了罗马帝国境内的基督徒殉教。基督教成为官方宗教极大地加速了基督教世俗化的过程。在罗马帝国迫害基督徒时期，坚持信仰需要付出巨大的代价，这在很大程度上保证了基督教群体信仰的纯洁性。但是，成为国教之后的基督教不得不很快降低了入教的门槛，既然此时仅仅被称作基督徒已经不需要付出任何代价，那么，更高尚的基督徒生活的形态是什么呢？同时，殉教是基督徒最高荣誉的理念仍然盛行，于是，"'白色的'殉教代替了'红色'的殉教"[73]，来自东方的隐修传统在沙漠中催生了最早的修道士。修士抛弃世界的生活方式被认为是彻底跟随耶稣的"白色殉道"。在整个中世纪，一波又一波的修道院运动在维持教会的圣洁方面起到了巨大的作用。修道士是教会不带盔甲的战士，以世人难以企及的超尘脱俗的生活方式保护教会在精神方面的权威性。

---

71 同上，第 61 页。

72 《圣法兰西斯和他的世界》，马克·加利，周明译，北京大学出版社，2005，第 26 页。

73 《神学的灵泉——基督教神秘主义传统的起源》，安德鲁·洛思，游冠辉译，中国致公出版社，2001，第 130 页。

　　帕利坎认为，如果对当代人进行一次民意测验，提问在过去一百年间哪一位基督徒最能够代表基督教真正的宗教精神，出现频率最高的可能是加尔各答的特蕾莎嬷嬷（Mother Teresa of Calcutta）。如果将时间扩展到过去的两千年，再问同样的问题，则出现频率最高的人很可能是圣方济各，小弟兄修会的创始人。[74]宗教的真谛不在于理解或认知，而在于践行，这是今天绝大多数人接受的观点。头戴华冠，身着白色、深红色、金色礼服，站在教廷中心的教皇未必真正使我们心中服膺；默默为麻风病人洗脚的赤贫修女却能令我们羞愧自惭，赞叹宗教精神的伟大。真正能代表耶稣的人并不需要多么强大，相反，谦逊虚己，为他人牺牲忍耐，不求自己的利益的修士，向内战胜自我与世俗的一切诱惑的精神更令人折服。

　　1926 年 4 月 30 日，教皇庇十一世（Pius XI）正式赐予了圣方济各"另一位基督"（alter chuystus）的称号，对圣方济各而言，耶稣的生平是他真正践行的对象，耶稣赤贫，随走随传天国福音的生活并不仅仅是耶稣个人性的选择，也是给门徒的诫命："随走随传，说'天国近了！'……腰袋里不要带金银铜钱。行路不要带口袋，不要带两件褂子，也不要带鞋和拐杖……"[75]圣方济各创立的小兄弟会是中世纪修道院运动中的又一波。在整个中世纪，体制化的教会拥有至高无上的权力，权力带来的贪欲令教会难以维持其圣洁的呼召，一波又一波的修道院运动则是对此的缓解与平衡。高耸的教堂屹立于城市中心，象征着处于世俗权力的核心，而修道院则尽可能地靠近偏僻的山野、荒漠、人迹罕至之处，表明了脱离尘世的愿望与立场。耶稣本人的生活确实也有这种抵制体制化的倾向："狐狸有洞，天空的飞鸟有窝，只是人子没有枕头的地方。"[76]他对当时宗教权威的攻击使在任何一种体制之中是否真正能够践行他的教诲成为一种疑问。小兄弟会在建立过程中也遭遇了这一矛盾。圣方济各第一次拟订的会规绝大多数话都引自福音书。对他而言，他建立修会的依据并非他个人的感悟，权威来自福音书中耶稣的生活方式及其训诲自身。但是这个修会规定没能获得教庭的正式认可，以致圣方济各后来又不得不以更成制度的方式第二次拟定会规，方才获得了罗马的承认。

---

74　《历代耶稣形象》，第 167 页。

75　《圣经·新约》，马太福音 10：7，9-10。

76　《圣经·新约》，路加福音 9：58。

象许多托钵僧一样，圣方济各坚持食用乞丐的食物，用跳到冰水里的方法克制性欲，经常性地禁食，频繁祈祷。但是这些传统的"苦修"符号在他身上却不是与离群索居、对俗世的厌倦情绪，以及对人群的躲避联系在一起的。相反，圣方济各热爱人群，与"小兄弟"们过着亲密的群居生活，他热情洋溢的性格，富于表演性的福音宣讲极具感染力。作为一个早年热爱音乐与诗歌的人，方济各终身对于大自然拥有敏锐的感知力，以致他被后世信徒尊为动物与自然的中保。他写作的《太阳兄弟颂》体现了他对被造物的独特态度。这一态度也见于方济各对人的身体的认识。尽管他履行严格的修道生活，克制一切物质享受，但这种极端禁欲的生活方式却并非出于对肉体的鄙薄和仇视态度，如某种流行的对中世纪观的看法，而勿宁说他是为了更高的积极的目标：在这世上，真正的真理之道是耶稣道成肉身的生命，正如耶稣所说："我就是道路，真理，生命。"[77]因而在道成肉身的生活中效法耶稣，是效法福音书中耶稣的赤贫，他与底层人群的接近，他对真理的宣扬，并效法他的受难——身印五伤。帕里坎评论道："发现自然，与把他躯体的痛苦与基督的痛苦等同起来之直接后果，是对基督人性的一种新颖而更为深刻的认识；基督的人性已在他的出生苦难中揭示出来。"[78]

在教义教规中被僵化的耶稣形象通过圣方济各这样的伟大修士恢复了生机与活力。这位高高在上的全能上帝的形象，似乎处于世间一切权力与能力的顶端，悬挂在宏伟的教堂建筑中心的上方，充满了不可侵犯的威严，呼唤着人们顶礼膜拜。艰深的神学阐释，教会通用已完全不为非教会使用的拉丁语，无法触及的《圣经》文本，种种障碍都使耶稣远离了广大信徒的普通生活。似乎只有钉在十字架上的耶稣像这具苦难的肉身能唤起人们对耶稣对世人的悲悯之情的体会。圣方济各走街串巷深入日常生活的活动将耶稣的教诲活生生地展现在人们眼前，不以高深的知识或其它的必要装备，而是以其巨大的精神感召力，以眼前可见的模范作用呼唤人们践行耶稣的教诲，从而使耶稣亲切而简单的教训重新变得可能实现，甚至易于实现，只放下世界上的一切，守贫、独身、随处传道。圣方济各的生平活动为后世留下了一份耶稣形象的宝贵遗产。

---

77 《圣经·新约》，约翰福音 14：6。
78 《历代耶稣形象》，第 174 页。

查尔西顿会议对基督论的阐释将耶稣的神、人二性在一个位格之上的联合视为奥秘。这虽然避开了对那不可言说的部分的强行阐释，保护了耶稣基督位格的神秘性，但奥秘同时也意味着信徒在效法基督的时候会变得无迹可行，因为他们不拥有神性，只能在人性中效法他。圣方济各为在尘世生活中完全效法基督开辟了一条简单明了的路径。帕利坎指出，圣方济各的"同代人对方济各的认知和基督形象之间的关系是高度互补的"，[79]他的同代人通过圣方济各认识耶稣形象亲切的日常性，同时又通过耶稣形象认识圣方济各行为的深刻与真理性。"方济各的基督，不因为神的存在和力量在他身上而使他的人性麻木，以致十字架不他感觉剧痛。[80]在中世纪正统教义中失落的在客西马尼园痛苦祈祷、在十字架上曾绝望呼喊的耶稣形象在类似圣方济各这样的修士身上得以复苏，而这加深了对耶稣同为神性楷模和人性楷模的认识。这种耶稣形象或许在表面上仅是耶稣人性的表现，可也是这种深刻真实的人性使耶稣的神性变得亲切和容易理解。所谓道不远人，真正的真理是可以践行的，圣方济各的修道生活使耶稣变得触手可及，并将"完全的神性"与"完全的人性"这样高度抽象化的定义拉得贴近人们的具体生活，"在耶稣的苦难和十字架上惨死中，神性生活的秘密和人的生活的秘密都已变得明晰起来。"[81]所谓神性，虽然看似距人遥远，莫可名状，但也同时是"众人的父，超乎众人之上，贯乎众人之中，也住在众人之内"。[82]摩西在《申命记》中颁布律法之后说：

> "我今日所吩咐你的诫命，不是你难行的，也不是离你远的。不是在天上，使你说：'谁替我们上天取下来，使我们听见，可以遵行呢？'也不是在海外，使你说：'谁替我们过海取了来，使我们听见，可以遵行呢？'这话却离你甚近，就在你口中，在你心里，使你可以遵行。"[83]

远离虚假的事，不杀无辜和有义的人，上帝表现他自己的言语——慈爱、公义、圣洁都伴随着具体的诫命出现。如十诫之二说道："不可为自己雕刻偶

---

79 《历代耶稣形象》，第 175 页。

80 同上。

81 同上，第 176 页。

82 《圣经·新约》，以弗所书 4：6。

83 《圣经·旧约》，申命记 30：11-14。

像，也不可作什么形像仿佛上天、下地和地底下、水中的百物，不可跪拜那些像，也不可事奉它，因为我耶和华你的神是忌邪的神。恨我的，我必追讨他的罪，自父及子，直到三四代；爱我守我诫命的，我必向他们发慈爱，直到千代。"[84]颁布诫命的同时也揭示了上帝的性情，这是律法确立与制订的依据：即上帝施恩远多于追讨罪表明了他的慈爱。又如不允许曲枉正直显明了上帝的公义，不允许淫乱表明其圣洁等等。上帝的这些性情——而非抽象的属性——并非人完全不能理解、不能拥有的，只是人拥有的程度距上帝拥有它们的完满性无可比拟而已。而之所以为神，正是他以人不能达到的方式拥有它们，这种超越性有时会使上帝显得十分陌生，但耶稣基督道成肉身之后对门徒提出的肉身成圣的要求，使这种超越性在一定程度上是可以效法的。正如在圣方济各身上，对耶稣的人性的揭示不是通过系统神学的理性阐述，而是通过德性生活重新演绎耶稣的生平。

## 第三节 "历史上的耶稣"及其超越

尽管圣方济各为中世纪的耶稣形象添加了人性的因素，但他的修士身份意味着不是修士的普通人在日常生活中效法耶稣始终是困难的。在中世纪，人数最多的下层人难以想象自己与永恒的人性相衔接。中世纪对灵性生活的片面推崇，阻碍了中世纪人论进一步向平民化发展。而中世纪耶稣形象则成为这种抽象人性论的最坚固的堡垒，这个强大的堡垒也预示了中世纪自身不能突破抽象人性论的局限。这种情况在文艺复兴运动兴起的时候开始得到改观。

随着西方社会从中世纪向近代过度，平民在社会政治、经济、文化等各方面都扮演了越来越重要的角色。由于社会结构的改变，福音书中直观、具有强烈现实感的耶稣形象再次活跃在人们的视野中的社会背景出现了。通过文艺复兴运动与宗教改革运动的努力，耶稣的形象开始从中世纪神性占主导的状况开始转向，他朴实的人性的一面被重新挖掘出来。在耶稣形象平民化的过程中，首先是文艺复兴学者的神圣语文学工作起到了重要的推动作用。

"世界和人的发现"和"个人的发现"是 14-16 世纪文艺复兴时期的两个主要论题。我们首先澄清一个常见的误解，即将文艺复兴重新发现人、关注

---

84 《圣经·旧约》，出埃及记 20：4-6。

人的论述视为放弃基督教的正统教义，这是一种严重的时代错误。巴赫金曾经在有关拉伯雷的研究中指出，文艺复兴时期还不存在彻底的无神论思想，因此不能将拉伯雷对巨人的书写视为刻意与教会作对。[85]相反，文艺复兴运动之所以致力于确立艺术、文学和学术生活的新概念，正源于他们寻求宗教的复兴。将人文主义者的人性观和他们对宗教，尤其是他们想象中的耶稣形象强硬分开，是不恰当的。这一点从文艺复兴学者对耶稣形象的处理就可以看出来。

文艺复兴学者的一个重要工作是复活了福音书中的耶稣形象，这主要通过所谓神圣语文学的工作完成。中世纪重要的神学家和传教士中大部分都不具备权威地阅读新约原文的能力。甚至连奥古斯丁对圣经希腊文和早期东方教父的希腊文著作也了解不多。另一位中世纪最重要的神学家托马斯·阿奎那也依靠圣经的拉丁文译本展开神学研究。文艺复兴学者对欧洲的古代文化非常感兴趣，他们提出了回到源头的口号，认为有关希腊文原文的知识对准确解释福音书信息至关重要。他们相信借助回归到源头——希腊文原文新约，可以清除通俗拉丁文圣经中的误译，去掉后来的神学家强加于它的错误解释，以及各种手抄本造成的谬误，从而消除误解与迷信，建立正确的基督教信仰。为了实现这个目标，伊拉斯谟（Desiderius Erasmus，又译埃拉斯默斯，史学界俗称鹿特丹的伊拉斯谟，1466 年-1536 年）在 1516 年发表了他最重要的著作之一《新工具》，并首次印刷出版了希腊文新约，这个圣经版本在西方文化中一劳永逸地改变了耶稣的形象。文艺复兴者认为《圣经》的原文比被天主教会立为标准的武加大本拉丁文更具有权威性。《圣经》的原文是希伯来文和希腊文的，他们回到最早的《圣经》，提倡运用理性、以研究的态度，按照语言学的规律来理解《圣经》，重新发现了《圣经》的历史性和地源性，这种对待《圣经》的态度影响深远。在耶稣形象方面的贡献是，此后的耶稣形象有可能摆脱教义的抽象言说，而每个认真研究和阅读福音书的人也有可能建立自己对耶稣的见解。

伊拉斯谟是文艺复兴运动最重要的代表之一，虽然伊拉斯谟出名是依靠他的希腊文新约翻译和讽刺作品，尤其是《愚人颂》，但是，即使在这些作品中，他也是在从事他毕生执着的事业——使用神圣语文学重建基督哲

---

85 参见《巴赫金全集》，巴赫金，晓河等译，河北教育出版社，1998，第六卷，《拉伯雷的创作与中世纪和文艺复兴时期的民间文化》。

学。在《愚人颂》中，他号召教皇严肃对待他们作为基督代理人的头衔，"效法基督过着贫穷辛劳的生活，遵循他的教导、教义，蔑视世俗"；[86] "基督的整个教导在于熏陶温和、忍耐和轻视人生。"[87]他认为，真实的耶稣是福音书中的耶稣，认识他的生平和教导应该依据希腊文新约原本。伊拉斯谟维护基督教哲学和基督教人文主义的结合，号召学习耶稣说的"生命之言"，因为这些话"源源不断地来自与神性须臾不分离、唯一使我们复原到永生的一个灵魂"。[88]经过神圣语文学的努力，福音书被重新确立为认识耶稣的一把钥匙。

在文艺复兴时期，这关于《圣经》和耶稣新观念主要在人文学者中传播，但是，随着宗教改革运动的兴起，改教人士接过了文艺复兴在《圣经》翻译和研究方面的成果，提出了"唯独圣经"的口号，将原文《圣经》树立为信仰的绝对权威，用于对抗教皇与教廷的权威，这大大促进了《圣经》研究的进深与普及，将人文学者观点的影响推向了整个西方世界。宗教改革运动的一大标志是将《圣经》视为唯一的信仰权威，反对天主教神职人员把持《圣经》解释，为普通信徒争得阅读《圣经》的权利。古腾堡对印刷术的使用使《圣经》可以大量流传。胡斯（John Huss）[89]、丁道尔（William Tyndale）[90]、马丁·路德等改革人士积极倡导并亲自参与将《圣经》译成本国语言。在此之前，通行的《圣经》版本是拉丁文的，这意味着除了受过专门训练的修士、学者，普通人是不可能读懂《圣经》的，因为拉丁文已经是一门已经死去的语言。当人们可以用自己本国的语言读到《圣经》，就能够亲自接触到福音书，并且拥有自己的理解。这一系列举动都促使福音书中的耶稣形象突破中世纪神学的抽象框架，再次鲜活起来。

宗教改革家路德在关于福音书的讲道中，生动细致地描述耶稣的教导和生平。路德对福音书的解读摈弃了对《圣经》、尤其《新约》的传统寓意释经法，努力重现福音书的耶稣形象，使他在听众心中复活。比如，路德在一篇关于圣诞节的讲道中这样说：

---

86 《愚人颂》，伊拉斯谟，许崇信译，辽宁教育出版社，2001，第85页。

87 《愚人颂》，第95页。

88 《历代耶稣形象》，第182-187页。

89 约翰·胡斯：1369-1417，宗教改革先驱，因翻译圣经被烧死。

90 威廉·丁道尔：1496-1535，改教先驱，因翻译圣经被勒死并焚烧。

"就让我们在自己的孩子中所发生的事,来默想耶稣的降生吧。我不要你们默想基督的神性,基督的威严,乃只想你们默思他的血肉之躯,仰望婴孩耶稣吧。他的神性也许会令人害怕。他那无法形容的威严也许使人粉碎。这就是为什么基督取了我们的人性,惟有罪是例外,使得他不会叫我们害怕,相反地,乃是以爱和恩典来安慰我们,坚固我们。"[91]

路德的讲道指向了耶稣的人性——"血肉之躯",毫无威严的柔弱的"婴孩耶稣",从而拉近信徒与耶稣的距离,使信徒感受自己与耶稣的相似之处——人性。又如,路德在《日用灵粮》中这样解释一段与耶稣的童年有关的经文:

"'但他(即耶稣)顺从他们(耶稣的父母)',[92]这句话是什么意思呢?这不过是说他实行了第五条诫命,做了父母要他在家所要做的工,例如,打水、购买柴米,又料理家务及其它事务,如同其它儿童一样。这一切家中工作耶稣都亲自下手做了。所以凡善良为上帝所爱的儿童都应当说:唉呀! 真不配做耶稣年幼时所做的一样工啊! 我现在所做的也正是主耶稣当日所做过的。"[93]

耶稣"打水、购买柴米,又料理家务",这种描述使耶稣充满了人性。本着《圣经》是信仰的唯一准则的同时,路德力图使信仰恢复单纯和质朴,他从福音书中得出的耶稣形象具有此前罕见的日常性。他鼓励信徒在日常生活中效法耶稣,这样,日常生活也通过耶稣获得了神圣性,这是宗教改革的一大革新,即认为人们不需要通过进入修道院,只要在世俗世界中敬虔度日,遵守《圣经》的标准,一样可以和耶稣相连,拥有充沛丰满的人性。

基督教信仰曾经历了从朴素的历史主义向思辨的理智主义的转化。而现在它开始转向理性的历史主义。这种转变说明基督教存在的历史语境改变了。近代以来,西方社会中最重要的变化之一是第三等级的兴起,社会从较为严格的等级制度转向平民化,而在今天,平等已经是现代社会的基本观念,无论法律,经济还是政治,都以平等观今为基础。希腊的哲学形态是一种精英文化,沉思活动高于实践生活,理式高于观象界的优劣划分与判定,导致哲

91 《马丁·路德文选》,马丁·路德,马丁·路德翻译小组译,中国社会科学出版社,2003,第167页。
92 《圣经·新约》,路加福音2:51,括号内为笔者注。
93 《马丁·路德文选》,第200页。

学思辩只能是极少数具有天赋有闲精英的活动。但是基督教在一开始就具备鲜明的平民特征。耶稣和他的门徒来自社会下层，早期基督教对罗马帝国的奴隶，妇女、城市手工业者都显出巨大的吸引力。从《新约·使徒行传》中记录的最早期教会的状况来看，教会尽管有较为松散的管理、初代使徒也具有相当的权威性，倡导的却是一种面向所有人的信仰：犹太人、非犹太人、男子、妇女、奴隶、官员，没有什么身份和社会地位能够成为接受福音的障碍。而且，早期教会中信徒凡物公用，天天一同祈祷、一起生活，强调的也是每一个信徒都应当过完全圣洁的生活。在教会早期，平信徒殉道也极为常见。这些都说明了基督教在本质上的平民性。

　　近代的基督教也向等级渐趋模糊的方向发展。在近代特殊的文化语境中，取代古希腊的精英主义的是注重历史的平信徒运动。宗教改革导致的新教削减了平信徒与神职人员之间的巨大差异，要求信徒与神职人员一样全然委身，使宗教信仰贯彻于普通人的生活之中，包括对切实地指导婚姻、工作乃至子女教育等等。信仰不再意味着离世修行、禁欲、沉思，而转化成每个人在生活中回应上帝对个体的独特呼召。信仰首先意味在日常生活之中将敬虔贯彻到底。宗教改革顺应并推动了西方近代社会的发展，恢复了早期基督教的平民特色，为教会带来了巨大的活力。

　　文艺复兴与宗教改革运动使人们重新开始关注福音书中的耶稣形象，但此时的耶稣形象仍然基本上是一个宗教的形象，真正世俗化的耶稣形象起源于以理性为旗帜的启蒙时代对所谓"历史上的耶稣"的寻找，这是耶稣的正统基督教形象第一次受到剧烈攻击和严厉质疑。启蒙时期关于耶稣的著名举动"寻找历史上的耶稣"，是写作耶稣传记的初期尝试。"寻找历史上的耶稣"（The quest for the historical Jesus）这一说法是20世纪著名神学家史怀哲提出的。他在《寻找历史上的耶稣》一书中梳理了启蒙时期以来德国神学家寻找历史上的耶稣的尝试，为这一系列尝试研究确立了名目，也为这些探索画下了句号。

　　德国神学家和历史学家们"寻找历史上的耶稣"的系列尝试是20世纪小说重写耶稣的真正鼻祖。史怀哲认为，德国神学家们的这一尝试以斯特劳斯为分界线，可以分为两个阶段。在施特劳斯之前，以赫曼·塞缪尔·雷玛鲁斯（Hermann Reimarus）[94]的匿名作品《耶稣及其门徒的目标》[95]为开端的一

---

94 赫曼·塞缪尔·雷玛鲁斯：1694-1768，汉堡的中东语言教授、神学家、自然神论者，德国启蒙运动的先驱之一。

系列写作主要关注神迹的问题，即尝试从理性的角度重新解释和思考神迹的可能性。而施特劳斯的《耶稣传》则直接将神迹定义为神话，在解释耶稣生平时将启蒙时期的理性主义原则贯彻到底。这一系列开始完全从耶稣作为一个人的角度考察他的内在心路历程和外在历史生活。

有几位参与"寻找历史上的耶稣"运动的学者的研究被史怀哲称为"想象的耶稣传"（imaginative Lives of Jesus），其中包括卡尔·弗里德里希·巴德（Karl Friedrich Bahrdt，1741-1792）、卡尔·海因里希·文图里尼（Karl Heinrich Venturini，1768-1849）和奥古斯特·弗里德里希·格夫勒雷尔（August Friedrich Gfrörer，1803-1861）等。史怀哲认为："文图里尼的《拿撒勒伟大先知的非超自然历史》（Non-Supernatural History of the Great Prophet of Nazareth）（1800-1802）几乎可说直到今天每年都被重新发行，因为所有虚构的传记都直接或不直接地可以上溯到文图里尼创造的类型。"[96]在巴德的作品《耶稣的计划与目标的一种解释》（An Explanation of the Plans and Aims of Jesus》中，文图里尼设想耶稣从小受到艾赛尼派的教导，潜伏在耶路撒冷的艾塞尼派的秘密成员在圣殿中向耶稣揭示了虚伪的犹太祭司制度，还向他教授苏格拉底和柏拉图的哲学。当耶稣听见苏格拉底之死的故事，还是男孩的耶稣感动地哭泣不已，决心效法希腊先贤的殉道。在文图里尼的解释中，关于艾赛尼派的设想显然离历史的真相相去甚远，今天的研究发现，艾赛尼派是犹太教支派，严格的禁欲主义者，反对婚姻，以社团的方式离世群居，典型的如居住在旷野中的昆兰社团即是其中之一。他们等候犹太的正义教师来临，具有强烈的圣俗分别观念和末世期待，他们并不寻求对现世的改造，因此也极不可能性在耶路撒冷进行类似颠覆祭司制度的活动，而他们强烈的犹太教特征也使他们不太可能教授他人希腊哲学、苏格拉底和柏拉图。

史怀哲高度评价了"寻找历史上的耶稣"的神学研究，以之为当时德国神学的最高成就，他认为这场神学运动容纳了哲学思考、睿智的批判、历史

---

95　雷玛鲁斯的匿名作品《耶稣及其门徒的目标》（The Aims of Jesus and His Disciples: A Further Instalment of the Anonymous Wolfenbüttel Fragments），雷玛鲁斯生后由莱辛编辑于 1778 年出版，虽然这部作品的出版年份晚于 Johann Hess 在 1768 年发表的《耶稣传》（Life of Jesus），但是在雷玛鲁斯活着时，这部作品就已经在他的朋友中流传。史怀哲认为，在雷玛鲁斯之前，从未有人尝试过从历史的角度设想耶稣的生平。The Quest of the Historical Jesus，p.14.

96　The Quest of the Historical Jesus, p.45-46.

洞察和宗教感情。[97]但是史怀哲最终否认了复原历史上的耶稣的可能性。他在书中说："每个时代的神学都在耶稣身上找到自己的思想，确实，这是唯一使耶稣富有生命的方法"。[98]每个时代，每个个体都不断根据自身形象再次创造他。"所谓的历史上的耶稣并非一个纯历史性人物，而是人为地移植到历史之中的一种形象。"[99]我国学者卓新平也认为，所谓历史上的耶稣"是唯理主义构设出来的一个人物，由自由主义赋予其生命，并被现代神学披上了一件历史的外衣。"[100]史怀哲并不认为这场神学运动盘根究底的研究会导致基督信仰的崩溃，他"强调基督教的基础乃在于其精神性或属灵性、从而独立于任何历史根据。同样，对耶稣的信仰也不基于对其生平或历史真实性的考证。"[101]史怀哲的结论为所谓"历史耶稣"的第一波探索画上了句号。

在今天看来，所谓的"历史"其实是以今天的理性和经验为标准来剪裁公元 1 世纪基督徒的共同想象。超自然事件处于实证的范围之外，因此最终被认定为神话。去掉《福音书》和《圣经》中的所有神迹故事，就等于否认了上帝的存在。因为上帝本身就是一种超验存在。但"寻找历史上的耶稣"系列尝试的初衷却并非除去基督教存在的根基，参与者绝大多数都是神学家，他们中的不少数并没有消灭或放弃基督教信仰的意思。所以，虽然神迹是"寻找历史上的耶稣"运动中极受关注的问题，参与者的目标却不是仅仅为了将神迹从耶稣的生平中抹去，而是希望从自然的角度理解耶稣，赋予其时代感，使之与当时最"先进"的理念——启蒙思想并存。比如，这场运动的开创者雷玛鲁斯在解释福音书中耶稣所说的"天国"观念时提出：耶稣反复教导的"天国"（the kingdom of heaven）应当从犹太人的思考方式的角度来理解。耶稣接受了犹太教的传统中的"天国"观念，此观念原本意味着弥赛亚的出现，耶稣只是宣告"天国"近在咫尺而已。福音的起初涵义只是跟随耶稣的教导和带领，雷玛鲁斯认为，对犹太人而言，接受耶稣是弥赛亚，是上帝的儿子并不难。与上帝立约的人就是上帝的儿子，耶稣是弥赛亚即指他是特别杰出的上帝的儿子。福音信仰起初没有任何形而上内容。这样，雷玛鲁斯的"天国"就不再是原来基督徒所认为的"天堂"，天国的往生意义

---

97 Ibid., p.3.
98 Ibid., p.6.
99 Ibid., p.357.
100 《当代西方新教神学》，卓新平，上海三联书店，1998。第 173 页。
101 同上。

被取消，成为现世概念。而且，"即使在弥赛亚宣告中，耶稣也'在人性范围之内'了。"[102]雷玛鲁斯提出，如果想要获得对耶稣教导的历史理解，我们必须将形而上的神子、三位一体等教义观念抛诸脑后，完全进入犹太人的思想世界。他还认为，耶稣从未试图消灭犹太教，建立一个新宗教来取而代之。但是耶稣的门徒和耶稣的目标不同。耶稣保留了犹太教的民族主义传统，他的门徒在他离世之后将基督教向整个罗马帝国传播，势必突破民族主义的局限，所以在环境的压力下建立了新宗教。雷玛鲁斯区分了耶稣和他的门徒在教导上的差异，尽管他的解释在今天看来不一定完全正确，如犹太人接受耶稣是弥赛亚没有问题这一观点，和犹太人将耶稣钉死这一结果无法并存。但是雷玛鲁斯的阐述的意义在于他发现了《新约》内部的历史性，而且前所未有地探讨揭示了基督教思想形成的过程，发现教义也同样有历史性。比如，形而上的神子概念，三位一体等教义是在希腊哲学影响下产生的基督教教义，在耶稣生平所处的巴勒斯坦地区的语境中并没有产生此类教义。由于基督教在罗马帝国传播，而当时的主流思想是希腊哲学，所以希腊哲学对于形而上学的热爱，柏拉图的理式、质料二元论都对基督教产生了深刻的影响。在雷玛鲁斯之前，如三位一体、神人二性等核心教义被视为万古不变的真理，只是到了一定时候才被揭示出来而已。如果教义的形成是有历史性的，甚至使徒的教导也因时因地制宜，这就意味着教义并不是不可变更的。他的批评尝试彻底从历史的角度而不是教义的角度理解福音书，为《圣经》批评开辟了新的道路。甚至今天基督教界的《圣经》释义也从雷玛鲁斯的批评思路得以不少。

帕利坎认为，"启蒙主义对历史上的耶稣的寻求，是在启蒙主义哲学放弃了宇宙性基督之时，才成为可能和必要的。"[103]启蒙时期的知识分子开始怀疑实体逻各斯的理论，这是希腊哲学的根基。中世纪基督教借助希腊哲学构建了一座超越时间的神学宫殿，而"寻找历史上的耶稣"以人类理性的原则，使原来呈空间性的教义系统得以改观，发现了基督教教义的时间性。

整体而言，我们发现，启蒙时期的"历史上的耶稣"形象具有以下一些特点：

首先，这些耶稣形象都根据理性的原则去掉了神性特征。福音书中的神

---

102 *The Quest of the Historical Jesus*, p.8.
103 《历代耶稣形象》，第229页。

迹一概不受承认，一切不合理性的地方都被剔除了：童贞女怀孕、复活、赶鬼，等等。

其次，除去了超自然特征的耶稣的意义在于，他被解释成一位伟大的伦理或常识教师。被史怀哲列入"寻找历史上的耶稣运动"中的"成熟的理性主义"的海因里希·保卢斯（Heinrich Paulus）在他的《作为世俗基督教的纯历史记叙的基础的耶稣传》（*The Life of Jesus as the Basis of a Purely Historical Account of Earthly Christianity*, 1828）中说："耶稣身上最超凡的东西是他自己，他性格中的纯洁和宁静的圣洁，虽然是真实的人性，却适合人们的模仿和效法。"[104]历史学家吉本（Edward Gibbon，1737-1794）在他的名著《罗马帝国衰亡史》中，也给予耶稣类似的盖棺定论："拿撒勒的耶稣熟识的同伴和这位朋友与同胞联系密切，这个人在理性与躯体生活的全部行动中看来和他们本身为同类。从幼年到青年、壮年的发展，标志着他在形体与智慧方面的常规增长；后来，在心智和躯体的极端痛苦之后，他在十字架上死去。他是为服务人类而活着、而死去的……他为朋友和国家流的泪水可以被看作是他人性的最为纯洁的证明。"[105]最鲜明的表现是启蒙学者常常将他和苏格拉底比较，而他们讨论耶稣的意义也正在于此，揭示他伟大思想的道德内涵。氧气的发现者、科学家普里斯特利（J. Priestley，1733-1804）认为，"在比较苏格拉底和耶稣的性格、伦理教诲和整体生平时，我认为，不可能不令人深切感受到启示宗教的突出优点，例如犹太教徒的宗教和基督教的宗教，对人的心智予以启蒙和扩展，予以一种高超优异的性格。仅此一点就足以说明苏格拉底和耶稣及其各自门徒之间的区别；这一情况对于我们的目标已经足够。"[106]

再次，理性取代了耶稣在哲学中的核心地位。这种置换突出地表现了启蒙时期的时代特征。青年时期的黑格尔按照《约翰福音》写作了《耶稣传》[107]。《约翰福音》和其它三部福音书在文体上稍有差异，记录故事较少，记录的耶稣的言论比较多，尤其突出耶稣的神性特质，而且纳入了类似逻各斯等较

---

104 转引自 *The Quest of the Historical Jesus*, p.49.

105 《罗马帝国衰亡史》，吉本，卷五，第 97-98 页，转引自《历代耶稣形象》，第 231 页。

106 *Socrates and Jesus Compared*, Joseph Priestley, Philadelphia: Byrne, 1803, p.48. 转引自《历代耶稣形象》，第 236 页。

107 按照黑格尔注的日期，这篇文章是在 1795 年 5 月 9 日至 7 月 24 日写成的，属于黑格尔早期著作。

抽象的阐释，因为这些特征，一般认为它形成得最晚，而且受到希腊哲学的影响在四部福音书中是最深的。《约翰福音》的开篇写道："太初有道，道与神同在，道就是神。这道太初与神同在。万物是借着他造的。生命在他里头，这生命就是人的光。光照在黑暗里，黑暗却不接受光。"[108]

黑格尔的《耶稣传》的开篇模仿了《约翰福音》的开篇：

> "那打破一切限制的纯粹理性就是上帝本身。因此世界的规则一般讲来是按照理性制订的。理性的功能在于使人认识他的生命的使命和无条件的目的。诚然理性常常被弄得晦暗了，但却从来没有完全熄灭过，即使在晦暗之中，理性的微弱的闪光也还是保持着。"[109]

在黑格尔的重写中，理性置换了道成肉身的耶稣，成为拥有神性意义的存在。黑格尔的重写采用全知视角，特点是颇为细致地描写了耶稣的思考活动。黑格尔在文中对耶稣的称呼出现次数最多的是"教师"，他是引导人走向理性的老师。值得关注的是，这个耶稣形象仍然是抽象的，不具备公元 1 世纪的历史性和犹太的民族性，因为在黑格尔这里理性同样具有超时间的永恒意义。虽然黑格尔的《耶稣传》不是启蒙时期最著名的耶稣重写，但是他的耶稣形象却突出表现了理性框架内耶稣形象的主要特征。

由此可见，启蒙运动的另一结果是，从此时开始，对耶稣的定义转为依赖对人的理解。

史怀哲在《寻找历史上的耶稣》中提到了一位在今天被誉为"现代神学之父"的神学家——施莱尔马赫（Friedrich Schleiermacher）[110]。史怀哲对这位大神学家的《耶稣传》[111]的评价并不高，因为在他看来，施莱尔马赫对理性原则的运用不够彻底："施莱尔马赫不是在寻找历史上的耶稣，而是他自己神学体系中的耶稣基督；也即他描述的符合救赎者的自我意识的那个历史形象。"[112]史怀哲认为，与其说施莱尔马赫提供了找到真正的耶稣生平的办法，不如说他带来了疑问，因为他的阐释往往为超自然的事件留下空间，尽管他

---

108 《圣经·新约》，约翰福音 1：1-5。

109 《黑格尔早期神学著作》，黑格尔，贺麟译，商务印书馆，1988，第 79 页。

110 施莱尔马赫：1768-1843，德国哲学家、新教神学家。

111 *Life of Jesus*，最早在 1864 年出版，不是施莱尔玛赫直接写作的作品，而是根据一个学生的笔记在 1832 年听施莱尔马赫一系列讲演的笔记编辑而成的。

112 *The Quest of the Historical Jesus*, p.60.

承认施莱尔马赫的阐释极有魅力，常能让读者忘记其理性的不完善而沉醉其中："即使读者清醒地具备坚定的历史感，仍很难避免他的作品的魔力。"[113] 显然，在理性主义的路线中不能正确评价施莱尔马赫的贡献，施莱尔马赫代表的是浪漫主义对纯粹理性限度内的耶稣的反动。在 1799 年发表的《论宗教讲演——致蔑视宗教的有教养者》（ *On Religion: Speeches to its Cultured Despiser* ）中，施莱尔马赫作为一位年轻的学者崭露头角，在这个系列讲演中，他终身的思想倾向清晰地呈现出来。

所谓"蔑视宗教的有教养者"指得是施莱尔马赫在耶拿的浪漫主义朋友们。1799 年正值浪漫主义在英国和德国兴起之时，耶拿浪漫派包括施莱格尔兄弟威廉·施莱格尔、弗里德里希·施莱格尔、蒂克和诺瓦利斯等人。受到启蒙思想的影响，浪漫主义者和理性主义者一样，作为文化上的"有教养者"，鄙视"缺乏教养"的大众信徒——即没有受到启蒙等先进思想熏陶的普通人——对神迹的迷信，他们同样也不能将耶稣的神迹作为真实事件来接受，但他们同时也反对理性主义的枯燥无味和功利主义的价值取向，因此尝试在浪漫主义对更加综合的世界观的诉求中理解耶稣，使耶稣成为他们心目中完美诗人的代表。施莱尔马赫写作《论宗教讲演——致蔑视宗教的有教养者》的契机之一便是向他的朋友们解释自己神职人员的身份和信仰。史怀哲认为"施莱尔马赫根据已知的精神对自然的影响程度安排神迹的可能性"，施莱尔马赫确实承认，在特殊情况下，理性主义的方法可能有某种适用的局限性。

在 1799 年的《论宗教讲演》中，施莱尔马赫提出，耶稣与众不同之处既不是"他道德教诲的纯洁性"，甚至也不是"他性格的个体性，高度的权力与感人的温柔之紧密结合"，因为这两者存在于每一位宗教教师身上。他认为，耶稣身上"真正神性的因素是光辉的净洁，他将要展示的思想在他心灵中所达到的那种光辉的净洁"。[114]，同样，在他身后出版的《耶稣传》呈现的也是一位以感性而非以理智取胜的耶稣形象。

在《耶稣传》中，施莱尔玛赫开宗明义提出，"（传记的）任务是探索耶稣生命发展的内在特质"。[115]比如，当他探索耶稣的对自己弥赛亚身份的认识

---

113 同上。

114 《论宗教讲演》，施莱尔马赫，第 246 页，转引自《历代耶稣形象》，第 245 页。

115 *Life of Jesus*, Schleirmacher, S. MacLean Gilmour trans., Philadelphia: Fortress Press, 1975, p.3.

之时，他认为，耶稣并非仅仅因为父母说他是弥赛亚就接受了这个身份，他必定对这个身份进行了寻求并获得某种内在的确认，施莱尔玛赫确信："如果没有任何内在意识证实了这种内在关系的思想，这种思想是无法存活的。"[116]在进一步探索耶稣的神性时，他说道："基督中这样一种神性的预先存在的意识和一种人性的意识相联合，这种看法必定和信经相抵牾。"[117]"我们能给出的答案只能是：在这种联合中，神性不能被设想为一种真实、具体的意识，而只能是处于整个意识的根基之处的某种东西。"[118]他接着举例，正如教会中的信仰实践，我们都说是圣灵的工作，但在实际的意识中，完全是现实的人类的意识指引了这些实践。按照这样的逻辑，信徒对耶稣的效法，最重要的也将是这种内在意识和内在关系的互证。施莱尔玛赫开辟的路线对后世的所谓自由派神学影响很大，在某种意义上，成为了后启蒙时期为基督教辩护的最常见的路线之一。

诚如施莱尔玛赫的洞见，浪漫主义对人的丰富内心世界的表现具有很深的基督教渊源。[119]帕利坎认为，可以将浪漫主义部分地定义为"19 世纪不同作家和思想家超越对历史上的耶稣的寻求而走向可以被称之为属灵诗人的耶稣的努力；而这样的耶稣，用韦勒克的话，是能够把主体与客体、调和人与自然，意识与无意识等同起来的。"[120]和理性主义者一样，浪漫主义者也认为不能将福音书中的耶稣奇迹故事当作名副其实的历史。但是，他们没有只是将它们加以理性解释，而是努力将其收入一种更为综合性的世界观之中。如英国著名浪漫主义诗人威廉·布莱克在《拉奥孔》中提出的："耶稣和他的门徒都是**艺术家**……旧约和新约是伟大的**艺术**的**法典**。艺术是**生命树**……科学是**死亡树**。"[121]将耶稣与浪漫主义的人的最高代表——艺术家——联系起来，诗歌等艺术被赋予了神性。布莱克在他的诗作中创作了与耶稣相关的一系列形象：《至上的形象》，《羔羊》，《永久的福音》（未完成）等，在《至上的形

---

116 *Life of Jesus*, p.91.
117 *Life of Jesus*, p.96.
118 *Life of Jesus*, p.97.
119 关于这个问题可参考笔者拙文《欧洲初期浪漫主义文学中的基督教印迹》，《外国文学》，2008 年 10 月。
120 《历代耶稣形象》，第 245-252 页。
121 *The Complete Portraiture of William & Catherine Blake*, William Blake, London: Trianon Pr.,1971, Laocoon.

象》中他将仁慈、怜悯、爱、和平作为神，"因为**仁慈**有一颗心，/**怜悯**，有一张人的脸庞，/**爱**，有着至上的人形，/**和平**，有一套人的服装。"[122]换言之，仁慈、怜悯、爱、和平这一切之所以是神，是因为它们是人性的。

因此，在浪漫主义者看来，人性仍然是所谓神性的唯一标准。只不过他们对人性的理解不限于理性。在《永久的福音》中，布莱克问道："耶稣很文雅么，不然"，"耶稣很谦卑么，不然"，"耶稣教人怀疑么，或者"；"耶稣是很纯洁的圣女所生？""耶稣很圣洁么，或者"。置疑了耶稣形象中的一些传统特征。浪漫主义者的耶稣是对理性教师的耶稣的反动，是精神、诗性的体现，超越生硬教条、枯燥逻辑与道德之上的至高者。

1863 年，欧内斯特·勒南在巴黎出版了《耶稣的一生》，这本书虽然以历史学家的口吻写成，却因为浪漫和感伤主义的气质吸引了众多读者，获得极大成功。《耶稣的一生》两年内再版 13 次，被迅速翻译成几十国语言，发行量很大。在他之前，也有一些学者写作了远离教会正统的耶稣传，但从未能像这本书这样引起了整个西方社会的震动。勒南的耶稣是欧洲第一个深入人心的非正统耶稣形象，受到了欧洲文化阶层的热爱。这部传记是启蒙思想与浪漫主义结合的产物，拥有传记的理性外壳，但真正吸引人的则是弥漫其中的浪漫气质。1927 年这本书在美国再版时，序言的作者查尔斯·戈尔称："勒南的《耶稣的一生》迄今仍有生命力，并且毫无疑问，还将作为一部不甚确切的传记，或远离历史却构思优美、文笔优良的传奇故事，而继续有其生命力。"[123]可以说，勒南虽然不是耶稣的虚拟叙述的开创者，却是第一个使近代的耶稣形象大众化的人。

勒南在这本书的《导论》中提出了他写作的原则：

首先，"以普遍经验的名义，我们要把神迹从历史中驱逐出去"，即采用"历史批判的原则"[124]细读福音书等文献资料。这种解读显然得益于在他之前的启蒙学者对历史上的耶稣的寻找。

其次，"为了努力使昔日的伟大灵魂再度活跃起来，某些预言和推测是必须采用的。伟大的人生是有机整体，不能靠琐碎之事的简单组合来拼凑，而须以深厚的情感拥抱所有素材……"因此，"我毫不犹豫地将这种活生生的有

---

122 《布莱克诗集》，布莱克，张炽恒译，上海三联书店，1999，第 46 页。

123 以上均见《耶稣的一生》，《英文版导言》，第 1-9 页。

124 《耶稣的一生》，勒南自序。第 4 页。

机体之概念用为本书叙事的总指针。"[125]在这里，我们遇见了浪漫派推崇的"有机体"概念，19世纪浪漫主义推崇的类似概念不断在勒南的耶稣形象中复活。

勒南的耶稣的生平仍主要由福音书构成。神迹自然也被剔除，从童贞女怀孕到复活，从治病到在海面上行走。他塑造了一位充分实现浪漫主义理想的耶稣形象：单纯的自然之子，全身心为美好的情感充满，尤其为爱所充满。勒南认为，虽然这位耶稣不幸怀着信仰这种不合理性的谬论，但因为他是一位真正的理想主义者，所以这种失误是可以原谅的。

在书中，勒南这样描述耶稣的教育："耶稣所受的全部教育来自含笑而雄奇的大自然。无疑，他是按照东方的方式学习，读书，写字的；学童手里拿着书，和小同学们一起有节奏地反复颂读，直到烂熟于心。"[126]耶稣的教育在福音书中是缺省的。勒南凭借想象填补空白，他对耶稣学习方式的中国式想象令人无法相信这部传记的真实性。但这些缺陷没有影响当时人们对勒南的耶稣形象的接受，只要看下一段就能明白为什么。

> "在耶稣富有诗意的大自然概念中，渗透宇宙的只有一种气息，那是人的气息，也是上帝的气息；上帝居于人类之中，伴着人类生活，恰如人类居于上帝之中，伴着上帝生活。"[127]

诸如此类的话语在文中随处可见，弥漫的诗意与神秘气息是勒南的耶稣成功的决定性因素。

当代美国学者威尔逊（A. Wilson）在《上帝的葬礼》[128]中指出，不是达尔文的进化论使上帝死去，在《物种起源》问世之前，在启蒙时期理性至上、乐观人性论的影响下，传统的耶稣形象已经无法满足受到理性主义影响的人们的需要，中世纪的传统耶稣形象离人们的理念与生活越来越遥远。理性主义者的耶稣形象过于哲学化，与宗教传统形象提供的充满慈爱和恩典的耶稣形象非常相比没有亲和力。而浪漫主义的耶稣形象虽然充满了魅力，在伦理上却是失败的，因为它避开了实践的层面，逃遁到内心理想的世界之中去了。

勒南的成功充分地说明了近代社会的思想变迁已经确实地发生了。作为启蒙思想和浪漫主义思潮的共同结果，最为欧洲文化阶层喜爱的耶稣形象，已经完全不需要包涵救赎的宗教内涵。

---

125　同上，第7页。

126　《耶稣的一生》，第83页。

127　同上，第198页。

128　*God's Funeral*, A. Wilson, New York: W. W. Norton, 1999.

本章用另一位蜚声全欧的英国作家查理·狄更斯的"耶稣传"作为结尾。在 1846-1849 年间狄更斯也写作了一部《耶稣的一生》。这部狄更斯身前特意没有出版的作品已经预示了后来的勒南《耶稣的一生》的出现，是后者的姐妹篇。这部作品写于 19 世纪中期，直至 1934 年才在美国发行了第一版，并成为当年的年度畅销书，甚至被时人誉为 20 世纪最伟大的发现之一。狄更斯称这本书作"孩子们的新约"，他确实是为他的孩子们写作的，希望他的子孙后代在识字以前能够听到大人们为他们朗读这部作品。在开头，狄更斯写道："亲爱的孩子们，爸爸非常希望你们能知道一些关于耶稣基督的故事。因为每个人都应该认识他。再没有人像他那样善良，仁慈和温柔，他怜悯、同情那些做错事，患病和在各种可怜境遇里面的人们。"[129]狄更斯笔下的耶稣形象较勒南的更忠实原形，基本是对福音书耶稣言行的重述，采用福音书素材重塑了一个"怜悯与饶恕的至善美德彰显示者"[130]。狄更斯在世时严禁家人出版这部作品，很有可能是因为他自己意识到其中的耶稣形象大致属于人文理想的范畴。他以对孩子讲述的口吻写成此书，没有去掉神迹等超自然因素，而是剔除了福音书中一些沉重的主题，最明显的是他挪去了罪的问题。这部作品中的耶稣，不是将世人从罪恶中拯救出来的救赎主，而是一个至善美德的表率。在今天看来，尽管狄更斯保留了耶稣所行的神迹，但并不意味着他认可耶稣神学意义上的神性。对于其预期读者——尚未识字的孩子而言，这些神迹与童话或神话故事不会有太大差别。狄更斯的耶稣充分体现了 19 世纪人道主义思想的理想念。

这里尤其需要关注 20 世纪读者对狄更斯的耶稣形象的接受。尽管文学评论界对这部作品的评价很低，认为它无法和狄更斯的其它著作相提并论。但是"狄更斯版福音"在 20 世纪 30 年代大受欢迎，这同样说明了时代已经改变，当时人们心目中期待的耶稣形象已经基本脱离教会传统，世俗化了，而这，正是 20 世纪耶稣小说从历代耶稣形象中继承的最后遗产。

在这一章中，我们按照历史的脉络梳理了 20 世纪之前最主要的一些耶稣形象。我们发现，福音书独特的写作目的、叙事方法与文本构成的耶稣形象相当具有现代性，福音书为耶稣的生平留下了空白，这些都使 20 世纪小说对耶稣的重写成为可能；在中世纪，耶稣的经典形象——基督教的救世主形象

---

129 《听狄更斯讲耶稣的故事》，狄更斯，钟昊译，敦煌文艺出版社，2006。
130 同上，第 4 页。

得以确立，但中世纪对耶稣的神性侧重使其人性受到了压抑，这个僵化、唯灵论的耶稣形象成为后世耶稣重写的主要反动对象；而在近代，宗教的耶稣形象受到根本置疑，耶稣成为了伟大的伦理教师和蕴含着神秘气息，能够沟通宇宙、万物和人类的属灵诗人，这二者相结合的产物成为了最受世人欢迎的耶稣形象

所以，就遗产而言，我们拥有关于耶稣形象的三种不同遗产：即福音书中本色的耶稣，中世纪基督论建构的救世主耶稣，以及近代人文化的耶稣。

此外，由于基督教在中世纪的影响力，以及正统基督论对耶稣人性的认定，耶稣形象在这个阶段还获得了一项在福音书中不十分明显的所指——完美的人的代表。在近代人文化的耶稣形象中，我们发现了一个有趣的现象，即对近代以来的思潮而言，耶稣尽管不再是权威的救世主形象，但是他们往往并不完全弃这个传统的宗教形象不顾，而是积极地将这个形象塑造成此种思潮所推崇的人物典型，尤其以理性主义和浪漫主义为代表。这个现象一方面说明，耶稣走出了神学乃至宗教的领域，在世俗领域中具有其适应性，获得了更加丰富的阐释，不再仅仅局限于宗教领域；另一方面也说明，直到 19世纪，在各种人文思潮对耶稣的重新解释中，他作为完美的人的典范这一传统得到了延续。耶稣形象的这项功能对 20 世纪的耶稣重写具有非常重要的意义，因为在很大程度上，这个世纪的重写正建立在耶稣的人性及其对人的代表意义之上。在我们通常的理解中，宗教的耶稣形象与神性联系在一起，但实际上人性代表是这个形象原本包含的重要方面，只是在历史上较少得到关注。正是因为耶稣形象自身就存在人性的维度，小说将耶稣作为一个人的角度重写他才是可能的。而且正因为他曾经长期作为完美的人的代表，小说才能够通过重写他表现社会中人的种种际遇，构成耶稣形象与每个时代互相指涉的关系，20 世纪对耶稣的重写使这个世纪的耶稣形象同样成为了这个世纪思想的一面镜子，这是我们接下来重点探讨的问题。

# 第二章　20世纪耶稣形象的主题：人子

　　一千个人就有一千种哈姆雷特，这句话应用到耶稣形象身上最为合适不过。根据艾丽丝·波内的统计：1900年至1989年，耶稣小说（包括短篇、中篇、长篇与译作）共有400余部，重写耶稣的诗歌有400首左右，戏剧有200余部。法国天主教作家莫里亚克带着恭敬几乎重写了福音书；美国新教徒诺曼·梅勒以耶稣第一人称写作，让我们一窥耶稣的内心世界；前苏作家布尔加科夫的耶稣谦卑温顺、大智若愚；卡赞扎基斯的耶稣一生为诱惑所困，直到在十字架上还面对着情欲和世俗幸福的极端试探，克瑞斯的耶稣是天真的宗教狂热分子，因为在旷野禁食四十日几乎死去；葡萄牙共产党员若泽·萨拉马戈的耶稣质疑上帝的专横与暴政；乌克兰无神论者艾持玛托夫的耶稣与判处他死刑的总督彼拉多展开了关于真理的长篇探讨；法国作家格拉尔德·梅萨蒂尔的耶稣"上穷碧落下黄泉"，探索犹太宗教、希腊哲学、波斯秘教等不同的思想流派，导求人生的真谛……而最离奇的耶稣形象大概要算美国作家戈尔·维达在《各各他直播》中缔造的，耶稣是一名穿梭时空的网络黑客。

　　维达的耶稣是一名狂热的犹太主义者，在公元一世纪，他带领犹太人武装占领了耶路撒冷圣殿（这个情节改写福音书中耶稣清洁圣殿的故事），圣殿是罗马帝国中举足轻重的大银行，耶稣实行的税率政策令罗马政府大为恼火，为自己招致杀身之祸，在关键时刻他在客西马尼园中出卖了犹大，使犹大被误认为是耶稣被捕，他自己则在来自20世纪的科学家库特勒（Cutler）的帮助下通过时空穿梭机来到了20世纪，取名马文·维瑟斯坦，成为一名天才的电脑工程师。但是，耶稣的狂热犹太主义丝毫未改，他借助电脑病毒有计划地删除公元 1 世纪以来所有与基督教相关的记录，打算借此消灭由使徒保罗以耶稣的名义传播与建立的基督教，并在 2001 年采用核武器毁灭所有非犹太国家。库特勒后悔帮助了这样一位疯狂的恐怖主义者，与公司的副总裁切特（Chet）一起设法让使徒保罗对公元 97 年仍健在的门徒提摩太[1]显现，告知基督教即将从历史上被抹杀的严峻危机，让他写作一部《提摩太福音》，在当代作为文物挖掘出之后可以保护基督教继续存在下去。《各各他直播》全书以提摩太的口吻叙述，他写作《提摩太福音》过程中，不断受到后人的干扰，如基督教科学运动的奠基人玛丽·贝克·埃迪（1821-1910）希望他笔下的耶稣符合科学基督教观，还有人希望提摩太将自己写成一位女基督。而所谓的"各各他直播"则是一场信仰保卫战，切特将提摩太传送到耶稣受难的时空中，让他担任各各他受难事件的直播节目主持人，向 20 世纪的观众现场直播耶稣受难事件，从而保留人们的基督教信仰。但切特私底下投靠了日本的东港电视台（Gulf-Eastern），他们采用事先布置的高科技效果加工了各各他事件的现场，成功改写了基督教，将耶稣死在十字架上的结局改成他在一阵耀眼的光芒中回到太阳女神的怀抱。在小说的最后，提摩太把一部正典福音书放在自己家的杂物室中，等待 20 世纪的考古发现，并成功地让彼拉多抓住了真正的耶稣，将他送上了十字架，总算保住了基督教和 2001 年的地球居民。

这实在是让人目瞪口呆的"耶稣重写"，但这种荒诞效果是作者蓄意制造的。他将 20 世纪人们乐此不疲的耶稣重写运动用一种夸张的形式表现出来。耶稣已经被重写了这么多次，每个人都带着自己的企图写作自己的福音书，在不断的重写中，耶稣和他的门徒们的故事早已面目全非。就如在这部"耶稣传"中，使徒不再是圣徒：圣保罗从不洗澡，浑身散发恶臭，捏造兜售基督教，是个信口雌黄的鸡奸者；众使徒之间勾心斗角，圣彼得与圣雅各对保罗怀恨在心，欲除之后快；耶稣不再是救世主反而打算毁灭世界，宗教信仰之争变成经济势力之争……每个人都尝试将耶稣变成自己想要的形象。政治、经济、个人信仰干扰不断，而媒体帝国无孔不入，为追求收视率无所不用其极，以致受到不尽干扰的提摩太怀疑自己的福音书是否已经被 20 世纪访客的

---

1 提摩太：新约中的一个人物，是使徒保罗的门徒与助手，新约中有两卷书信《提摩太前书》、《提摩太后书》是保罗写给他的。新约《使徒行传》中有其相关事迹记载。

威逼利诱影响变质，甚至怀疑自己写下的是否是真实的事件。戈尔·维达在一派颠倒戏仿的狂欢氛围中对 20 世纪所有耶稣重写打下了一个问号，这个所谓"曾经被讲述的最伟大的故事"（*The Greatest Story even been told*）[2]在书中成了"尚未被讲述的最伟大的故事"（the Greatest Story Now Being Untold），"即将被讲述的最伟大的故事"（the Greatest Story Ever to be told），以及"还没说出来的最伟大的故事"（the Greatest Story Not so far Told），它究竟保罗了几分真实？

《各各他直播》的文本显然具有狂欢性，戏仿反讽与颠倒在文中无处不在。戈尔·维达刻意采用这样的手法突出了 20 世纪耶稣重写的荒诞色彩。按照巴赫金分析《巨人传》中"狂欢"元素的类比，《各各他直播》的狂欢性主要表现在以下方面：

其一，人物对话接近日常俚语，这突出地表现在昵称、绰号的频繁出现。巴赫金认为：在狂欢节的广场上，暂时取消一切等级与隔阂，这是一种不同于日常生活的新型交往方式，而且会产生新的言语体裁，改变称谓方式（如伊万·伊卡诺维奇变为万尼亚或万卡）或者用绰号代替名字。在《各各他直播》中，提摩太称保罗"圣人"（Saint），雅各称保罗"扫罗"（"Sol"或"Solly"），保罗称彼得"石头"（"Rock"），切斯特要求提摩太称他"切特"（"Chet"），而在所有昵称绰号中，又以提摩太称谓的变化为最，他的原名为"Timothy"，保罗称他"Tim"、"Timmy"、"Timikins"，卡特勒称他"Tim-san"，百基拉称他"Timaximus"，等等。昵称、绰号的频繁使用，能够有效地打破人物之间的等级制度，也指向对建立这种等级制度的庄严叙事的颠覆。

其二，下体——性交词汇频繁出现。全书从提摩太的梦魇开始，他梦见自己 15 岁那年受割礼的情景，背景是保罗向外邦人传福音，导致犹太信徒的不满，于是他让皈依基督教的提摩太受割礼以平息众怒。从这里开始，男性下体以及与之相关的词就不断出现：阴茎（dick）、鞭子（whang）、包皮（foreskin）、生殖器（organ of generation）、接合处（joint），我们没割过的大公鸡（our huge uncut cocks）、两厘米长的紫红色包皮（two centimeters of rose-velvety foreskin）、take a leak（撒尿）、做爱（make love）、乳房（titty）、rouse（勃起），等等。在文中，保罗与提摩太是同性恋伙伴，提摩太与百基拉、弗拉维亚、斯蒂芬、尼禄王等均发生了性关系。巴赫金认为，指向下部为民

---

2　*The Greatest Story even been told*，好莱坞著名福音电影片名，中译名《万世流芳》。

间节庆活动和怪诞现实主义的一切形式所固有，"怪诞现实主义的物质—肉体下部，在这里仍执行着自己统一、贬低、脱冕而又再生的功能。"[3] 在人的身上、指向下部直接表现为指向排泄器官，在隐喻意义上，它指向阴曹地府。地狱象征着宗教理想的反面，它的出现自然也表现出对现实世界中建立宗教秩序的置疑。

其三，生活与角色扮演的混淆。"在狂欢节上是生活本身在表演，而表演又暂时变成了生活本身"，[4] "狂欢节不是艺术的戏剧演出形式，而似乎是生活本身现实的（但也是暂时的）形式，人人不只是表演这种形式，而是几乎实际上（在狂欢节期间）就那样生活。"[5]《各各他直播》中的人物常常自觉去扮演一些角色：提摩太对20世纪来访者常常记起自己马其顿主教的身份，给来者祝福，努力做得像一位谦和的信仰前辈；在和来访者争辩时，他自动学习电视里的脱口秀；在面对直播镜头时，他又努力模仿节目主持人。耶稣不失时机地扮演弥赛亚的角色，当提摩太将他出卖给罗马士兵时，他立刻在众人眼前转变成弥赛亚，庄严地引用《圣经》中上帝的自称"我是我所是（I am who I am.）"。[6] 并重复《新约》中他受审时说的话："你说的是。"[7] 保罗和提摩太长期保持性关系，却在他的梦中"摆出圣徒的姿态，说'我已经死去，走向荣耀'。（模仿了《圣经·新约》提摩太后书）"[8] 亚里士多德曾经说："喜剧总是摹仿比我们今天的人坏的人。"[9]《各各他直播》采用的讽刺性摹仿将基督教的圣徒转化成一群实质上不拥有神圣性的人的角色扮演，是一种后现代流行的去深度化手法。

其四，多次使用颠倒的手法。《新约》中一再强调耶稣是救赎者，但在《各各他直播》中，耶稣被描述为狂热的犹太民族主义分子。在公元1世纪，他带领一群犹太武装起义者占领了圣殿，圣殿最重要的职能并非执行宗教仪式，

---

3　《巴赫金全集》，第六卷，第28页。

4　同上，第9页。

5　《巴赫金全集》，第9页。

6　《圣经·旧约》，出埃及记3：14，God said to Moses, "I AM WHO I AM"。

7　《圣经·新约》，路加福音23：3"彼拉多问耶稣说：'你是犹太人的王吗？'耶稣回答说：'你说的是。'"

8　*Live From Golgotha*, Gore Videl, New York: Random House, 1992, p.7.

9　《诗学》，亚里士多德，引自《西方文艺理论名著选编》，伍蠡甫，胡经之主编，北京大学出版社，1987，第46页。

而是跨国大银行，掌握着犹大省的经济大权。耶稣由此也掌握了中东地区的经济命脉，他掌控之下的银行系统不仅包括中东，还蔓延到希腊和埃及，他推行的经济政策降低了最低银行利率，这不符合罗马帝国的利益，最后导致罗马政府下令处死他。这位耶稣关心政治、经济，推行暴力而不是和平，重视地上的财富而不是天上的财宝，喜好玩弄权术，却没有一点关心的灵魂的意思。

又如卡特勒回到耶稣时代，与耶稣商量好脱身之计，当犹大带着士兵来到客西马尼园卖主的时候，耶稣"飞快地奔上前去，亲吻犹大的嘴唇"，说"主你终于来了！您，耶稣，是犹大的主，您的国度即将来临。"然后耶稣猛地转向士兵说，"未受割礼的外族狗。这就是弥赛亚，将要来审判世界的。"[10]就这样，耶稣成功地脱身，将犹大出卖了，而不是被犹大出卖。

当提摩太会晤化名为马文·维瑟斯坦的20世纪电脑工程师耶稣时，他发觉耶稣"从头至尾是一个狂热的犹太分子"，[11] "一个语无伦次的疯子"，[12]他的"真实身份是路西弗[13]的化身"。[14]基督教中道成肉身的上帝被颠倒成撒旦。

其五，各种形式的戏仿。如戏仿宗教仪式，多次以戏谑的手法提及犹太教的割礼，对犹太教洁净礼的描写也增添了戏谑的成分。《各各他直播》描写保罗在耶路撒冷圣殿履行"洁净礼"，这件事来源于《使徒行传》[15]。洁净礼需要剃发，《各各他直播》将保罗描述成剃去了头发、胡子和眉毛，成为彻底没有任何毛发的秃子。然后写他在圣殿中长时间地呻吟、捶打胸脯，最后裸体浸入池子里洗去所有的罪，而边上坐着提摩太等幸运观众愉快地注视着他（"a number of lucky ticket holders who gazed with pleasure"）[16]。又如戏仿《圣经》经文，《各各他直播》的开篇是"起初是梦魇，刀在圣保罗的手里，割礼是犹太人的观念，绝非我的。（IN THE BEGINNING was the nightmare, and the knife was with Saint Paul, and the circumcision was a Jewish notion and definitely not mine.）"[17]模仿了《约翰福音》的开篇："In the beginning was the Word, and

---

10 *Live From Golgotha*, p.112.

11 Ibid.,p.192

12 Ibid.,p.193

13 路西弗：lucifer，《圣经》中堕落的天使，即撒旦。

14 *Live From Golgotha*, p.14.

15 《圣经·新约》，使徒行传21：23-36。

16 *Live From Golgotha*, p.122.

17 Ibid., p.1.

the Word was with God, and the Word was God." [18]类似的经文戏仿在文中比比皆是。

此外还有怪诞人体形象，如肥胖的犹大比正常人大三倍，保罗就将他发挥成由三部分组成，这就是后来三位一体神学的来源。卡特勒跳槽到日本公司后使用整形手术将脸转化成东方人的样子，等等。

小说中提摩太所写福音书的主要内容是保罗的宣教过程，提摩太认为是保罗发明了基督教（包括耶稣是全人类的救主，三位一体的上帝，十字架作为基督教标志，所有信徒都是上帝的儿女等等）："保罗的信仰与天赋改变了原来的耶稣，他兜售的三部分的上帝非常适合地上的人们崇拜。"[19]保罗在《新约》中是会早期基督教最重要的使徒之一，基督教更多地是由耶稣的门徒，即使徒们，尤其是保罗建立的，这观点并不新鲜。"寻找历史上的耶稣"运动的学者们已经提出过类似的观点。因为耶稣述而不作，从未建立体制化的教会。而《新约》中27卷有13卷署名保罗，关于耶稣的一些核心教义大多源于保罗的这些书信。《新约》记录早期教会状况的《使徒行传》显然以保罗及其宣教历程为中心。《使徒行传》中记载，保罗早年是热心迫害基督徒的法利赛人，在去大马士革的路上，保罗在异象中遇见耶稣，这件事成为保罗一生之中的转折点，从此他放弃了注重律法的法利赛教派，专心从事传福音的工作直到殉道。《使徒行传》中三次记录了这个事件，其中两次为转述保罗的话。（《徒》9：1-19，[20]保罗自述见《徒》22：6-16，与《徒》26：12-18）。保罗屡次讲述了自己的这一段经历，为的是说明自己的使徒身份和基督教的真实性。在戈尔的描述中，保罗对这段经历的讲述由严肃的陈述置换为煽情的演说，教堂布道变成了夸张的广场叫卖：

> "'于是我在那里。[21]炎热的天气，棕榈树。不远处还有雾气上腾。一只骆驼。一座金字塔。在大道上可以看见你们中东普遍的风景。再加上燃烧的灌木丛。突然，他·在·那·里!'

---

18 *The Holy Bible*, John1:1. NIV.

19 Ibid.,p.214.

20 "9:3-5：扫罗行路，将到大马色，忽然从天上发光，四面照着他；他就仆倒在地，听见有声音对他说："扫罗！扫罗！你为什么逼迫我？"他说："主啊！你是谁？"主说："我就是你所逼迫的耶稣。"

21 指通往大马士革的路上，详见《圣经·新约》，使徒行传9：1-9。

在寂静的大厅里你能听见一根小针掉落或者最松懈的包皮回缩的声音。'耶稣很高大，他蹒跚地走向我。'为了活跃听众，保罗经常露出类似的细节。但在写作时他从不这样。'那张脸。难以言表的微笑如同甜瓜上的第一块切片。哦，欢欣！……'"[22]

保罗的布道中充满了现代演说技巧和推销手段，好整以暇的景物点式描写作为铺陈的背景，语气突然变化以增加听众的印象，增强效果，吸引注意力；而"最松懈的包皮回缩的声音"，"微笑如同甜瓜上的第一块切片"与原本应当极其严肃的场景之间反差令人不禁愕然，造成了强烈的喜剧效果。戈尔就这样重写了基督教的起源，一个关注信徒奉献金钱更甚于信徒生命的江湖术士的信口雌黄。

这一段描写看似戏谑，却涉及基督教的真正起源的问题。保罗毫无疑问是早期教会最重要的使徒之一，他被称作"外邦人"的使徒，前后几次向罗马帝地中海北部地区宣教、在以弗所、哥林多等地建立了一系列非犹太人的基督教会，为基督教普世化建立了最初的根基。所以，戈尔的描写虽然夸张，却并非无中生有，而是源于关于基督教起源的神学、历史学探讨。巴赫金认为，在中世纪与文艺复兴时期，民间诙谐文化的"形式和表现的广袤世界与教会和封建中世纪的官方和严肃（就其音调气氛而言）文化相抗衡"。[23]《巨人传》的狂欢是一种深刻的现实主义，狂欢是利用鲜活的民间广场观点反对官方权威的叙事，"在破坏了虚伪的真实，虚伪的历史激情之后，拉伯雷却给新的真实和新的历史激情准备了基础。"[24]也就是说，成功的讽刺文体需要匹配深刻的现实主义风格，即利用当下现实生活中活生生的元素颠覆被建构起来的庄严的宏大叙事。《各各他直播》中的狂欢正是杂糅现代生活而成。耶路撒冷在世界金融体系中的地位让人想起纽约。犹大和罗马的冲突在于推行不同的金融政策，让人想起当今的国际冲突。无孔不入的媒体竭尽可能吸引人们的眼球，以真实的名义进行的各种真人秀、现场直播充满了预先的设计。在《各各他直播》中没有出现任何超自然的神迹，但是在提摩太的叙述里，却常常出现"魔鬼"（demon），"此世的王子"（Prince of this world，指魔鬼），"地狱"（Hell）等词。他往往用它指称现代社会的一些产物。当提摩太通过电视看见

22 *Live From Golgotha*, p.57.

23 《巴赫金全集》，第六卷，第4页。

24 同上，第509页。

了 20 世纪的现代社会，他评价道："我现在能说，我见到了活生生的地狱，它比人恐惧的还要繁忙。"[25]当他听说黑客删去记录带就能将基督教的历史一笔抹消，提摩大感到"魔鬼的势力简直无处不在"。20 世纪的高科技没有为人们带来天堂，反而使人们生活在一个无比繁忙的地狱之中，也没有帮助人们认识事实的真相，而是用更大的谎言欺骗人。在高科技的"帮助"之下，人的愚蠢被加倍放大了。这些描写显然都是对科技进步推动人类进步的现代神话的颠覆。《各各他直播》采用 20 世纪的经济冲突改写公元 1 世纪的政治、宗教、文化冲突，讽刺了 20 世纪的所谓现代科技和文明。

在这个颠倒的文本世界中，耶稣形象的虚构性显然被加强了。将耶稣塑造成一个 1 世纪的恐怖分子、大银行家与 20 世纪的超级黑客，耶稣的形象被非历史化，脸谱化，不具有内心深度，不是为了探索历史的真相。在颠倒的文本世界中，耶稣形象的主要功能也是颠倒，颠覆关于耶稣的所有官方、正统叙事，其中也包括 20 世纪小说重写耶稣的种种尝试。

通过对耶稣重写"运动"狂想曲式的戏拟，戈尔·维达提出了一些值得我们严肃思考的问题：在 20 世纪重写耶稣是否可能？我们带着种种无法摘去的有色眼镜，能否比公元 1 世纪的人们更能贴近一位真实的耶稣，尽管在今天我们有许多先进的科技与考古发现？在书中，提摩太没有将自己写的福音书保留给后代，而是放置了一本《马可福音》，他感到尽管保罗有种种缺陷，但是他兜售的基督教却是一种简单而善良的信仰，远胜过 20 世纪的干涉者试图推荐给他的其他基督教模式。同时，戈尔还讽刺在这个世纪，重写耶稣已经成为一种产业。确实不少耶稣重写小说问世，都受到许多关注，销路很好。好莱坞屡次翻拍耶稣生平；都获得了巨大的票房收益，最近一次令我们记忆犹新是 2004 年由美国著名影星梅尔·吉布森执导的《耶稣受难记》，此片投入仅为 3000 万美金，最终以 3 亿 7000 万美元的收入成为票房最高的 R 级片，也是美国历史上票房最高的外语片和宗教片。又如美国考古学家詹姆斯·泰伯在 2006 年出版的《耶稣的真实王朝》[26]中，根据两具在耶路撒冷发现的两具骨棺和一个家族坟墓大胆提出：耶稣是一个犹太王族家庭的长子，他想建立

---

25 *Live From Golgotha*, p.15.

26 《耶稣的真实王朝》，詹姆斯·泰伯，薛绚译，江苏人民出版社，2008 年。（*The Jesus Dynasty: the Hidden History of Jesus, His Roray Family, and the Birth of Christianity*, James Tabor, New York: Simon & Schuster, 2006.）

的不是新的宗教信仰，而是一个新的犹太政权。所谓耶稣的 12 门徒事实上是耶稣成立的临时政府的 12 名地方官员。他的论点引起了许多学者的争论和探讨，也引起了公众的关注，探索频道（Discovery Channel）根据它在 2007 年拍摄了纪录片《遗失的耶稣坟墓》(*The Lost Tomb of Jesus*)。戈尔的小说背后隐藏的问题也是我们这本书接下来要面对的：20 世纪的人们为何重写耶稣？这种重写有多少真实性？其价值何在？它能否为我们揭示此前未曾被发现的关于耶稣形象的意义？

文末表二列出了部分笔者阅读的 20 世纪耶稣小说，这个表格在一定意义上可以展示当代耶稣形象的多样性。在这里笔者按照离福音书内容从近至远的顺序将这些耶稣形象大致分为五类。

第一种是传统的宗教耶稣形象——救世主。包括《子的福音书》、《大个子渔夫》、《流浪的犹太人》等。创作这类耶稣形象的主要目的是使耶稣作为传统的宗教形象焕发出新的魅力，有点类似用现代语言重写福音书，使现代人可以以更直观的方式认识他。

这一类形象的特点是：小说中的耶稣生平（包括耶稣的行为与话语）紧扣福音书，虽然也增添了一些福音书中没有的情节，但增加的内容基本不涉及耶稣本人，主要围绕与耶稣同时代的一些人，如门徒彼得、政治人物彼拉多等。典型的如《大个子渔夫》、《子的福音书》、《本丢·彼拉多——一部传记小说》、《加利利人的影子》等。其中，《子的福音书》采用耶稣作为文本的讲述者，以“我”的口吻几乎完全重述了正典福音书中所有情节，甚至包括出生之前的。其次，这类小说进述的立场也比较贴近福音书，耶稣在文本世界中充当救世主的角色，写作目的注重表现信仰耶稣的可能性与可行性，传递的观念中规中矩。由于将耶稣严格限制在宗教范围，这个系列的耶稣形象相对来说比较古板，缺乏创新。

这些小说的另一个共同特征是都对耶稣的心理活动讳莫如深，不描绘，也不尝试解释耶稣不同寻常的言行的原因，即避开了耶稣的心灵史问题。因此，这类小说在讲述耶稣和其他人时往往采取不同的叙述策略。如《大个子渔夫》以耶稣的门徒彼得（大个子渔夫）等人为主要描写对象，采用全知视角讲述。但当利用全知视角特有的便利进入人物内心时，却仅限于进入小说中其他人物，如彼得、法拉等人的内心，不尝试进入耶稣的内心。对耶稣的描写主要是通过彼得等人对耶稣的观察、反映等间接描写。这可以称之为有限的全知视角。另一个相似的例子是《我，犹大》，小说的故事主线以犹大第一人称写成，可是写到耶稣的时候立刻就转成全知视角。之所以这样写作，显然是为了维护耶稣的传统形象，回避可能会触及的宗教禁区。但是，也由于这种维护与回避，使这些小说无法与当下的时代进行对话，不仅思想价值不高，文学价值也普遍较低。

第二种是神话学耶稣。以《耶稣王》为代表的神话学耶稣形象，在 50 年代曾经有过一定影响力，但对今天而言也已经是过时的类型。"神话学派"是20 世纪早期"历史学派"中衍生出来的一个学派，其立场表现为极端反对基督教，代表人为约翰·M·罗伯逊和阿瑟·德莱斯。"神话学派"的论点是，"基督是神话"是一个无需涉及历史上的耶稣便能解释的虚构，因为并没有事实证据能够证实耶稣曾经存在过。而且他们认为，既然耶稣故事的类似情形在其它神话体系中也能发现，就可以断定整个基督教思想体系根源于神话，耶稣也并非历史人物。这种推断方式在今天看来是相当有问题的。同样由于思想和主题的刻板，已经有问题的前设，这类小说的神学价值和文学价值都不高。

这类耶稣小说吸收两部童年福音的许多所有神话素材，包括其中一些对耶稣和玛利亚的夸张想象。近 20、30 年的耶稣小说抛开了这些过于夸张的材料，着重探索耶稣作为一个真实的人有可能是怎样的，所以即使在讲述耶稣的童年时，也没有采纳这些很难为当代人认同的神话。这其中例外的是《基督的最后诱惑》，它完整吸收了两部童年福音的几乎所有神话素材，但该书对"诱惑"主题的探讨，指向了耶稣的人性，相当具有新意。

第三种是传统的变异——羔羊基督。20 世纪耶稣形象的总体趋势是越来越人性化。基督教传统中的羔羊基督形象恰好突出了耶稣的人性部分，阿兰·帕顿（Alan Paton）与利斯顿·波普（Liston Pope）在一篇讨论关于基督象征的流行观点时指出："很明显，每一种杜撰的形象都把他形容为清白纯真的、无私的。"[27]典型的如陀思妥耶夫斯基名著《白痴》中的梅什金公爵。虽然他们指的是文学中耶稣的"虚拟变形"，但同样的状况也出现在耶稣重写中，如《40 天》、《子的福音》、《耶稣基督的福音》里的耶稣形象都突出了他清白纯真的性格，用基督教的术语说，就是无罪的特征，这是耶稣的人性因素中

---

27 *Saturday Review*, November 4th, 1954, p.15.转引自《宗教与当代西方文学》，第 282 页。

最为独特的部分。这种类型的代表是《大师与玛格丽特》中的耶舒阿。这部小说对耶稣形象的描写集中在耶稣与彼拉多的场景中，这在福音书中是一个简单的情节，所占篇幅也很小，但是《大师与玛格丽特》对之进行了长篇演绎。《大师与玛格丽特》传递的耶稣形象非常独特，虽然与福音书文本有不小的距离，但却与基督教尤其是东正教传统中的一种重要耶稣形象——无罪的羔羊形象——一脉相承。这部小说是一部奇书，文学价值和神学价值都很高，我们将辟专节讨论。

第四种是20世纪的主流——人子。如《彼拉多福音》、《断头台》、《见证》、《死过的人》、《野姑娘》与《40天》中的耶稣形象都大致可以归入这一类。在这些小说中，耶稣是且只是一个人，这个形象所有的神性部分都被剔除，这些小说基本持无神论立场，如《死过的人》虽然描写耶稣复活，但其中没有任何神迹色彩，耶稣只是经历了一次医学上的假死。在这些作品中，作为人之子的耶稣与这个世纪人类面临的危机紧紧联系在一起，也代表了这个世纪耶稣形象的总体走势。

第五种可以被称作"反耶稣"形象。主要在20世纪末出现，包括《各各他直播》与《耶稣基督的福音》等。描写"反耶稣"形象的目的不是重塑耶稣，而是通过颠覆福音书书写来传递作者的其他意图。如前面提到的《各各他直播》，通过将仁爱的耶稣描写成企图毁灭人类的撒旦，以及提摩太在写作过程中遭到的离奇干预，质疑了再造"真实的"耶稣形象的可能性，并讽刺了20世纪再造耶稣的文化产业链。《耶稣基督的福音》由1998年诺贝尔文学奖获得者葡萄牙作家若泽·萨拉马戈写成，将耶稣描述成上帝扩张自身势力范围的无辜牺牲品，小说中的上帝贪婪、冷酷，甚至与魔鬼媾和，小说的矛头直接指向凌驾于人之上的上帝，证明上帝慈爱的耶稣成为上帝形象缺乏人性的证据，从另一个角度颠覆了福音书的书写。

以上五种类型显然无法囊括20世纪所有耶稣形象，而只是20世纪相对比较重要、具有一定代表性的耶稣形象。但就此已经可以看出，20世纪西方小说中的耶稣形象从传统到颠覆一应俱全，较之前任何一个世纪的耶稣形象都更为多元化。事实上，在这个世纪重新书写耶稣的困难是，许多读者都已经不再将上帝和耶稣的真实性视作理所当然。作为信徒的作者感到需要为他、同时也为自己的信仰辩护；作为怀疑者的作者则感到需要为耶稣建立新的正当性，赋予时代感，使一个2000年前的故事对当下有意义。重写耶稣是困难的。在材料上，福音书已经限定了耶稣的生平。更何况福音书时代的犹太人拥有的似乎是一种今天的人们无法理解和效法的信仰。怎样对这样一群人留下的耶稣形象产生新的演绎，使之对今天发生的问题产生参照，提供不同的思路？

前面提到过，20世纪耶稣小说作品繁多，成书背景千差万别，接下来我们尝试找到这些耶稣形象之间的共同特征，从整体上考察这个世纪究竟给予了我们一幅怎样的耶稣形象。首先，让我们来看一下百年来小说中耶稣形象的整体特征。下表列出了部分笔者读过的耶稣小说。（见表二）

从这张表可以看出，整体而言，20世纪小说的耶稣形象延续了文艺复兴以来的人文化路线，仍然处于对偏重神性、教义化的中世纪形象的反动之中。在这个世纪里，西方小说中耶稣形象的扩展基本集中在人性方面。这里所谓的"扩展"，是与福音书比较而言。启蒙时期，耶稣形象的人性虽然受到重视，但是由于启蒙时期的人性论存在简单、抽象化的倾向，在其影响下的耶稣形象如同启蒙思想的图解，仍然是理性代言人或伦理教师的抽象符号。在20世纪，西方社会中的宗教禁忌进一步破除，世俗社会对耶稣的表达越来越不受到宗教教规教义的限制。1850年，约翰·艾弗莱特·米莱（John Everett Millais）的画《基督在他父母的房子里》（*Christ in the house of his parents*）在英国皇家科学院展出，从我们今天的眼光来看，这幅画没有任何亵渎的成分：画中是

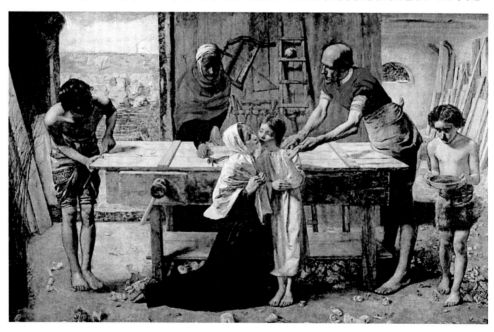

童年时候的耶稣在一个描绘得相对写实的木匠工作间里，耶稣站立在画面的中心，手脚虽未受过钉伤，却流出鲜血，穿着传统的蓝白色圣母装的玛利亚跪着吻他的手，约瑟与其他木匠惊讶地向前躬着身子，一个小男孩小心翼翼地端着水盆走向耶稣。这幅画显然隐喻了耶稣的受难——手脚的钉痕，玛利亚的跪吻，以及洗礼的水盆；从构图来说，耶稣处于画面的中心，其他人以对称的形式环绕四周，符合耶稣是世界的中心的隐喻。但是这幅画在当时却被指责"不敬虔"，激起了轩然大波。布莱克伍德杂志（*Blackwood's Magazine*）、《泰晤士报》、狄更斯都公开批评了这幅画。显然，在1850年，一个比较日常化的耶稣形象仍

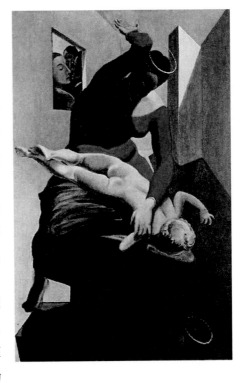

然是不可想象的。1926年超现实主义画家马克思·恩斯特（Max Ernst）发表了《在三个目击者面前揎打年幼耶稣的圣母》（*The Blessed Virgin Chastising the Infant Jesus Before Three Witnesses*）。画中，在一个超现实主义风格的抽象空间里，头戴光圈的圣母身着红色紧身衣，大打怀中的裸体小耶稣，耶稣的光圈掉到了地上。这幅画明目张胆的调侃和戏谑虽然也引起了很大争议，但是其表现的内容和形式是1850年的人们无法想象的：变形的圣母身材和耶稣被打得发红的屁股，以及在窗口边三个神色漠然的目击者。这是20世纪艺术中常见的手法，运用日常性颠覆神圣性。这种改变在文学艺术中比在神学和宗教研究中更加明显，尤其表现得更加直观、具体。

　　在这张表格中，我们将耶稣在人性方面的扩展分为三个方面：对耶稣的身体的描写；耶稣的心路历程；耶稣的社会关系，包括周围的政治、文化等社会背景描写和耶稣与其亲人、门徒乃至敌人的互动关系的讲述。我们尝试从这几个方面——肉身复活、内心历程、耶稣的历史性——具体说明耶稣的人子形象的基本特征。

## "复活"的肉身

在福音书中，耶稣的肉身不是刻意表现的对象。但福音书的叙事提供了非常丰富的关于耶稣的人性的信息，比如首先在生理方面，耶稣会"饿"（太4：2）、"困乏"（约 4：6）、"死"（约 19：33）；玛利亚怀他时"身孕已经重了"（路2：5）；幼年的耶稣"渐渐长大"（路2：40），"耶稣的智慧和身量……都一起增长。"（路 2：52）在十字架上"耶稣……气就断了。"（路 23：46）等等。通过第一章的分析我们知道，中世纪的神学和文学都承认耶稣的生物性，并以之为教会的正统。

在 20 世纪的耶稣重写小说中，耶稣形象在生理方面的扩展最为一致，在涉及耶稣受难的情节时，这方面的描写往往相当生动具体。如《巴拉巴》中对十字架上耶稣的描写："那瘦削无毛的胸部还是喘息得连连起伏，舌头舔着焦干的嘴唇。"[28] 又如《大师和玛格丽特》中对同一场景的描写："（耶舒阿）眼睛肿得老高，整个脸完全肿了，变得几乎无法辨认。""……他身上落满了苍蝇和牛虻，整个仍给一层不停地活动的黑乎乎的东西遮住了。腹股沟处、肚子上、胸前、腋下，到处都有肥大的牛虻吸吮着这蜡黄色的裸露着的躯体。"[29] 虽然中世纪也不排斥对耶稣受难细节的叙述，但这样现实主义的描写是此前不能想象的。因为在这些描述中，耶稣的肉身不仅被具体化，而且被日常化了——"落满了苍蝇和牛虻"。相比而言，中世纪作品在表现耶稣受苦时，往往强调他精神的痛苦超过肉体痛苦（如第一章所引圣体剧中钉十字架一幕），或者描写耶稣对肉体痛苦的忍受也是为了突出耶稣精神之伟大（如《十字架之梦》）。而 20 世纪文学采用完全写实风格描写耶稣的受难，受难事件的灵性和象征涵义被驱除了。

在肉身方面，20 世纪耶稣小说最突出之处在于增添了过去完全没有涉及的一个方面：情爱乃至性。福音书没有任何字眼提及这个方面，但不少 20 世纪的小说对这一点表示了极大的关注。如在《耶稣基督的福音》中，耶稣身边始终有抹大拉的玛利亚为性伙伴，还受到玛利亚的姐姐马太的爱慕。在《基督的最后诱惑》中，耶稣同样与这两姐妹关系非常暧昧，尤其对玛利亚充满了欲望。《见证》较为谨慎，但也描写了跟随他的女性对他不自觉的爱慕。男女情爱内容的添加，20 世纪独有的现象。

---

28 《巴拉巴》，帕尔·拉格维斯，周佐虞译，上海译文出版社，1986，第 5 页。

29 《大师与玛格丽特》，布尔加科夫，钱诚译，外国文学出版社，1999，第 220 页。

　　福音书中的耶稣从未与情爱发生过联系，虽然他显然具有男性特征。今天的研究普遍认为，福音书中的耶稣受到犹太人中艾赛尼派（Essene）思想的影响，施洗约翰很有可能就属于这个派别。这一派别对婚姻和男女情爱均持反对态度。对于耶稣时代的犹太人来说，就当时的社会环境和风俗而言，一个人因为关心永生之事而独身或没有婚姻生活并不是一件多么不同寻常的事。在中世纪强调神性的耶稣形象中，性更是不可想象。在禁欲主义的氛围中，性是肉体"低劣"的代表，是信徒成圣过程中必须控制压抑的部分，性被认为与人的"罪性"相连。所以，中世纪的圣徒传常常出现圣徒战胜情欲，持守贞操的情节。但类似叙事不可能发生在耶稣身上，因为当时在这个形象中神性居于核心地位，在 20 世纪的耶稣小说中，在耶稣的情爱方面，最常提及的就是他与抹大拉的玛利亚之间的恋情。这与一些当代非正统福音书的出土与流传有关，尤其是《（抹大拉的）玛利亚福音》、《腓利福音》、《救主的谈话》等福音书，都提到了耶稣与抹大拉的玛利亚非同一般的亲密关系。[30]但即使在这些福音书中，玛利亚也只是耶稣一个重要的门徒而已。就耶稣身处的历史背景而言，婚外恋情，或者与妓女接触，是《旧约》律法明言禁止的，被犹太人视为严重的罪，在这样的背景下，很难想象耶稣作为一个公众的人物，一位教导的拉比，公开犯这类为人所不齿的罪行，还能被犹太民众接受。所以，即使从现存的各种非正统福音书资料来看，这个问题也远在初期基督徒对耶稣的想象之外。因此这类演绎不太顾及耶稣形象的历史性与民族性，反映出的是现代人依照自身的人性观念对耶稣的想象。其中最为突出的是劳伦斯在《死过的人》中对耶稣的情爱的想象。《死过的人》是作于 1930 年的一部中篇小说，小说一如既往地关注劳伦斯最关心的主题：男女之间的情欲关系。

　　在 20 世纪初，弗洛伊德创立了以性本能（"力比多"）为基础的精神分析学，将性作为一个严肃话题带入学术领域，甚至用性解释人类的文明史。自弗洛伊德以来，较为普遍的看法是，性是人的必要组成部分，而且与人的深度心理息息相关。他的理论构成了巨大的思想冲击，强有力地挑战了以往的人性论，深刻影响了这个世纪对人的理解。耶稣形象在 20 世纪真正具有了"肉身"，最极端的表现就是耶稣有了性。

　　在众多耶稣小说对耶稣情爱的描写中，最离奇的首推英国著名小说家劳伦斯（Lawrence David Herbert）的演绎：死里逃生的耶稣与异教的女祭司发生

---

30 关于抹大拉的玛利亚参本书第四章第四节。

了性关系。劳伦斯是最早写作性爱主题的现代小说家之一，他的性爱描写突破了已往文学对情爱的两极化表达：具有色情意味的肉欲，或柏拉图式的精神之恋。他直接描写人的性冲动与性爱的全过程，也不回避性爱的快感等细节，但是他的描写不带有色情意味，因为劳伦斯没有将性爱的快感仅仅局限在生理层面，故而他没有使用夸张的描写来满足读者的窥淫心理，而是将性作为完整的人性的象征。在小说《死过的人》中，劳伦斯通过他一贯的性爱主题对革命性地诠释了耶稣。

《死过的人》又名《逃跑的公鸡》（ *The Escaped Cock* ），分为两部，小说第一部的起头描写了耶稣坟墓附近农家的一只公鸡，强壮的公鸡挣脱了捆绑它的绳子，发出嘹亮的鸣叫，与此同时，"已死的人"在阴暗幽冷的石穴坟墓中慢慢苏醒过来。他挣脱束缚他的裹尸布，走出坟墓。起初，他失去了任何欲望，包括食欲。经历了死亡体验，"已死的人"的想法完全转变了："我里面的老师与救世主已经死了"，现在"他不再想去干涉那些未死的人的灵魂"。[31]在第一部，复活的耶稣在身体逐渐复苏的过程中，反思了使他走向死亡的传道生涯，决心不再像从前一样做一个宗教老师，于是主动告别了众门徒，离开寻求新的生活方式。在第二部中他遇见了一位美丽的希腊女祭司，与之发生性关系，使她受孕，然后离开，继续旅程。

劳伦斯在《死过的人》中较为详细讲述了这次性爱的前奏，在其中，他不断地指涉《圣经》里的一些意象：

"她将胸脯靠在他右边的伤口上，双手抱住他……她带着火热的激情把他推向自己，如同河流在波浪。""于是，慢慢的，慢慢的，在完全黑暗的内在生命中，他感到某种冲动来了。曙光，新的太阳。新的太阳来到他内在完全的黑暗中……'现在我不再是自己，我更新了……'"[32]。"河流"、"更新"字眼的出现，暗指了洗礼。洗礼是基督教的圣礼之一，象征着洗刷罪恶、获得新生。不止一部福音书记载，耶稣在约旦河中接受施洗约翰的洗礼，圣灵仿佛鸽子降临在他的身上。[33]在《使徒行传》中，五旬节圣灵的时候，使徒们的生命得到更新，充满了能力，劳伦斯将性冲动的来到比拟为圣灵降临，暗示了性强大的更新力量。太阳来到黑暗之中，则指向《约翰福音》1：4-5a：

---

31 *The Man Who Died,* D. H. Lawrence, London: Martin Secker, 1931, pp..38-42.
32 Ibid., pp..142-143.
33 《圣经·新约》，路加福音3：22。

"生命在他里头，这生命是人的光。光照在黑暗里"，即道成肉身的典故，将性欲的崛起比喻作人生命中光的到来。

耶稣看着他面前"柔软的白色生命岩石"（即裸体的女祭司），说"我要在这块石头上建造我的生命。活生生的女人的深藏的，可穿透的岩石。"[34]这里指涉了《圣经》另一处经文，耶稣曾对门徒彼得（Peter，希腊原文意思是石头。）说："你是彼得，我要把我的教会建造在这磐石上。"[35]劳伦斯在此处将性比作生命的基石。

"他向她蹲下来，感到自身男性特征的炽热，腰间的力量勃起，雄壮有力。"

"'我复活了！'"（I am risen!）[36]

'I am risen!'又可译为"我勃起了！"这句双关语在全书具有核心意义，使性觉醒与生命觉醒（也即复活）的隐喻最终完成。

此后，劳伦斯没有具体描写耶稣的性爱细节，而是将这个过程一笔带过了："于是他和她同房，与她合为一体。"（So he knew her, and was one with her.）[37]这句话源于《圣经》。《圣经》的《创世记》中记载，上帝创造了亚当之后，取出他的肋骨造了夏娃，亚当见到夏娃之后说："这是我骨中的骨，肉中的肉。"[38]这段记载包含了古希伯来民族关于两性起源与婚姻关系的朴素看法，《创世记》随后记载："那人与妻子夏娃同房（the man knew his wife Eve.）。"[39]"因此，人要离开父母，与妻子联合，二人成为一体。"[40]劳伦斯在《死过的人》中为耶稣的这次性爱做了许多铺垫，它是全书的最高潮，也使文本叙事最终能够完结，但是他却没有浓墨重彩地描写性爱过程本身，像他在《查泰莱夫人的情人》中所做的，而是采用这句话简洁地指向了亚当与夏娃的故事，隐喻耶稣与女祭司成为人类新的亚当、夏娃，是新人类的繁衍者，这也是女祭司怀孕情节出现的原因。在这个隐喻中，劳伦斯寄寓了性觉醒将创造新人类的愿望。

---

34 *The Man Who Died*, p.144.
35 《圣经·新约》，马太福音 16：18。
36 *The Man Who Died*, p.144.
37 *The Man Who Died*, p.146.
38 《圣经·旧约》，创世纪 2：23。
39 同上，创世纪 4：1。英文引自詹姆斯钦定本《圣经》。
40 同上，创世纪 2：25。这句话在《新约》中耶稣也引用过。《圣经·新约》，马太福音 19：5；马可福音 10：7。

在写作《死过的人》之前，劳伦斯曾在散文《复活的主》(*The Risen Lord*)中提出，西方世界高举了十字架，而不是更重要的复活，"基督在肉体中复活！……我们必须完全地、现实地理解这个奥秘。"[41]他认为，"如果耶稣作为一个完全的人复活，拥有完整的肉身与灵魂，那么他的复活就是找一个女人，与她一起生活，并和她一起认识温柔与盛开。"[42]《死过的人》可以视为对这些阐释的图解，劳伦斯让耶稣在"复活"之后邂逅了一位女祭司，与她一起生活，体验了性爱的"三重属性的温柔与盛开"。在这部小说中贯穿全文的隐喻是，耶稣具有神学意义的肉身生命的复活成了肉身感觉的复活，性欲的复活。与性对立的是纯粹的精神追求，性觉醒与复活对应，纯粹的精神追求则与死亡对应。

劳伦斯的作品不断强调性的真理地位，最终使性具有了原来宗教的功能。劳伦斯将耶稣阐释为因精神追求而遭遇死亡，因发现肉体，尤其是性而复活。"死过的人"是对以往以精神为特质的耶稣形象的讥讽与颠覆。在20世纪30年代，劳伦斯的重写称得上惊世骇俗。劳伦斯一生寻求将西方从耽于物质工业文明的精神荒原中拯救出来的路径，从性欲的角度重写基督的复活事件，正是尝试从人身上非理性的部分汲取力量，达到拯救的目的。

《死过的人》是我们分析的小说中年代较早的一部，虽然成书很早，这部小说却比许多后来的作品更具有现代性。从某种意义上说，劳伦斯对性的理解符合20世纪人论发展的走向。比如存在主义就采用身心同一体反对灵肉二元论。劳伦斯通过描写耶稣复活的体验表达了类似观念，他指出，性常常被降低为生理需要，事实上却关乎生命的本质，所谓"肉身"不是纯粹的肉体躯壳，也是精神的极度满足，灵与肉紧紧相连。由于确立了肉体与个体的存在的直接相关性，《死过的人》也可以视为20世纪主流耶稣形象的总隐喻：人子的肉身降临。

有趣的是，劳伦斯让耶稣具有了性，似乎亵渎了宗教，但却同时使性具有了宗教维度。他在解构宗教的同时，使原本"世俗"的部分具有了宗教意味。劳伦斯将性作为生命的最高层面，具有复活的能力，是真理和生命的基石，将繁衍出全新的人类。性具备了宗教的功能，成为宗教的替代品，满足

---

41 *A Selection from Phoenix*, D. H. Lawrence, A. A. Inglis ed., London: Penguin, 1971, pp..557-558.

42 Ibid..

人存在的需要。在圣俗差别取消的同时，宗教被普遍化了，渗透进了日常生活。我们下面还将看到，这种现象在 20 世纪的耶稣小说中一再出现。

## 心路历程

我们在第一章中分析了福音书文体的特点，福音书继承了《旧约》隐忍含蓄的叙事风格，这种叙事风格基本上从不直接描写人的内心活动，而是通过简洁的外在行动描述，至多加以点状的内心叙述。如《创世记》中写到年迈的雅各听说爱子约瑟其实未死，只是多年前被他的儿子们卖到了埃及，现在已经做了宰相，他的反应是"心里冰凉，不肯相信"。爱子未死，且位极人臣，本是喜讯，但雅各并没有欣喜若狂，因为多年为爱子之死悲伤，心里早已经没有存留任何希望，又又得知竟然是自己的儿子们卖了亲兄弟，一句"心里冰凉"将雅各复杂苦楚、早已绝望的心境准确清晰地描绘出来。但福音书对耶稣的描写和《旧约》中对亚伯拉罕、大卫的描写还是有一定差距的。对亚伯拉罕和大卫的描写是全知视角的，我们可以感受到作者对亚伯拉罕与大卫在具体的事件中有不同的评价。这与福音书作者的写作心态完全不同。福音书作者没有涉及耶稣生平中许多部份，尤其是他的成长变化与心路历程，这些部分在《旧约》的一些重要人物身上却是可以见到的，如约瑟、大卫、摩西、撒母耳。所以，我们极难揣度耶稣内心世界的成长变化过程。在福音书中，对耶稣的情感、理智等内心活动的直接描写非常少。

在福音书中，耶稣的内心世界更多是通过间接手法表现出来的，如他的教导传递出其理性思考和智慧，如记载他多次巧妙地回答法利赛人的问题（路 6：6-8，20：19-40）。福音书中对耶稣的智慧有鲜明的表现。耶稣的智慧不是如苏格拉底一般表现为极强的思辩能力，从某种意义上说，他对听者的"心"说话，而不是对他们的"脑"说话。耶稣的言谈基本都围福音的信息，包括临近的天国是什么样的，对自己身份的揭示等等。他要求人们回应他的信息，这种回应不是认知性的，而是体认性的。比如，耶稣往往在一个非常具体的生活场景中对特定的人说话，他的话题指向听者生存状态中的匮乏，如在井旁与撒玛利亚妇人论道，他首先指向妇人要打的水："喝了这水的人还会渴，喝我水的人必永远不渴"，然后指出妇人自己的状况，"你曾经有过七个丈夫，你现在所有的，并不是你的丈夫"，最后回答撒玛利亚妇人关于撒玛利亚人与犹太人信仰差异的提问：拜神的要用心灵和诚意来拜。撒玛利亚妇人的回应就是放下打水的事不管，回去向城中的人们讲述耶稣与自己的相遇，结果是很多人因为她相信了耶稣。对于犹太—基督徒传统而言，重要的是回到当下，积极回应，比如悔改、相信，而不是提升认知。

在少数地方，福音书也直接记录了耶稣的情感，如福音书记载他曾"希奇"（太 8：5），"哭"（约 11：35），"忧愁"（约 11：33），"惊恐"（路 32：33），"难过"（路 32：33），等等。但是毫无疑问，福音书对耶稣的内心表现是非常有限的。

现代小说对耶稣的内心世界充满了兴趣。我们关心一些从福音书和正统基督论无法获得解答的问题。如耶稣是否从婴儿期开始就知道自己是上帝的儿子？他有没有如其他孩子一样的内在成长过程？他如何获知和面对自己的弥赛亚身份和使命？他是否如同我们一样经历了成长与寻求自我坐标的心路历程？或许这种提问方式是错误的。因为无论福音书还是基督论都不是为了解决这些问题出现的。但这些问题却关系到当代人的基本自我认识。小说中对耶稣内心世界的种种演绎，虽然未必符合正统，却用全新的表达为理解耶稣开辟了一条新的方向。

耶稣的内心世界是 20 世纪耶稣小说着重添加的部分。现代小说的兴起与心理描写密切相关。小说能够为个体成长提供了一面镜子，读者通过辩认主人公对困境的突破，他与其他的关系，以及他经历之后的成熟，在其中将自己的经验与主人公的经历不自觉地对照，以达到对自己与世界的新认知。与戏剧相比，小说具有更加细致入微地刻画人物心理的优势，因为戏剧诚如亚里士多德所说，是对行动的摹仿，这也是戏剧之所长。与诗歌相比，小说不受字数、分行、韵律的约束，在表现人物内心时更加自由。与散文（蒙田式的）相比，小说利于将时间凝固下来，构成空间上的并置，帮助人在时间的某一个点获得把握整个空间的幻象，人在这个空间中确认了自己在时间序列中的位置，即明白"我从哪里来，到哪里去"，从而成功建构自我形象。描写人物内心成长的这种优势使近代小说对人物内心的描写取得了重大突破。小说前所未有地描写了人的心灵史，对人内心的这些关注很自然地移植到了耶稣的身上。

现代小说发展了多种多样表现人物内心世界的模式，既有意识流小说这样完全以人物内心活动为叙事线索的小说，亦有如海明威笔下的作品，通过人物的言行仅描写冰山一角，让读者自己体会人物丰富的情感与内心世界的。

比如在情感方面，耶稣的喜怒哀乐丰富了许多。在福音书中，对耶稣的情感描写非常简练，最浓墨重彩之处要属描写他在客西马尼园的情景："耶稣……就忧愁起来，极其难过，便对他们说：'我心里甚是忧伤，几乎要死……'"[43]"耶稣极其伤痛，祷告更加恳切，汗珠如大血点，滴在地上。"[44]如此痛苦而彷徨的耶稣只在这里出现。重写小说往往采用许多文字扩充耶稣的这一段经历。如《基督的最后诱惑》用了好几页描写耶稣在客西马尼园中这段痛苦经历：他向天父祈祷，赞美他创造的世界之美，捧起一撮土，对泥土说"我们一起死"，告诉门徒"我的灵魂极其悲伤"，向耶路撒冷说话，趴在地上，恳求上帝挪去苦杯，但上帝没有回应，于是他哆嗦着，害怕起来，去找门徒壮胆，发现他们睡着了，他不满地斥责门徒，然后又继续向上帝呼吁，这时天使在月光中降临，手中捧着银杯，他"双手掩面，跌在地上"。当天使手里的银杯几乎碰到他的嘴唇时，"他尖叫一声，伸出双臂，仰天跌在地上"。等他恢复神志，他又恐惧起来，跟跟跄跄地去找门徒，却不忍心叫醒他们，于是他哭泣着对上帝说话。在士兵到来的前一刻，耶稣"双膝发软，站立不稳"，这时出现一只夜莺婉转地歌唱，他凝神倾听……作者着力传达了耶稣在死亡面前的恐惧与徘徊。

耶稣小说发挥了小说的优势和特性，非常关注耶稣的心路历程，即探索耶稣的心灵史。福音书中对与此相关的两个部分都很少提及：一是耶稣的成长经历，即他如何从约瑟和玛利亚的儿子，一名看似身份低微的犹太男孩，成长为拥有独立思想的宗教哲人。他的思想与耶稣的身份个性乃至生平际遇有什么样的关系？当代作家往往因此为耶稣设计了丰富而多元的求学问道经历，也有一些作家将当代的一些重要问题移植进耶稣的成长过程中，如文化认同危机，尤其表现在耶稣对犹太教传统的继承与变革方面，如小说《成为神的人》。又如身份危机，不少作品都谈讨了他作为"童女怀孕"的孩子，可能背负的私生子之名，正是耶稣一生需要面对的重担，如《见证》。亦如耶稣的个性危机，由于热衷寻求精神和宗教生活，与世俗社会之间产生的剧烈冲突，如《40天》等等。二是耶稣成年后的心路发展历程，作为各种矛盾冲突的焦点，如何面对人群、门徒、试探者和论敌，面对自己的弥赛亚身份等。耶稣的心灵史包括探索耶稣的自我认同历程、与上帝、他人之间的微妙关系

---

43 《圣经·新约》，马太福音 26：36-38。

44 同上，路加福音 22：44。

等等。《子的福音书》为了便于探索耶稣的自我认识历程，甚至使用耶稣的第一人称重写福音书，《基督的最后诱惑》和《40 天》则集中刻画耶稣受试探的经历……这些篇章构成了 20 世纪耶稣形象中最新颖、引人入胜的部分。

出版于 2002 年的小说《见证》着重处理了耶稣的内心创痛。在《见证》的情节设置中，耶稣是玛利亚未婚先孕的私生子，他终其一生都承受着这个来自家庭的伤痛。耶稣自年少时便遭遇了尖锐的身份认同问题：他发现自己在体貌上和家中其他孩子区别很大，父亲约瑟显然在众多子女中惟独排斥他，母亲竭力为他着想，但是她同样面对耶稣的身份给她带来的尴尬。于是少年耶稣离开犹太家庭，选择认同希腊的文化，尤其是犬儒主义的思想。但是在一次迫害犹太事件中，他回归了犹太教信仰。他最后决定以上帝为自己的父亲，也源于他不知生父是谁，天父是他在精神寻求中确立的终极皈依与寄托。

比如《见证》的叙事这样解释何以耶稣学习了希腊人的哲学之后，还能接受犹太教的信仰。在 11 岁左右的时候，耶稣所在的亚历山大城发生了一起迫害犹太人事件。全城的犹太人被驱逐到一个广场上，罗马士兵在四周戒严，禁止他们出来，与此同时，一群暴徒正在奔向广场，等待犹太人的将是血腥屠杀。犹太人决定放弃无谓的抵抗，用非暴力来对抗暴力，他们放下了武器，耶稣的母亲玛利亚讲述到："所有人都在广场上坐定了，全场一片沉寂，空气中弥漫着恐惧与汗味，死亡似乎盘旋在我们的头顶。远处传来暴徒逼近的喧扰之声。""就在我们的恐惧达到顶点的时候，一些女人开始唱歌。我要向耶和华歌唱，她们唱道，因他大大战胜，将马和骑马的投在海中。"这是《旧约》中著名的摩西之歌，歌颂上帝带领以色列人走过红海，将埃及人淹没在海中。

歌声像火焰一样在广场上传开，"最后歌声压倒了暴徒的喧嚣，使我们脱离恐惧，"以致当暴徒来到他们面前，看见他们不做任何抵抗地坐在地上唱歌，不知道应该怎么办。他们投掷了一些石头、木棍，但犹太人仍然一动不动地唱着，暴徒们开始迟疑。"主啊！众神之中，谁能像你，我们唱道，谁能像你，至圣至荣，可颂可畏。"奇迹发生了。戒严的士兵看到这样的情形，也开始驱赶暴徒，不久，犹太人就脱离了险境。耶稣亲身经历了这个过程，被深深震撼了，他悄悄地对玛利亚说，"母亲，我拒绝当犹太人是错误的，我是他们的一员。"[45]

---

45 *Testament*, Nino Ricci, Boston & New York: Hoaghton Mifflin Company, 2003, pp..262-263.

由于亲身经历了信仰的力量，目睹犹太教上帝的超越性与临在性，使犹太群众在生死攸关之时能够超越于险恶的环境之上，耶稣回归了犹太教信仰，但这同时也符合他的希腊哲学观念："我的老师阿尔提米甫洛斯（Artimiforus）常常说起的神就是这样的。"[46]

在《见证》中，耶稣的精神探索与解决自己的身份认同问题始终缠绕在一起，作者在对耶稣的重写中将福音书中原本讳莫如深的耶稣信仰形成问题改写成现代人熟悉的存在困境与认同问题。毫无疑问，无论是个人思想的形成史，还是个体认同的形成，对耶稣的心路历程的描写都极大地丰满了耶稣的人性。

## 耶稣的历史性

耶稣的历史性在福音书中并没有被抹去。福音书在记载耶稣生平时，反映出了当时当地复杂的民族、宗教、政治状况。如罗马政府委派非犹太人希律担任犹太地区的王，希律死后，他的王国被封分给他的三个儿子，此外还有罗马的巡抚彼拉多主管大片地区，他们彼此之间并不和谐。又如福音书经常出现的撒马利亚人，他们与犹太民族拥有共同的祖先。但自公元前 950 年所罗门的王国分裂为南国犹大与北国以色列，以色列王国在山上设立了金牛犊作为敬拜对象，犹太对以色列的这种行为甚为不齿。自以色列为亚述帝国所灭之后，这个地区的人与外族杂居通婚，他们在犹太人眼里就成了"杂种"。犹太人与撒马列亚人不交往接触，彼此仇视。这些在福音书中也有表现，如《约翰福音》记载耶稣向一位撒马利亚妇女要水喝，令她感到极其惊讶。而她随后的提问："这座山上，耶路撒冷"。指的正是应当敬拜金牛犊，还是耶路撒冷圣殿中的耶和华上帝。这些复杂的政治、宗教、历史因素，在福音书中是不言而喻的背景，因为作者及其写作对象对这些情况都十分熟悉。但是在此后的耶稣形象中都被淡化，尤其在中世纪。

德国神学家第一次从历史的角度探究了耶稣的社会性。自启蒙时期以来，对耶稣的历史维度的探索从未停止。以德国神学家为主体的第一波对"历史上的耶稣"的寻找之后，又出现了所谓第二波、第三波的探索。[47]严格地说，

---

46 Ibid., p.259.
47 20世纪40年代，德国神学家布尔特曼（Rudlf Bultmann）的学生开启了历史上的耶稣的"第二波探索"。布尔特曼认为，关于耶稣的生平我们所知极少，不外乎他

对历史耶稣的三波探索都没有走出史怀哲对第一波所下的判语。如果探索的前提已经定义为理性、信仰、或是某种现代学科，得到的结论也必然在既定范围之内。大致在这些探索启动的时候，结论就已经可以预见。这些探索尽管引起的反响不小，对今天的神学影响却是微弱的，尤其是以耶稣研究会为代表的"第三波探索"。当"真正的"耶稣的特征是人们通过投票表决决定时，说明所谓的"历史上的耶稣"的口号最终被证明不过是现代公众"理性限度内的耶稣"的同义词。

"寻找历史上的耶稣"运动一次次尝试恢复历史上真实的耶稣形象。但是这些神学家和学者刻画出的耶稣形象却离大众印象中的耶稣越来越遥远。在今天，所谓历史被证明也不过是一种言说："History = His + story"。任何对耶稣的研究也都是隐藏作者的一种讲述。"寻找历史上的耶稣"一开始就排除了任何不符合常识理性的资料，虽然它打着"历史"的旗号，寻找的却是一位符合精英们的理性观念的耶稣。今天，关于耶稣本人几乎不可能发现直接而确定的考古材料了。"寻找历史上的耶稣"的问题是它不再为我们带来对耶稣的新的阐释，而是提供了一位削足适履的耶稣形象。"理性范围内的耶稣"不能说明耶稣形象的真实魅力，无法解释耶稣所带来的巨大影响力，无法增进继续人们对耶稣的认识，这是它的失败之处。而小说通过叙事，一方面将学者们对 1 世纪巴勒斯坦地区的各种研究结果形象化，普及化，使读者更易理解耶稣时代的背景，如《本丢·彼拉多：一部传记小说》。

---

曾经生活过，并死在十字架上。因此他尝试将耶稣定义为一个纯粹由使徒们传讲、初期教会信仰的基督；而不是一个与使徒们一同生活过的历史人物。从刻板严格的历史研究工作中所收集到的片段并不十分重要；重要的是使徒们所传的基督。但是一些布尔特曼的门生感到这个方法有欠妥当，于是他们开启了对历史耶稣的"新探索"（称为 New Quest，有别于18、19世纪的"第一波探索"或"旧探索"）。"新探索"以历史方法能确认的耶稣史实为基础，定义教义中的基督。这种尝试的目的是别除耶稣传讲中明显属于犹太教或受到早期异端影响的成分，从而寻找出耶稣教训中有关基督教义的核心。"第二波探索"延续至70年代。第三波则是耶稣研究会（Jesus Seminar），成立于1985年，创始人是 Robert Funk 和 John Dominic Crossan，由150名圣经、宗教或相关学科领域的高等学历学者组成，为当前圣经批评最活跃的团体之一，其独特标志是采用彩珠投票的方式确定福音书耶稣各种细节的真实性。耶稣研究会将对"历史上的耶稣的寻找"这一运动成功地推向了大众。他们的研究活动受到社会的普遍关注，影响远远超出了学术领域的范围。有不少重写耶稣的小说受到了他们的影响，如《见证》的作者尼诺·里奇在后记中就提到了耶稣研究会对他的影响。

　　当代耶稣小说以自己的方式延续了对耶稣的历史性的探索，而这些探索构成了不少小说的重要题材。典型的如 1968 年保罗·迈尔（Paul L. Maier）出版的《本丢·彼拉多：一部传记小说》。[48]这部小说搜罗了当时为数不多的关于彼拉多的考古发现，并参照古代历史学家塔西图、约瑟夫的著作以及《新约》等文献，描绘出一幅清晰的一世纪早期罗马帝国政治图景。作者在《序言》中写道，他想从最少被人们涉及的角度讲述这个"曾经被讲述的最伟大的故事"，不是基督教、犹太教，而是罗马帝国对发生在一世纪早期的巴勒斯坦地区的故事的看法。保罗将本书视作一部"文献型小说"，因此他力求以史实为基础重构当年的景象，小说中甚至不出现任何在历史文献中没有出现过的人物。书中对罗马帝国的政治局势、宗教仪式、婚姻生活、乃至起居房屋的装饰等都力求准确。保罗在这部著作中对耶稣的描写明显没有超出福音书的范围，也就是说，从某种意义上，他并非重写，而是补充了福音书故事的大背景。此书封底的介绍说道："本丢·彼拉多的生平，这位处死基督的罗马总督，他是谁，遭遇了什么？在最著名的审判中究竟发生了什么？他与这位自称上帝之子的人发生了什么纠葛？本丢·彼拉多，耶稣的审判者，是唯一声称他无罪的人。但也是他把耶稣送上了十字架。这个故事真实地讲述了过程和原因。"在这部作品中，本丢·彼拉多被塑造成一个典型的罗马官员，像大多数罗马官员一样，对宗教采取虚无的态度，只关心事业成功和家庭幸福。从这种实用的角度出发，彼拉多乃至罗马帝国始终不能够理解耶稣和其他犹太人对宗教毫不让步的态度。最终，历经仕途坎坷的彼拉多被证明不过是罗马这个大帝国政坛风云中一颗无足轻重的棋子，没能逃避在莫测而无情的政治斗争中被抛弃的命运，而他起初藉以厚望的婚姻最终也因为双方观念的差异而告失败。作者写作彼拉多的传记小说显然并非为了更正福音书中的耶稣形象，而是为了让人们更加清晰地认识耶稣的故事发生的具体历史背景。

　　在福音书中，身为犹太省总督的彼拉多似乎并不相信耶稣有罪，他屡次三番要赦免和释放耶稣。《路加福音》中记载："彼拉多对祭司长和众人说：'我查不出这人有什么罪来。'"[49]"彼拉多愿意释放耶稣，就又劝解他们。[50]彼拉多第三次对他们说：'为什么呢？这人作了什么恶事呢？我并没有查出他什么

48 Paul L. Maier, *Pontius Pilate: A Biographical Novel*. Grand Rapids: Kregel Publications, 1995.

49 《圣经·新约》，路加福音 23：4。

50 同上，路加福音 23：20。

该死的罪来。所以,我要责打他,把他释放了。'"[51]《约翰福音》中记载:"从此彼拉多想要释放耶稣,无奈犹太人喊着说:"你若释放这个人,就不是凯撒的忠臣(原文作"朋友")。凡以自己为王的,就是背叛凯撒了。"[52]《路加福音》中又说:"他们大声催逼彼拉多,求他把耶稣钉在十字架上;他们的声音就得了胜。"[53]《马太福音》中记载:"彼拉多见说也无济于事,反要生乱,就拿水在众人面前洗手,说:'流这义人的血,罪不在我,你们承当吧。'"[54] 因为他是异族人,身处耶稣与犹太人的信仰冲突之外,所以,彼拉多从罗马政府的角度来看,耶稣并没有犯致死的罪。同时,福音书也表明他判处一个无辜者死刑的原因——犹太人的"声音就得了胜"。彼拉多尽管身为犹太总督,其实并不能够在这片土地上为所欲为,他需要保持犹太局势的稳定,他甚至会受到犹太人的威胁,"不是凯撒的忠臣"这项罪名显然是他不想担当的。

《本丢·彼拉多:一部传记小说》细致地描摹了彼拉多的周遭环境和内心活动。犹太省素来不是一个驯服的民族,只信仰一个看不见的神,对宗教的热情危及生命都不在乎;始终不满任何异族的统治,不论自己有多少力量都渴望复国。他尝试在犹太地区实施铁腕治理,但是不久他的支持者在政治斗争中惨败,导致他的地位也岌岌可危:他的治理方法遭到凯撒的责备,为仕途发展和保存性命,彼拉多只有惟命是从。为保犹太地区的和平,在凯撒面前有一个好形象,他昧着良心处死了耶稣。整体而言,这部小说从罗马政治的角度重写了耶稣的审判故事。

类似的描写在20世纪耶稣小说中相当普遍。在重写小说中,耶稣形象恢复了历史性,尤其表现在他犹太身份的恢复上。从政治的历史角度来看,耶稣是一场缠绕着民族、宗教问题的政治斗争中的牺牲品。探究耶稣的历史性是对耶稣人性的揭示,因为任何人,作为个体,都衍生于其所处的社会历史环境。耶稣小说紧紧抓住耶稣形象的历史性,大做文章,不仅使小说的历史背景更加写实丰富,而且为我们提供了处境化地认识耶稣的途径。

德国海德堡大学新约教授戴歌德(Gerd Theissen)在小说《加利利人的影子》中,细致地考察了社会方方面面对耶稣的态度。《加利利人的影子》主体

---

51 同上,路加福音 23:22。

52 同上,约翰福音 19:12。

53 同上,路加福音 23:23。

54 同上,马太福音 27:24。

部分由犹太青年商人安德鲁讲述而成，通过安德鲁与社会各个阶层人士的谈话，呈现了一幅当时犹太社会的整体画卷，如在第一节"审讯"中，代表彼拉多方面的审讯官详细地审问安德鲁的政见，如他对希律·安提帕（Herod Antipas）[55] 的看法，以及犹太人的宗教见解，如为什么不能用雕像代表神。在第二节"敲诈"中，彼拉多以安德鲁曾在旷野里待过一年，那里正是武装抵抗分子出没之地，胁迫安德鲁成为密探，向他报告犹大境内的宗教活动。安德鲁虽然没有参加抵抗活动，他在旷野跟随隐修者巴弩斯是为了寻求上帝，但他百口莫辩。随后，安德鲁往加利利方向去，打探一些关于耶稣的事，他与武装起义者巴拿巴，犹太上层妇女琼娜，著名法利赛拉比迦玛列，犹太渔民，彼拉多的官员蒙修斯等人谈论耶稣。每个人都站在自己的立场讲述他对耶稣的爱恨忧惧。《加利利人的影子》通过这些写作试图复原当时不同阶层、民族、性别、身份的人们面对耶稣信赖或拒斥的原因，事实上是在复原历史上的耶稣身处的社会环境。

但是小说展示的耶稣形象的历史性有另一处与"寻找历史上的耶稣"运动不同。那就是小说不尝试像这场运动一样给出最终答案。一些小说精心地依照各种历史、地理、社会性材料重构耶稣的生活，但在最后却没有告诉读者，究竟耶稣的神迹是否是真的，如《40 天》的末尾，被埋葬的耶稣重新行走在路上，究竟他是死而复活？还是他并未真的死去，而是因饥饿晕厥，被人草草掩埋在水源边，又苏醒过来？小说没有告诉我们。在《见证》中，四个耶稣时代的人从四个不同的角度讲述他们（和她们）所理解的耶稣，有人认为，如门徒玛利亚，耶稣或许就是神，也有人坚定地认为，如虚构人物西门，关于耶稣的种种神迹都是造出来的，或者是一种误解。每一种理解从个人的角度而言都如此合理。《加利利人的影子》也是如此，作者表现了耶稣时代的人拒绝或接受耶稣的不同理由，展示了每一种理由背后处境化的原因，最后小说故事的讲述者安德鲁也接受了这位他没有亲眼看见，却和他的生活发生了紧密联系的耶稣。叙事者在主观层面的讲述同样悬置耶稣事件的"客观性"，作者刻意回避了直接的结论。这些具有开放性的结尾将关于耶稣的"最终答案"悬置，允许也邀请读者参与其中，给出自己的答案。这样的耶稣形象非常符合我们对于人的看法，具有不确定性和未完成性。天主教学者卡

---

55 希律·安提帕：公元前 4 年-39，加利利和庇里亚地区封分的王。

尔·拉纳尔（Karl Rahnar）[56]认为，人的根本特征在于其开放性。人无法被定义和限定，这是其价值之所在。拉纳尔认为，正是这种开放性，使人成为上帝圣言的倾听者。[57]所以，这些小说以应有的开放性态度面对耶稣，承认我们对耶稣认识的未完成性和不确定性。这种面对耶稣的立场贴近人们的实际经验，也是小说独有，而神学难以达成的。

在 20 世纪的各色耶稣形象中，人子（Son of Man）这一称谓最能够概括这些形象的基本特点。人子一词出自《圣经》，这个称谓在《旧约》中已经出现，如在《以西结书》中，以西结用它代指自己。在希伯来文《圣经》中，这个词有时也用于指人，基本的意思是"凡人"。在四福音书中，"人子"是耶稣最常用的对自己的称呼，仅在对观福音书中就出现了约 70 次。基督教的"人子"概念从一开始就沿用了这项涵义。在基督教发展的过程中，"人子"逐渐专用于指耶稣的人性，与"神子"的称谓相对应。20 世纪的耶稣形象延续了文艺复兴以来的人性化趋势，这个特征最集中表现在耶稣的人性侧面中。尽管自启蒙时期开始，人文学者尽量去除耶稣身上的非理性成分，在传记中取消了所有与他有关的神迹，尝试将他还原成一个人。但是启蒙时期以理性为人的标准，没有脱离精神、肉体的二元等级制，所以只是改造了耶稣精神的内容，使他的思想从宗教转向伦理、理性或审美的领域，在这些转变中，耶稣没有完全脱离中世纪唯灵主义的影响，反而越发停留在理念的世界中，他的人性是抽象的，不具备日常性。赋予耶稣"肉身"的任务是 20 世纪耶稣小说最终完成的。如果耶稣是人的一面镜子，那么这面镜子现在就是一个对我们而言彻彻底底的人的形状。在人子耶稣的故事中，我们在这里看见了历代基督徒津津乐道的《旧约·以赛亚书》中的"弥赛亚预言"中的救世主："他被藐视，被人拒绝，多受痛苦，常经忧患……他诚然担当我们的忧患，背负我们的痛苦。"[58]《新约》中，耶稣的门徒腓利在路上遇见埃提阿伯的太监阅读的正是这一卷："他象羊被牵到宰杀之地，又象羊羔在剪毛的人手下无声，他也是这样不开口。他卑微的时候，人不按公义审判他（原文作"他的审判被夺去"），谁能述说他的世代？因为他的生命从地上夺去。"[59]《使徒行传》

56 卡尔·拉纳尔：1904-1983，20 世纪著名的德国天主教神学家。
57 《圣言的倾听者：论一种宗教哲学的基础》，拉纳，朱雁冰译，三联书店，1994.
58 《圣经·旧约》，以赛亚书 53：3-4。
59 《圣经·旧约》，以赛亚书 53：7。

的作者将这段经文解释为指向耶稣的预言。[60]《以赛亚书》中受苦的弥赛亚，在中世纪圣体剧中他的痛苦被仪式化了，而在启蒙思想家那里则丢失了这种痛苦，似乎没有尘世之物能唤醒"理性"的痛觉神经；在浪漫主义思想中他一样不痛苦，因为他充溢着灵性的超然的愉悦，以一种世人难以言说、无法企及的方式。但是在20世纪的耶稣小说中，我们听见了旧约先知以赛亚预言中弥赛亚本色的回声——"他被藐视，被人拒绝，多受痛苦，常经忧患……他诚然担当我们的忧患，背负我们的痛苦。"

人子耶稣是那位悬挂在十字架上的世人眼中的"失败者"。他身体羸弱，备受拒绝、误解、伤害。他通过真实的受难获得世人的认同，同时也开辟门徒走向上帝的道路。正是这样一位耶稣形象在20世纪催生了解放神学。在这个世纪，男权社会中的女性、种族纷争中的弱势群体，纷纷趋近这位被欺凌与被侮辱的救世主，说明了这个形象具有的深刻生命力。

---

60　《圣经·新约》，使徒行传8：32-33。

# 第三章　20世纪耶稣形象的形式变奏

　　镜本无像，映出的不过是镜外的世界。作为人子的耶稣反映出了这个世纪对人的基本认识。我们很容易发现，人子的基本特征：肉身复活、内心世界、历史性，都和20世纪思想的发展相关。比如肉身复活和现代心理学的关系。弗洛伊德在20世纪初提出了性欲是人生命中的根本动力，他对潜意识、本我、自我和超我的命名，使现代人从全新的角度来看待精神生活。尽管他以性欲为人生命中的根本动力的观点在哲学层面上未并被广泛接受，但精神分析学的一系列理论和实践却改变了这个世纪人性的观念。普通人日常生活中内心的挣扎与张力，"正常人"的非道德的冲动，成为人性中不可缺少的部分。而在20世纪的历史中，不仅仅是心理学推动了对人类阴暗面的认识。

　　在20世纪，人类社会经历了前所未有的浩劫，两次世界大战带来了巨大灾难，集中营、核威胁、冷战……人亲手上演的一出又一出悲剧令整个西方社会在二战结束之后普遍存在着末日情绪。大战之前艺术中率先表达出的人与世界、人与人之间的深度疏离感，在战后伴随着对人类社会未来的绝望情绪，在整个欧洲蔓延开来。

　　如果说，在以往的耶稣形象中，我们看见更多的是作为至高王者、宇宙逻各斯或道德训诲师的耶稣，那么，在20世纪耶稣重写小说中，我们看见了一个承受着肉身之痛的人。像每个普通人一样，这位人子的痛苦来自他的原生家庭，他的信仰，他的民族的苦难，传统文化和异质文化的碰撞，来自旁人的私欲、虚无和躁动，来自底层的困顿挣扎和权贵们的冷漠压榨……耶稣因此有血有肉。他不再侃侃而谈，而是在层层阻力和困顿之中寻觅他的生之意义。他的赴死对现代人而言，也具有一种神秘的维度，因为生于怀疑时代的人并不容易找到为之赴死的理念。20 世纪耶稣小说中的人子形象，正是这个世纪西方社会中深层危机感的表达。

# 第一节　宗教存在主义与成问题的人

20 世纪也被称作理论的时代，精神分析，存在主义，文化批评，女性主义，分析哲学、后现代主义……各种思潮精彩纷呈。这些纷繁复杂的理论表现了这个世纪的人们对人类出路的求索。德国著名神学家、现象学家舍勒认为这种现象出现的原因之一是："人自身在历史上的任何时候都不像现在这样成问题"。[1]因此，舍勒在 20 世纪哲学人类学的奠基之作《人在宇宙中的地位》的序言中解释为什么需要建设一种新的哲学人论？他说：因为目前我们拥有的人类学遗产是"三种互不相干的人类学"，即自然科学的、哲学的和神学的人类学，这分别是近代自然科学、古希腊和基督教给我们留下的。"三种互不相干的人类学"意味着当代缺乏对人的统一认识。在中世纪，上帝是宇宙的核心，对人的理解依附于对上帝的认识，在那时，对上帝的定义是人们思考的核心。在不同神学家那里，尽管对上帝的定义的表述不完全一致，但其中心地位和性质却是确定的，如三位一体，至善、公义、全能，超越性等。而人作为上帝的造物，则依据他和上帝的关系来定义他。即人拥有上帝的"形象和样式"，但堕落成为罪人，他源于上帝，也应当归回上帝。而近代自然科学的人论在达尔文处发展到极致，他从生物学的角度得出结论，人是生物链中进化得最高级的一环，和万物一样，依赖外部环境，适者生存。启蒙以来，人取代了上帝成为世界观的核心，人是衡量万物的标准，但是同时，对人是什么缺乏却缺乏定论和一致看法，说明这个世代的各种传统人论都面临着危机。舍勒承认，虽然除了三种传统认识之外，日益增多的各种研究人的特殊科学也有一定价值，却"也在相当程度上掩盖了人的本质"。[2]心理学、伦理学、生物人类学等学科也提出了许多对人的不同见解，但舍勒认为这些创见同样没能够解决人究竟是什么的问题。

---

1 《人在宇宙中的地位》，马克斯·舍勒、陈泽环、沈国庆译，上海文化出版社，1989，第 12 页。

2 《人在宇宙中的地位》，第 12 页。

　　舍勒他的奠定西方现代哲学人类学的小书《人在宇宙中的地位》中提出了这一学科的基本命题，将"什么是人"的问题摆到了台面上。作为神学家、存在主义哲学家的舍勒随后提出了他的人论。他将与人类存在的整体结构相适应的情感样态分为四个不同的层次："1. 生理的感觉状态（如疼痛、发痒的感觉、痒等）；2. 身体或活力的感觉状态（如虚弱、焦虑、生病、健康等）；3. 心理感觉状态（如悲痛、高兴、哀伤=Wehmut）；4. 位格（Person）的精神情感（如，极乐、绝望、良心的折磨、被庇护、平和的心境、悔恨等等）"。[3]其中"精神的或形而上的情感，是来自位格（Person）核心的最终的、最直接的倾吐（如，良心的折磨的感觉）并且通过个人及其生命而发出光亮。在此意义上它们是绝对的。"[4]舍勒结合当下一些学科对人的内在世界的研究，挖掘了人的深度内在性，他不仅认为人不单单是一个理性的动物而已，而且承认人有一个特殊的维度，"位格的精神情感"显然具有神学的关照，是一种绝对的需要依赖上帝才能获得满足的部分。

　　舍勒的洞见受到后来学者的关注。一些学者也从这个角度分析和批评当代文学。如美国学者默里·罗斯登（Murray Roston）在 2001 年出版的专著《现代文学中对自我的寻找》[5]中就提出，对人类的幻灭情绪不只是来自二战，其根源在于，在彻底的无神论世界观中，人找不到个体的意义以及自己在宇宙中的位置。在进化论提供的科学历史观与宇宙观的影响下，人摆脱了上帝，但随着绝对价值的根基丧失，日常生活所依赖的传统价值观也崩溃了。这是一种源于启蒙理性传统的人对自身的身份与价值的危机感。启蒙理性克服了任何一种宇宙论，砍断了人和万物之间的意义链。人和万物一样，是依据统计学、生物学等原则运作的体系中的一部分，结果，人的价值意义就以一种空前的方式被取消了。默里·罗斯登认为，相比之下，反而是"圣经传统从未置疑每个人的内在价值，无论这种价值多么低微。……相信每个人的终极意义，此世的善恶行为在审判日将被仔细地清算……既是一种威胁，同时也是安慰。"[6]近代人文主义思想对人投注了很大的信心，对人类的自主与美好未来也充满乐观情绪，但启蒙理性传统在普遍的名义下忽视了具体的个人。在

3　《舍勒思想评述》，弗林斯，王凡译，华夏出版社，2003，第 35 页。

4　同上，第 36 页，着重号为原文所有。

5　*The Search for selfhood in Modern Literature*, Murray Roston, New York: Palgrave Macmillan, 2001, p.149.

6　Ibid., pp..32-33.

现实生活中，个体并不能够仅仅通过相信人类集体的美好未来而获得面对日常生活中问题和危机的力量。个体的内在价值需要外界稳定、现实、当下的支持。鉴于人生的不完满，个体在寻求外界支持时必然也会走向寻求绝对他者的支撑。随着对未来美好期许的破灭，个体的终极慰籍的缺席成为引发现代人寻找自我的意义与身份的主要原因，这也成为20世纪哲学与文学写作的核心。

美国新教神学家保罗·蒂里希在分析当代文学和艺术的文章中也提出：人在现代工业社会中面临的困境导致了虚无感和异化感的产生。他认为工业社会中人的两个主要特征是："人的活动集中对于世界，包括自身的有条理的观察和技术变革，以及由此产生的他应付现实的深度的丧失。"[7]以及"上帝被请出人之活动的极限范围。他被安置在世界边缘，不允许他干预世界，……结果，上帝成为多余的，而宇宙让人成为其主。"[8]在启蒙理性的理念中，人应当是世界的主宰，但在实际的生活里，个体却是社会机器运行的一个齿轮，成为众多客体之一，他甚至必须扭曲自己以适应这一不被任何一个实际的个体主宰的大机器。20世纪的文学艺术多次表达了这种被社会机器异化的人的状况，如《城堡》。人与终极的断裂，以及人本应是目的，在现实社会的运作中却异化了工具或手段，使人的深度内在性被忽视（在基督教的传统中，这是非常受重视的部分），导致了现实生活中的人的虚无感和异化感。

早在20世纪初，一批杰出的文学家、艺术家在作品中已经表达了类似的焦虑，即传统价值的丧失带来的个体认同的艰难与自我的破碎感。如在卡夫卡的小说中，在艾略特的诗歌里，在毕加索的绘画中等，人被肢解变形，世界是陌生的，精神是荒芜的，文艺复兴以来曾经丰满、作为意义与价值的载体的人成为了问题。当代西方经历的浩劫不过是将敏锐者早已感知的信息公示在所有人面前。

20世纪的耶稣是一个在肉身中寻索的耶稣，这符合20世纪总体的精神氛围。无论从哪个角度讲，20世纪都不是为人们提供固定答案的时代。拥有肉身就意味着脆弱，既是肉体的脆弱，也是精神的脆弱。有史以来，人身上的各种弱点似乎从来没有暴露得如此清晰，如此获得人们一致的承认。

---

7 《作为终极关怀之表达的文化》，保罗·蒂里希，见《宗教与当代西方文化》，爱德华·塞尔编，衣俊卿译，台北桂冠图书股份有限公司，1995，第129页。

8 同上，第130页

如舍勒所作的贡献，存在主义是最早揭示并命名人在现代社会中困境的思想流派，它回应危机的思路引导当代人文思想回归终极、内在超越的维度，而且它对危机的回应方式从传统基督教中汲取了资源。存在主义的出现与流行标志着西方哲学的生存论转向，它对 20 世纪西方思想史产生了影响深远，引导了一场涉及哲学、文学、艺术等各种学科门类的重要变革。笔者以为，带有基督教色彩的存在主义提出的人论尤其能够有效地帮助我们理解耶稣的"人子"形象。

作为 20 世纪最重要的哲学思潮之一，存在主义发源 19 世纪，流行于 20 世纪上半叶，这场哲学运动使 20 世纪的思想与之前带有浓厚启蒙色彩的几个世纪区分开来。法国学者雅克·科莱特（Jacques Colette）在《存在主义》一书中评论道：在 20 世纪上半叶，欧洲思想家"在思考自我与世界、自然与文明的方式上经历了一次深刻的变革，对人类的生存意义和种种可能性的描述渐渐取代了新康德主义形式的批判分析。"[9]我国学者卓新平指出，存在主义这一思潮"从其思维特征来看是传统认识论向新兴存在论的让位，即把对'存在'的提问作为哲学探求的开端"，同时他也提出了国内学界关注较少的一个视角，即存在主义"从其灵性传统来看又与基督教思想有着不解之缘。"[10]事实上，西方存在主义的哲学代表大多为基督教徒。大陆学者往往倾向于将存在主义分为基督教阵营和非基督教阵营，但较少关注其基督教阵营，在研究对象上比较倾向于选择海德格尔、萨特等与基督教相对有距离的思想家。事实上，所谓的"基督教阵营"，构成了存在主义思想的主流：祁克果、舍勒（Max Scheler）[11]、马赛尔（Gabriel Marcel）[12]、雅斯贝尔斯、乌纳穆诺（Miguel de Unamuno）[13]，以及以索洛维约夫（V. Soloviev）[14]为代表的一批东正教宗教哲学家，甚至海德格尔也与天主教神学传统有颇深的渊源。一些西方研究者甚至将宗教作为存在主义哲学家最重要的共同之处。[15]由于存在主义在 20

9 《存在主义》，雅克·科莱特，李焰明译，商务印书馆，2000，第 1 页。

10 《当代西方新教神学》，卓新平，上海三联书店，1998，第 110-111 页。

11 舍勒：1874-1928，德国著名天主教神学家，哲学家。

12 马赛尔：1889-1973，法国著名存在主义思想家、神学家。

13 乌纳穆诺：1864-1936，西班牙著名存在主义哲学家，文学家。

14 索洛维约夫：1853-1900，俄国最著名的宗教哲学思想家之一。

15 《存在主义》，"对于所有这些哲学家来说，他们的共同之处和最主要之点，就在于宗教、宗教信仰的意义是按它与个人的关系重新确定的。"第 78 页。

世纪思想中的重要地位及其与基督教的亲缘关系，甚至20世纪的神学研究也受到了存在主义思潮的影响，不少神学家尝试将存在主义思想与神学建设结合在一起。

美国著名存在主义研究专家威廉·巴雷特认为，存在主义领悟到了理性人遗漏的人类生活的阴暗面，即"人的存在中那全部黑暗和成问题的东西。"[16]近代的启蒙理性主义竭力强调和推崇人的理性力量，相信人能够凭借理性认识世界万物，包括人自己，并进而掌控万物与人。启蒙思想对人的主体性的强调在历史上产生了巨大的推到力，不仅有助于改变人与自然的关系，从更多地受自然界的束缚到有效利用自然界，在很大程度上实现了对自然界的征服，而且也有助于确立个体的独立性和自主性，使人摆脱各种权威。就像康德在著名的《答复这个问题："什么是启蒙运动？"》一文中所说的："要有勇气运用你自己的理智！这就是启蒙运动的口号。"[17]启蒙运动，正如其名所称"Enlightenment"，意味着从蒙昧走向启明，个体通过运用理性从对各种权威的依赖走向拥有自我的独立见解，这其中需要破除包括传统的基督教信仰在内的所有外在权威。一切都在理性的审视之下。启蒙运动的这一信念拥有两项潜在的前提，一是世界万物是符合理性的，是有规律的，因而能够被理性发现；另一个则是人不仅是理性的，而且有意愿乃至乐于良好地运用这种理性以服务人类。而且，启蒙运动潜在地蕴含着对人类的未来非常美好的预期。康德说，"哪些限制是有碍启蒙的，哪些不是，反而是足以促进它的呢？——我回答说：必须永远有公开运用自己理性的自由，并且唯有它才能带来人类的启蒙。"[18]

启蒙思想对人的乐观看法在20世纪遭到了重创。一些文学家、艺术家和思想家，如祁克果，在这个世纪初期甚至19世纪末就已经敏锐地感受到启蒙思想的不足之处，并表达了对这种思想在西方广泛传播的结果的忧虑。由于20世纪的历次浩劫，启蒙思想的缺陷乃至弊端在这个世纪被人们普遍发现。启蒙思想将立足点置于人的理性、世界的合理性和人的美好未来之上。但是，在人类的社会领域，人们明显感受到人性中一股不合理、难以辩明的邪恶势

---

16 《非理性的人——存在主义哲学研究》，威廉·巴雷特，杨照明、艾平译，商务印书馆，1999，第21页。

17 《历史理性批判文集》，康德，何兆武译，商务印书馆，1990，第17页。

18 同上，第18页。

力，它如此强大以致威胁了所有人的生命。这股力量无法从启蒙的角度理解和驯服。对人的看法动摇了，随之而来的是对整个世界和人生的荒诞体验，人类社会的运行远比人们想象的更为复杂和无解，人类的未来如此不确定。

从启蒙思想向存在主义转变，至少意味着哲学在三个方面的转变：其一为思维方式的转变；其二为表达形式的改变；其三为主导问题的变更。思维方式的转变即从传统的认识论趋向于新兴的生存论。启蒙思想继承了古希腊的理性主义传统，在这个传统中，认识自我、认识宇宙和认识神被视为哲学的目的。如柏拉图认为，灵魂对真理的沉思是人生命的最高境界，认识了理式（Form）就是认识了真理。理式不具有人格特征，接近理式需要用理性勒住人灵魂中非理性的部分，如情感，以使灵魂飞升，来到理式面前。当然，柏拉图并非不关心伦理，在他的系统中，善与对理式的认识是同一的，但从《理想国》中他对艺术的态度来看，至少后期的柏拉图不赞成培养人的非理性。存在论从人的存在状况而非先验的理式出发，认为存在先于认识，在优先性上人的真实存在状态先于其他任何一种观念或认知。所以存在论反对认识论的事先设定，即认识论是哲学的第一问题。存在论的主导问题往往是讨论"焦虑"、"烦"、面对死亡的"恐惧"这样"非理性"的存在状态。对思维方式的转变也带来了表达形式的转变，对存在状态我们往往倾向于描述，而不是观念推演。

存在主义认为，受到古希腊理性主义传统影响的启蒙思想缺乏对人的非理性维度的关注。祁克果的许多著作都指向当时社会中的这种缺乏：现实生活中的人，往往生活在一个"非存在"的层面，没有面对自身的存在根基以及价值沦丧的问题，因为理性主义不能为他们提供这种渠道，反而采用虚幻的光明的未来场景遮盖、回避了这些问题。巴雷特认为，因为启蒙将上帝逐出了人类世界，人失去了传统信仰的庇护，即失去了与存在的超验领域的具体联系。此时，当人认识到自身的有限性，体验到绝望时，只能够赤裸地直面世界与人生中的非理性，毫无遮挡。基督教传统在面对非理性层面时拥有深厚的资源。基督教关注人的生命的缺憾层面，集中表现在基督教对人的罪性与有限性的认识上，人的存在正基于其被造的地位，人之需要信仰基督正基于其无法从罪恶中脱身。在这里我们发现，即正是因为基督教的超验终极位格之神与道成肉身的耶稣基督能够为人不完满的存在状态提供解决途径，所以它才能够向人们言说和揭示人类的这个困境。这解释了为什么是一些具有基督教背景的人首先触及了存在主义，如帕斯卡尔、祁克果，而又是同样对信仰有深刻见解的舍勒、雅斯贝尔斯、马赛尔、别尔嘉耶夫[19]、马丁·布伯[20]等人，发展了存在主义。他们较易觉察人内在超越的缺省，而且发现了由于超验维度的欠缺导致的伦理危机。他们在解决这个问题时借鉴了自己熟悉的资源。但虽然存在主义在源头上与基督教有着不解之缘，它最终是以一种哲学，而不是以神学或教义的形式出现的。更多的存在主义哲学家是从基督教传统中获得灵感与启发，发展成哲学思想。

20世纪的不少哲学思潮与艺术流派都竭力表现了非理性的人。如弗洛伊德建立的现代心理学，艺术上的表现主义、达达主义，文学中的黑色幽默、荒诞派戏剧等等。蒂里希认为，现代文明中的上帝的隐退是如此明显，以致"我们目前文明中没有什么东西不暗示出这一空虚的出现，即语言和教育中、政治和哲学中、个性的发展中，以及共同体的生活中，至高无上的本质力量的匮乏。"[21]同时他也提出，基督教能够深刻理解和揭示这种匮乏："倘若新教意味着我们无须遮掩任何事实，而是必须探究人类深层的疏离和绝望，那么，《格尔尼卡》便是一幅最有感染力的宗教绘画。尽管没有宗教内容，但确实具有深刻的宗教风格。"[22]哲学的存在化倾向渗透于各种人文学科门类，既推动也集中体现了这个世纪对人的认识的更新。比如，在存在主义中，人首先是一个身心同一体，人的价值与本质不是先设的，应当从当下的个体经验，而不是从抽象的观念出发了解人。理性人为我们提供的人类肖像是自足，而存在主义认为这也同样是不真实的，人不是自足的，人的自我的完成有待于他者在自我生命中的介入和开启。在存在主义这里，个体的人大于所谓的"众人"。"并没有一般的、抽象的精神实体，而只有体现人之个性的存在；这种存在变动不居，表现为其在时空中不断生成和变化之过程。人的本质就是存在，而存在始终处于进行时态和未完成时态。所以说，人在旅途之中，永远面临着各种选择和决断。"

认识存在主义对当代人论的贡献有利于避开两种误解。一种是将存在主义视作一个已经逝去的思潮，另一种是将存在主义视为单纯的反抗姿态，如

---

19 别尔嘉耶夫：1874-1948，俄国重要的宗教哲学思想家，代表作为《自由的哲学》等。
20 马丁·布伯：1878-1965，著名犹太思想家，代表作为《我和你》。
21 《作为终极关怀之表达的文化》，第140页。
22 《现代艺术的宗教风格》，见《宗教与当代西方文化》，第254页。

美国著名学者考夫曼（Walter Kaufmann）对存在主义的定义："拒绝归属于思想上任何一个派系，否认任何信仰团体（特别是名利的体系）的充足性，将传统哲学视为表面的、经院的和逃离生活的东西，而对它不满——这就是存在主义的核心。"[23] 从人论出发能够理解存在主义积极的建设意义。虽然存在主义在很多时候表现为对传统哲学体系，对作为"科学"的哲学的反抗，但是它的核心实际上是围绕重新认识人展开的。

当然，20世纪人论的转向不是由存在主义独自完成的，"20世纪西方哲学的'人类转向'集中地表现在关于'存在'意义的新发现。"[24] 存在主义是对人的身份焦虑与自我危机这种时代现象的一种回应，而这种回应对20世纪影响深远且具有代表意义。存在主义是20世纪最重要的思潮之一，它的影响不限于被标签为存在主义的哲学思想，西方在20世纪的生存论转向使这个世纪对人的思考多多少少带上了生存论的色彩，不论在哲学、神学，还是在文学中。

存在主义的兴起同时预示着在西方近现代人文思想图景中基督教精神的一种回归。在以上帝为中心的中世纪，对上帝的认识是最重要的，对他的定义决定了其他一切事物的性质。但从启蒙时期开始，人成为世界的中心，定义人成为至关重要的问题，对耶稣的理解以对人的理解为先决条件。20世纪西方社会普遍经历了精神危机，小说中的耶稣形象不仅表现了这种危机，而且还在某种程度上呈现了从基督教角度对这场危机的回应。

在20世纪的各种思潮中，存在主义与文学的关系相当紧密和持久，而笔者以为，这种相关性迄今为止还未能得到足够的认识。在下一节，我们尝试从耶稣小说的一些特点入手来探讨这种相关性。

---

23 《存在主义：从陀斯妥也夫斯基到沙特》，W.考夫曼编著，陈鼓应、孟祥森、刘峰译，商务印书馆，1987，第1-2页。科莱特认为：存在主义""可以用来指称那些与个人主观有关、热切关注真实性、与生活秩序相近似的哲学思想，指称那些对总是企图超越限度的理性持审慎多疑的态度，致力于思考存在在时间状态的理想性，而不是从构成存在的隐晦、荒谬、模棱两可中排除任何东西的思想。"《存在主义》，第8页。

24 《人性和伦理的跨文化研究》，赵敦华，黑龙江人民出版社，2004，第104页。

# 第二节　存在化的耶稣讲述

　　整体而言，20世纪的耶稣小说的叙事视角经历了一个变化的过程，我们一起来看看下面的表格。

**表四：**

| 小说名称 | 出版年份 | 叙事视角 |
|---|---|---|
| 已死的人 | 1930 | 全知 |
| 耶稣王 | 1946 | 全知 |
| 大个子渔夫 | 1948 | 全知 |
| 大师与玛格丽特 | 1952 | 全知 |
| 耶稣基督的最后诱惑 | 1953 | 全知 |
| 彼拉多夫人 | 1955 | 彼拉多夫人的女仆第一人称 |
| 本丢·彼拉多（Paul Maier） | 1968 | 全知 |
| 我，犹大 | 1977 | 犹大第一人称 |
| 加利利人的影子 | 1981 | 安德鲁第一人称 |
| 野姑娘 | 1984 | 抹大拉的玛利亚第一人称 |
| 犹大回忆录 | 1985 | 犹大第一人称 |
| 流浪的犹太人 | 1986 | 犹大第一人称（为主） |
| 断头台 | 1986 | 全知 |
| 成为神的人 | 1988 | 全知 |
| 耶稣基督的福音 | 1991 | 全知 |
| 各各他直播 | 1992 | 提摩太第一人称 |
| 40日 | 1993 | 全知 |
| 子的福音书 | 1997 | 耶稣第一人称 |
| 各各他的贼 | 1998 | 全知 |
| 彼拉多回忆录 | 2000 | 彼拉多第一人称 |
| 彼拉多福音 | 2000 | 前面四分之一耶稣第一人称，余下彼拉多第一人称 |
| 彼拉多的妻子（Hilda Doolittle） | 2000（著于1929-1934） | 全知 |
| 见证 | 2002 | 玛利亚等四人第一人称 |

| 本丢·彼拉多（Caillois） | 2006 | 全知 |
|---|---|---|
| 犹大福音 | 2007 | 犹大之子第一人称 |
| 彼拉多的妻子:一部罗马帝国小说 | 2008 | 彼拉多夫人第一人称 |

我们从这个表格中可以看出，首先，这些讲述者多半身份"可疑"。这个世纪的耶稣是玛利亚的耶稣，犹大的耶稣与彼拉多的耶稣。这三位分别是耶稣的背叛者，死刑判决者，以及历来身份可疑的女门徒抹大拉的马利亚。耶稣没有争议的忠实门徒——马太、马可、路加和约翰极少出现。人们更倾向于从非虔信者的角度讲述耶稣的故事。这再次意味着在这个世纪，人们倾向于写作一个非传统的耶稣形象。

其次，耶稣重写小说的叙述视角经历了一个明显的变化。20 世纪早期至中期的小说基本全部采用全知视角（唯一的例外是德国女作家戈尔特路德·福特写作的《彼拉多夫人》），从中晚期开始，逐渐出现采用限知视角表现耶稣的作品。这上面的表格中一共列出了 26 部耶稣写小说中，其中有 13 部使用全知视角，12 部使用角色讲述，还有一部《流浪的犹太人》（1977）在讲述耶稣时采用角色讲述，其他部分使用全知视角，而几乎所有采用角色讲述的小说都出现在 20 世纪晚期，即 1977 年以后。这些讲述人包括犹大、提摩太、抹大拉的玛利亚、耶稣自己、圣母玛利亚、彼拉多夫人的女仆、犹大之子、虚构的耶稣时代的人物（安德鲁、西门）等。虽然第一人称讲述在小说中得到了广泛应用，但出现在耶稣重写小说中的高比例在同时期的作品中是罕见的。这说明越来越多作者不约而同地认为，使用角色讲述更适合表现耶稣。

其实，如果，进一步的话，我们还会发现，在年代较近的小说中，即使是使用全知视角的小说，也倾向于采用角色内视角，如《40 天》，基本由耶稣、缪撒等几位在旷野中禁食者的内视角构成，又如《耶稣基督的福音》和希尔达·杜丽特尔（Hilda Doolittle）[25]的《彼拉多的妻子》，基本由主人公（分别为耶稣和彼拉多的妻子）内视角构成。叙事学研究认为，内视角的作用和第一人称讲述至少在这两点是一样的，有利于作者的隐退以及表达角色的心理活动。

---

25 希尔达·杜丽特尔：1896-1961，美国诗人、小说家，以 H.D 作为笔名，是意象派的创始人之一。

　　作者隐退的直接表现就是作品中作者对角色尤其是主人公的直接评论非常少，作者对主人公的态度甚至在一定程度上表现得不太明朗，也就是说，作者尝试更单纯地表现主人公，将评论留给读者。我们认为，形成耶稣小说中这样的叙事特征既和时代的变化相关，也与耶稣形象的特殊性相连。

　　在现代小说兴起的时期，即在18世纪的英国，最主要的小说家的代表作都往往是第一人称角色讲述型的。如笛福的《鲁滨孙漂流记》、《罗克萨娜》是类忏悔体，理查逊的《克拉丽莎》与《帕美乐》是书信体，斯特恩的《多情客游记》是日记体，《项狄传》是类自传体，斯威夫特的《格列佛游记》是回忆录体小说。同样，在中国现代文学中小说兴起之时，也出现了大量第一人称的作品，如郁达夫的《沉沦》、鲁迅的《狂人日记》、丁玲的《莎菲女士日记》等。尤其是在女作家中，日记体，自传体、书信体尤其多。这种现象与近代小说出现与发展的原因相关，即小说建构个体自我的优势能力。第一人称是最寻求读者认同的叙述方式，是最为讲述者辩护的叙述视角，著名如《简·爱》中直接称读者为"亲爱的读者，您……"。这部小说出色地建构了近代以来第一个成功的女性主叙述体，这与小说采取的叙述视角有分不开的关系。近代小说的兴起迎合了个体叙事建立的需要，而第一人称以个体的直接经验的方式建立个体言说的合法性，带着强烈的直接情感，读者也最易认同。这种鲜明的个体立场建构而成的个体"小"叙事，与各种各样宏大叙事抗衡。在个体叙事上升的年代，往往以建构个体的正义为主要叙事线索。而女性文学则与小说的关系尤为紧密，是因为它无法依赖已有的宏大叙事，只能建立个体的言说。而后来现实主义文学成为小说的高潮和主导形态的时候，其实赋予了小说更多社会功能，如巴尔扎克在《人间喜剧》的《序言》中声称要成为法国社会的记录员。

　　从这个角度来看，耶稣小说第一人称讲述意味着，人们在建构对耶稣的个体的言说，换句话说，人们认为对耶稣的个体言说非常有价值。在这里，小说的个体言说传统突破了历史上最概念化的人物的堡垒，从与耶稣相遇者的角度出发，点燃了古老的耶稣形象的生命力。个体讲述即以个体相遇的方式面对耶稣，而不是研究他，分析他，或者准确地说，单单思考他。纯粹的理性思考推崇个人立场隐退，力求减少思考者的主观色彩"冷静地"面对思考对象，巴赫金称之为宇宙与世界的"旁观者"立场。巴赫金认为，这种立场的弊病是，得出的结论，即所谓"真理"，并不适用于任何具体的个人。个体言说响应了福音书的言说方式，耶稣需要每个人从自己当下的存在出发去面对。因此而有针对犹太人的《马太福音》，针对非犹太人的《路加福音》，代表了彼得的立场的《马可福音》等。

在上文中，我们谈及存在主义对哲学的表达方式的影响。存在主义不仅使哲学的表达方式发生了变化，而且也普遍渗透到文学之中，接下来我们将探讨存在主义对文学的，尤其是小说的深层影响，比如它导致小说关注的人物问题、表现的内容与叙事形式的改变，我们认为，小说的这些改变影响了小说中新耶稣形象的出现。

一般而言，谈起存在主义的文学影响，首先想到的是 20 世纪上半叶至中期以萨特、波伏娃等人为代表的一群法国知识分子创作的带有存在主义标签的小说、戏剧。由于他们接受了存在主义的标签，也即将自己的哲学与文学著作称为"存在主义"，也就使一般意义上的存在主义文学带上了他们的特征，给我们留下了"存在主义文学"强调自由选择，持无神论的立场的印象。而且，也正是他们的文学作品大众化了这一种存在主义思想，使存在主义成为一股"普及"思潮。

有不少文学研究已经针对这一批作家的创作提出，存在主义文学在文学技巧上缺乏创新。如美国学者查尔斯·格里克斯贝格（Charles Glicksberg）在《文学的存在主义》中说："存在主义在小说中的革新，不是源于它在形式与结构上卓有成效的创新实验，而是来自它对存在的根基的追求……[26]""在作为文学的存在主义中，虽然也有一些作家受到祁克果的影响，但基本上源自萨特支派……它几乎没有任何在美学形式上的革新，大致是一种奠基于一种哲学，……一种解释人在地上的生活、其个性与命运的文学。"[27]这些评论将存在主义文学等同于萨特等人的作品。从这种意义上理解存在主义的文学影响，就只能将存在主义文学作为一个已经过时的文学流派，存在主义文学只不过是思想的传声筒而已。

但事实上，存在主义对文学的影响并不限于被萨特等贴上了标签的"存在主义文学"，而且，即使在萨特等人的作品中，这种影响也并非不涉及美学形式上的更新。

---

26 *Literary Existentialism*, Charles Glicksberg, *Existentialist Literature and Aesthetics*, edited by William McBride, New York: Garland, 1997, p.8.

27 Ibid., p.2.

　　"存在主义"一词一直有狭义、广义之分。前面提到的以萨特等人为代表的"存在主义"属于狭义上的"存在主义"。存在主义文学的一些标志性作品，如波伏娃的《女宾》、《他人的血》、萨特的《自由之路》三部曲，在今天看来确实文学价值平平，文中的角色时不时地叫喊一声"我存在着"，而且喜欢做类似的口号式宣告："我没有创造世界，但是用我的存在，我每时每刻都在重新创造它。"[28]这类话在文中泛滥。在今天看来，这些宣告抽象乏味，小说塑造的主人公是一个以自我反思为主要特征的笛卡尔式的主体形象，撇开他或她空洞的口号，这些人物形象没有给我们留下深刻的印象，形象不丰满，未能获得独立的文学价值。

　　但如果从广义的"存在主义"概念出发，作为20世纪影响最大的思潮之一，存在主义的影响力经久不息。哲学思想和世界观产生变更，文学形式的创新往往也随之出现。对人、对世界看法的改变，在作品中不仅表现为文本世界与人物角色的变化，而且内容与形式无法截然分开，新的主题、内容需要新的形式来匹配，也带来了作品表现形式的更新。存在主义对理性人的置疑，哲学的生存论转向，这些都是20世纪西方思想的转变，这些深层思想的更新标志着西方人的世界观发生了改变，这必然对文学作品的创作也产生了影响。

　　文学作品产生的许多转变未必都能囊括在存在主义，尤其是狭义存在主义的范围中，但是在笔者看来，从存在主义的角度出发，可以令我们一窥这种转变的特征。众所周知，存在主义与文学的关系与其他哲学相比是非常特殊的。甚至可以说，存在主义这一哲学运动的一大特点就是众多文学作品的参与。首先，通过各种文学作品，如小说、戏剧、诗歌，存在主义的思想得到了不逊于存在主义哲学著作的表达。重要的存在主义思想家萨特创作了《恶心》、《自由之路》等多部小说、戏剧。陀思妥耶夫斯基的作品，如《地下室手记》等被追认为是最典型的存在主义文本之一，杰出地表现了存在主义的思想主题。卡夫卡的作品也被归入存在主义，等等。存在主义的文学表达了人对自身存在根基的追问，而且这种追问往往具有终极的意义。在陀思妥耶夫斯基和卡夫卡的小说中，人面对的问题并非智性的困扰，认识的问题，而是人存在中的种种重负、背谬与不可知。

　　其次，存在主义的表达常常采用文学而不是哲学的形式，比如祁克果选用日记、书信体、抒情箴言、梦境等书写他的观点，布伯的《我与你》类似

---

28 《他人的血》，波伏娃，葛雷、刘彦甫译，中国书籍出版社，1999，第121页。

哲理散文。即使在存在主义的论文中，其表达方式也很接近文学，带有强烈的情绪与主观色彩，不讲究系统与体系，甚至不太重视逻辑的严密性，与传统的学院派哲学的表达方式相去甚远。再次，有一些存在主义思想家通过分析文学文本阐述其哲学思想，如海德格尔分析《伊凡·伊里奇之死》，一些一直以来在文学与艺术作为表现对象的命题成为了存在主义的重要命题，如焦虑、荒谬、虚无、绝望，等等。似乎从来没有一种哲学在表达时如此依赖于文学。

和文学的亲密依存关系与存在主义的宗旨是相宜的，存在主义采用了现象学的出发点代替认识论，以主观的体验对抗客观的认知。为了反对庞大的传统哲学体系，不仅在主题上，而且，在表述和形式方面，在人物形象的塑造和表达上，都必然与之抗衡。

存在主义思想影响了人的世界观，这从小说的主题、人物形象以及叙事方法等各方面都能体现出来。换句话说，虽然存在主义作为一种哲学或文学运动兴盛于20世纪上半叶，但是此后它并没有结束，而是深化了，现在许多小说不再会选择存在主义为标签，但是存在主义的思想已经渗透到了作者的创作之中，这从小说叙事模式的改变可以看出，在本文中，笔者将这种叙事模式称作"存在化讲述"。

美国学者科恩（Edith Kern）在《存在主义思想与小说技巧》[29]一书中提出，许多批评者之所以忽视存在主义文学在美学上的贡献，是由于一开始就将作者完全等同于小说里的人物，过于注重这些作品的所谓"自传体"成分。他们仅仅关注到存在主义作品中那些详细探讨的话题，对其中的技巧却毫不关心。针对这个误区，他提出了三点疑问：

祁克果在写作中为了达成思想与形式的完全和谐付出了巨大努力，他变换不同的笔名，一个人充当几个不同的角色。

萨特说过"一种小说技巧总是与作者的形而上学相关。批评家的任务是在评价前者之先定义后者"。[30]

贝克特称赞乔伊斯使形式成为内容，内容成为形式，以及他对普鲁斯特的类似赞誉。

---

29 *Existential Thoughts and fictional Technique: Kierkegarrd, Sartre, Beckett*, Edith Kern, Yale University Press, 1970.
30 Ibid., p.5.

科恩认为这些都说明存在主义文学家相当关注形式。他提出，他们在创作时头脑中"最大的问题"是：他们感到创作与自己的"个体"观念冲突。并且，祁克果、海德格尔与萨特关于"存在的个体"的定义有一些共同之处，就是他们都承认存在的个体囿于自身意识之内，不能将自我与他者融为一体，因此，个体只能在猜测中部分地把握他者。科恩认为，这使小说的作者与人物之间构成了巨大的张力，存在主义作者不愿意在小说的人物面前充当上帝的角色，这与他们认为"个体"不能完全把握他者的存在主义思想相符。

是否这个问题是存在主义作家们创作时"最大的问题"，值得商榷。笔者以为，科恩只说到了问题的一个方面，存在主义作家在创作小说时，显然需要面对主观上哲学思想的表达与实践之间的冲突，在将思想以文学的形式付诸笔端时，他们也需要这项实践符合他们的理念，但他们同时还需要面对他们付诸笔端的这种文学体裁——小说自身的传统。

19世纪小说是以精彩故事情节为架构与全知视角讲述的结合体。在这种小说中，作者仿佛上帝，创造出一个属于自己的世界，他在这个世界中全知、全在，预知过去和未来，了解每个角色的心理。而且，由于理性人论将人看作是自足的，将人作为独立的精神主体。因此，19世纪，尤其在德国，出现了一批专事探索人的精神发展的"长河小说"，这种写作一直延续到20世纪，《约翰·克里斯多夫》与《玻璃球游戏》是其中的代表作。这些小说的特点是聚焦于主人公的精神之旅，强大的个人精神主体是文本歌颂的对象。

存在主义思想反对系统性、体系化，重视个人生命体验，因此用文学而不是纯粹的哲学论文表达贴近它的理念。但它在采用文学的形式的时候，却要面对这样一种不是以存在主义思想为主导的小说传统。这样，在突破文学主题的同时就需要尝试新的形式，突破19世纪小说对人物，尤其是主人公性格特征的鲜明把握与刻画。在这些流行的性格刻画中，人物常常面临被高度类型化的危险。随着存在主义思想的深入，能够贴上"存在主义"标签的文学或哲学的创作高潮逐渐过去，但是经历了生存论的转向，对人的观念的转变也使对人的表达逐渐转变。这首先表现在叙事视角的变化上，因为叙事视角是作者和主人公关系的直接表达。

科恩在文中重点分析了祁克果的《一个诱惑者的日记》与萨特的《恶心》，基本没有涉及其他作品。这两部作品都是第一人称日记体，而且在开头都出现了一个匿名的"编者"。日记体、书信体、自传体在17、18世纪小说刚形成时非常流行，但是在 19 世纪就已经退出小说主流。存在主义文学重新使用第一人称，是因为第一人称非常适合表达个体主观经验。通过第一人称，也比较容易将认识囿于自身意识之内，即解决科恩所说的存在主义作家创作时需要面对的问题。与 20 世纪许多第一人称小说相比，早期日记体作品在作者与叙述者的关系上，往往过于将它们划等号。《恶心》也存在类似问题，叙述者过于寻求读者的认同。但《一个诱惑者的日记》就比较好地处理了这个问题。

在《一个诱惑者的日记》中出场的人物同时也都是叙事者：诱惑者，少女，"编者"，甚至祁克果在此书出版时拟定的伪名。每一个叙事者都拥有自己的立场，从而为读者作出自己的判断留下了空间。

少女在书信中写道："有时他是如此才华横溢，以至于我感到作为一个女人我已不复存在。有时他又是如此狂放、热烈，情欲勃发，使我在他面前几乎周身颤悸。有时他视我为陌路人，有时他又对我充满献身的热忱；然而在我向他敞开我的情怀时，一切都发生急剧的变化……"[31] 在这里，我们发现少女对"诱惑者"的认识显然是不清晰的。但她是透过直接的体验来认识他，她的自我感受，"感到作为一个女人我已不复存在"，她的身体体验，"他面前几乎周身颤悸"，她的情感体验，"我向他敞开我的情怀"。她沉醉于自身对"诱惑者"的感性体验之中，以至于无法获知"诱惑者"的真相。

诱惑者在讲述中对自己和少女进行了许多心理分析。他将少女视作客体，研究和分析的对象，比如他的讲述中常常将少女归入"类"，在这样讲述的同时其实也将自己归入"类"："我是最适合于她的男子。她的情感过于热烈奔放，所以她无法自婚姻中获得幸福；委身于一个凡夫俗子无法满足她的愿望。"[32] 少女成为一个纯粹的客体。他站立在审美主体（而非伦理主体或存在主义的理想主体）的位置上，在他对少女的心理分析中，回避了少女心中因他引起的痛苦、焦虑与不安。同时，作为单纯的审美主体，诱惑者也回避了自己痛苦、焦虑与不安这些因素的出现，这使他的存在在某些深层次环节上，比如伦理，是缺失的。同时，我们也感受到，他对自身存在的这种回避使他和少女的关系最终只能走向悲剧。

---

31 《一个诱惑者的日记——克尔凯敦尔文选》，祁克果，徐信华、余灵灵译，三联书店，1992，第 13 页。

32 同上，第 79 页。

祁克果认为，要成为一个人，在生存论意义上可能会经历三个阶段："审美的、伦理的和宗教的阶段"。诱惑者的存在是审美阶段的，文中的"编者"属于伦理阶段。《一个诱惑者的日记》的可以说是以文学的方式表达了哲学真理；一个个体不能代替另一个个体的存在，所有对他人的观察都是从"我"出发的对表面现象的捕捉，这种捕捉与"我"自身这个出发点有着千丝万缕的联系，而且《一个诱惑者的日记》也暴露了一些存在方式缺失了应有的维度。

《一个诱惑者的日记》的叙事手法是 20 世纪文学中内心独白的前驱。20 世纪小说中的第一人称与理查逊的《帕米拉》这样的早期小说中的第一人称相比，有以下几点不同：

首先，早期第一人称小说着重讲述事件的发生与经过，采用第一人称常常是为了便于抒情，以及增加所叙述故事的真实性，对"我"的感受的描写附属于事件或对人物性格的刻画。而在 20 世纪，第一人称讲述的重点就是个人的当下体验与感受，个人的情绪，以及对事物的印象，它不尝试建构强大的精神主体，而注重表达人物的未完成性。

其次，早期第一人称小说的叙事者竭力争取读者的同情、认同，而 20 世纪的第一人称叙述者与读者保持一定距离，他的讲述中表现出其自身的种种局限性（历史的、文化的、时空的、性格的……）小说的讲述者也不设定所讲述的内容为唯一的真实，他保持与其他人物的距离，在讲述中留下读者自己判断的空白，而不是像早期小说中的第一人称一样，在文中充当一个隐形的上帝的角色，对他人与自我的判断都是唯一的、无误的；总的来说，这两个时代的第一人称表现出的对读者的意向是不同的。

再者，在 20 世纪的第一人称讲述中，因果逻辑联系被淡化，注重通过词汇的并置，词根的使用等不强调表面因果关系的方法，揭示人的存在的真实状况。

以上这些特征在意识流小说中比在萨特等人的存在主义小说表现得更加突出。前面曾经提过，20 世纪对人的观念的转变不是存在主义独自完成的，存在主义是对人的身份焦虑与自我危机这种时代现象的一种回应，而这种回应对整个 20 世纪影响深远且具有代表意义，在文学方面也是一样。许多文学作品不一定受到存在主义思潮的直接影响，如意识流小说，但它们以接近生存论的方式表现了当代的精神危机。在面对这些人类共同问题时，同一时代的哲学与文学做出的回应中所蕴含的思想倾向是一致的。也就是由于这些原因使萨特、贝克特等人对几位意识流大师推崇备至，他们的意识流作品恰好符合存在主义的观念。

20世纪不是提供固定答案的世纪。19世纪的现实主义小说以其倾向性著称，这个世纪的小说非常注重小说的社会性，现实主义的经典之作广泛、自觉地参与了各种政治思想运动。而20世纪的小说则渐趋于和政治脱离，标榜其艺术的独立性，采用作者的立场影响读者不再是这一代小说的核心目的。

相对于《局外人》、《鼠疫》等名著，加缪的中篇小说《堕落》在早期没有引起人们足够的重视。但我们今天发现，《堕落》是一个经典的存在主义文本，而且从篇名、内容到叙事手法都受到基督教的强烈光照。《堕落》全文是克拉芒斯的第一人称讲述。克拉芒斯从前是辩护律师，现在却自称"法官—忏悔者"。他原先的律师职业使他"高踞于法官之上，该我来审判他们，高踞于被告之上，迫使他们认罪。任何审判都与我无涉，我不在法庭的舞台上。"[33]在巴黎的"伊甸园"中，他拥有财富、声誉与异性的爱，"法官惩罚，被告赎罪，而我，除去一切义务，既避免了审判，又避免了惩罚，自由地生活在一片伊甸之光中。"[34]克拉芒斯的"堕落"始于一次意外。一天深夜，他路过巴黎的大桥，一个女人落入水中，他听见她的呼救声，附近没有别人。"我想跑，却仍伫立不动……我心想应当快行动，我感到一种不可抗拒的软弱占据了我的全身。"[35]最后他离开了，没有将这件事告诉任何人。但是克拉芒斯从此以后不能再处于自足的状态中，他美好的自我形象破碎了，他发现了自己生命中的匮乏，从前的种种善行不过是"虚心佐我闪光。谦卑助我制胜，德行辅我压迫。我通过和平的手段进行战争，最后通过无私的手段获得了我觊觎的一切。"[36]美德不过是获得益处的手段，是欺骗自己与他人的伪装。一件德行关系到一个人的生命，但是在失去他人监督的状况下，克拉芒斯显示出了他缺乏行动的能力，一切的美德与自我辩护都在他人生命失去的这一刻被识破，他再也不能回避自己真实的存在状态。

33 《堕落》，加缪，郭宏安译，四川文艺出版社，1996，第344页。

34 同上。

35 同上，第356页。

36 同上，第363页。

加缪的名著《局外人》的主人公莫尔索面对法官的审判与罪行的指控，显得无动于衷，小说的叙事也一直在为他辩护，将他塑造成一位真实地面对自己内心的英雄。但是在《堕落》中，克拉芒斯成为一名忏悔者兼审判官，他在审判自己的基础上也宣告了所有其他人的罪，在他看来，这种匮乏是属于所有人的。加缪是一个人本主义者，克拉芒斯也不相信上帝，《堕落》深刻地表现了当代人"对罪的意识就成为虚弱和无力的来源。""只有罪。在没有拯救的精神世界中，罪成为一个绝对物"。[37]

在克拉芒斯的叙述中出现了耶稣的形象。他对耶稣之死做了另类的解读，他认为耶稣是因为受不了"无意的罪过"之重负而死，福音书中记载希律为了杀死要刚出生的耶稣，将所有伯利恒附近两岁以内的孩子杀死了。"谁会相信让别人死而自己不死不是一桩罪过！"[38]于是耶稣选择了十字架，克拉芒斯宣称，他因此爱耶稣，因为他承担罪责死去，不像他人一样逃脱罪责。克拉芒斯的耶稣形象是他自己内心的投射，因为正是他无力承担自己的罪责。

托马斯·汉纳在《卡缪的〈堕落〉的宗教意义》中写道："卡缪这一宗教关切是'深刻的'，这正是因为它勉力对付的不是宗教教义和实践，而是宗教由之产生的人之基本境遇。卡缪奋力对付的是基督教信仰由之兴起并且对之反响的永恒的人类问题。假定个人负罪和审判是不可避免的，那么人如何能超越罪过和审判而获得清白无罪的赐福？可以以更传统的方式提出问题：我的存在如何能获得正当的理由？"[39]……

在托尔斯泰的《伊凡·伊里奇之死》中，我们发现了类似的人对自我状态的觉醒。陀思妥耶夫斯基的《卡拉马佐夫兄弟》、《罪与罚》同样昭示了人在自身罪行面前无处遁形的自我审判。在这些作品中，人作为独立的个体似乎是偶然却又必然地触及了自身的存在，日常生活的根基遂动摇了，无论这种根基是理性、美德还是上帝。在这些文本的叙事逻辑中，没有人是无罪的，认为自己无罪不过是自欺，人的幸福是不稳固的。脆弱的良知，善的匮乏，恶的必然，这一切都暗示了这些文本的基督教渊源。

---

37 《加缪的〈堕落〉中的罪与忏悔主题》，钱翰，http://blog.sina.com.cn/s/blog_ 4ffc8eba0100dstz.html。

38 《堕落》，第37页。

39 《卡缪的〈堕落〉的宗教意义》，《宗教与当代西方文化》，第338页。

　　祁克果被誉为存在主义的先驱，他从存在论的角度创造性地重新解释基督教的原罪论，他将人体验到的"不安"、"绝望"与罪联系起来。他认为，传统基督教对原罪的理解存在偏差，原罪的基本范畴是不安，这种不安反映"生存论中的个人在独自面对着，自身充满了各种可能性的未来，醒悟到自我的自由时，内心所经历到的颤栗。"[40]在祁克果看来，绝望指人意识到无法把握自己，不安与绝望是个体的精神觉醒，人成为个体的人的重要过程。存在主义关注人的意志、欲望、情感心境等非理性的一面。在祁克果之后，海德格尔、萨特等存在主义思想家延续了对类似范畴的探索。这些概念范畴频繁出现，造成一种心理学的错觉，而且使存在主义的思想显得非常阴郁。事实上，存在主义并不限于揭示人心理的阴暗面，如"恐惧、焦虑、孤独、荒谬"等体验，"烦恼、彷徨、悔恨、无奈等心情……"[41]而是由于出现了"个体的人"与匿名的"我们"中的分离，才出现了一系列有关"个体"的感受。否则，这些附属于"个体"的感受因为缺乏体验的主体，是无以命名的。从某种意义上说，不能命名，也就不存在。只有作为"个体"，这些"非理性"的一面才能被发现和感受到。存在主义文学看似喜欢表现这些"负面"情绪与状态，因为这些所谓"负面"的部分能够突出存在主义力图传达的关于人的真相。

　　萨特的短篇小说《墙》是存在主义文学的代表作之一，其中描写了几个人面临即将到来的死刑时的场景，着重刻画了人面对死亡的非理性表现。尽管主人公竭力尝试用理性控制自己的恐惧，却发现"这并不是死的念头，也不是恐惧：这是无以名状的。我的两颊发烧，我感到头痛。"在严寒的冬天，"我"的身体反常地流汗。"它冒汗，它发抖，我不再认识它了。"[42]在这些描写中，精神的恐惧透过肉体反映出来，理性没有起到控制生理和心理的作用。在卡夫卡和陀思妥耶夫斯基的小说中，主导人物行动的主要是非理性：恐惧、情欲、贪婪、信仰、良心、悔恨、骄傲，等等。将存在主义心理化是庸俗的，这些小说中的心理词汇和心理表现往往背后隐藏着位格的意义。

　　由于存在主义注重描写人的存在状态，因此在这种小说中，对人物的当下个体经验的重视，代替了已往对人物性格特点的着力刻画。这种小说的人物塑造不追求塑造典型环境中的典型性格，而是着重处理人物不同的存在状

---

40　《个体的人——祁克果的基督教生存论思想》，孙毅，中国社会科学出版社，2004，
　　第128页。

41　同上。

42　《存在主义：从陀斯妥也夫斯基到沙特》，第237、245页。

况。由此带来的必然结果是小说中人物的性格特征淡化，性格也不再成为故事情节发展的主要推动力。小说中的人物由功能型向心理型转变，这使它看上去很像心理描写。但如上文所述，这种描写与弗洛伊德式的心理分析是有区别的，它来自存在主义对人的内向性的关注，这些看似心理描写的部分往往都属于对人的状态的现象学式的呈现。

而且，存在主义思想倾向强调个体的开放性和未完成性。这对小说创作的影响是，小说在结构上容易出现开放式结尾，尤其是关于人物的开放性结局，因为无论对人还是对世界，认识永远不会完结。

在这里，我们将以上这些存在主义对小说的影响统称为"存在化讲述"。这些影响在耶稣小说中也表现出来。如本节开始的表格所列，耶稣小说的叙事从以人物故事为中心转向以人物内心状态为中心。20 世纪上半叶至中期的作品有不少为了使情节生动，增加了具有传奇色彩的情节，如《大个子渔夫》（1948）描写阿拉伯公主法拉女扮男装，潜入犹太，发誓杀死自己的亲生父亲，却被耶稣的门徒彼得收留；她的情人千里追踪，恰好在路上救了罗马贵胄；这对恋人恰好都找到同一个犹太人求助，最终相逢等等。《死过的人》（1930）讲述耶稣邂逅希腊女祭司。《耶稣王》（1946）、《基督的最后诱惑》（1953）使用了大量神话情节。相比之下，20 世纪晚期的作品很少尝试加入非常具有戏剧性的情节（反福音书书写除外），而将注意力集中在描写人物细微的心理活动上。[43]随着叙事视角的转变，小说中的耶稣形象也经历了从功能型向心理型的转型。功能型人物往往是扁型人物，甚至是符号化的人物。存在主义对"当下"的人的关注也引导了 20 世纪下半叶西方思想中"伦理学转向"的出现。从全知视角向角色人称讲述转化，使耶稣形象在复杂的人际关系中呈现，增加了这个形象的伦理维度。上文提到，虽然角色讲述在小说中得到了广泛应用，但出现在耶稣小说中的高比例在同时期的作品中是罕见的。这种高比例的出现也与耶稣形象中原有的强烈的伦理维度密切相连。

福音书是以个人讲述的面貌出现的，通过对个体经验以及信念的强调，《圣经》的叙事传统给予了个体叙事真理性的地位。从这个意义上说，正是最近几十年存在主义等思潮的人论的影响，使耶稣小说的创作及其塑造的耶稣形象回归了福音书，即认可或意识到个体见证与处境化讲述的真理价值。

---

43 参考本书第二章：人子的"心路历程"；以及第四章：第三节"人子的自我建构与灵性探索"等章节。

# 第四章　个体的耶稣"言说"

我们在第一章曾经提到，耶稣形象是中世纪抽象人性论最坚固的堡垒，主要表现为耶稣形象的高度概念化，在随后的年代中，他曾经化身为道德伦理教师，或者属灵诗人，但耶稣形象过于概念化的问题未能得到全然的改观。在历史上，将耶稣"去概念化"的最大贡献由德国神学家们"寻找历史上的耶稣"的系列尝试作出。但"寻找历史上的耶稣"的成果在很大程度上只是在知识精英阶层中传播和被接受，同期的正统教会的教导中，不论是新教还是天主教的，都强烈排斥这些离经叛道的神学家们的阐述，仍然坚持自己较为传统的耶稣形象。"寻找历史上的耶稣"运动所得到的结论是，耶稣不过是人而已。但这种结论的批判性大于它的建设性。它有助于清除对耶稣乃至上帝的迷信，却不能给予人们一个新的美好的耶稣形象。不论这些神学家或者历史学家如何努力协调福音书中的神迹、耶稣宣称自己是神的宣告和作为人的耶稣之间的张力，可以肯定的是他们的耶稣不再有吸引人的独特魅力。而福音书中的耶稣却在继续感动着人们，信徒仍然相信他们的救世主，信仰和理性分离在各自的领域留下不同的概念化的耶稣。19 世纪中叶，勒南的《耶稣的一生》受到广泛欢迎，充分暴露了传统耶稣形象在普通民众中的危机，也说明了启蒙思想在事实上已经渗透到普通的受教育阶层之中。但是勒南的耶稣，和狄更斯的耶稣一样，带着 19 世纪人道主义的所有特征和缺陷，是理想主义的性善论者的想象。他为耶稣添加的感伤的浪漫主义气质，满足了人们在信仰上的情感需求。这种缺乏伦理维度的耶稣形象，显然不能满足深深体会到人的灾难的当代人的需要。

这就是 20 世纪耶稣小说的起点。较之于此前冠以神学或者历史学的耶稣形象，耶稣小说出现自身已经是一个记号，即耶稣形象从概念化的神坛上走下，走向多元化、个体化和生存在。小说塑造的人物形象越能够突破概念化，就越有生命力，这使耶稣小说天然就具有去概念化的优势。但纵或如此，20 世纪的耶稣小说仍然经历了一个漫长的告别形而上学的过程。这个过程最鲜明地体现在许多希图重塑救世主形象的耶稣小说之中。

# 第一节　救世主耶稣

## 一、有限的更新

救世主（Savior）是耶稣形象传统中的代表形象，《罗马书》记载"因为世人都犯了罪，亏缺了神的荣耀；如今却蒙神的恩典，因基督耶稣的救赎，就白白地称义。"[1]在《圣经》中，一般用基督（Christ）或弥赛亚（Messiah）指称救世主耶稣形象。这是基督教最主要的耶稣形象。从福音书作者到今天的基督教会，都以耶稣是救世主为信仰的核心信息。在 20 世纪的耶稣小说中，这个形象出现的比例非常之高，如《子的福音》、《大个子渔夫》、《我，犹大》、《流浪的犹太人》、《加利利人的影子》、《巴拉巴》、《各各他山上的贼》等小说中的耶稣形象，均可归入此列。

救世主的耶稣形象，一言以蔽之，就是完全在传统宗教范围内的耶稣形象，这鲜明地表现在其内容的选择上：耶稣的言行全部来自福音书，虽然也增添一些福音书中没有的情节，但增加的内容基本不涉及耶稣本人，主要围绕与耶稣同时代的一些人，如门徒彼得、政治人物彼拉多等。典型的如《大个子渔夫》、《子的福音书》、《本丢·彼拉多——一部传记小说》、《加利利人的影子》等。其中最为明显的是《子的福音书》，从耶稣的角度重新讲了一遍福音书，几乎重述了正典福音书的所有情节，甚至包括耶稣出生之前的！我们下面以 40 年代在美国较为出名的《大个子渔夫》中的一个场景为例，分析这种耶稣形象的特点。

如《大个子渔夫》中的一个场景：约翰在向西门等众渔夫讲述他前一天目睹耶稣行神迹。

---

1　《圣经·新约》，罗马书 3：23-24。

　　大家都明显在偷听。西门发现了这一点，他咧开嘴笑了。"最好说出来，琼尼（约翰的昵称）。挺有意思的！——我们在说那个木匠，孩子们。琼尼昨天去看他来着。说吧，琼尼。告诉我们是怎么回事。"

　　大家都很高兴参加谈话。他们收起锥子。一些人把胳膊支在肘上，托住腮帮子。甚至那个疲惫的年轻流浪人听说一个木匠居然令大家感到惊讶，也露出些许兴趣。约翰不愿意开始，他仔细地研究自己纤细的黝黑手指，好像从没见过它们似的，舔舔他干燥的嘴唇。

　　西门说话打破了这场尴尬的停顿，"昨天我放约翰假去乡下看看什么事儿这么闹腾。什么怪说法都有，该有人讲讲真相了。"

　　"就是！"西庇太叫道，"还说他把水变成了酒，就在迦拿那儿！可你找不着一个人能站在那里说，他亲眼看见这事了。总是谁的内弟的表哥看见了——还住在撒玛利亚的什么地方。"

　　彼得转过头来，皱着眉看西庇太："西庇太，如果你只有这么点可说的，就给你儿子个机会。"

　　约翰再也不能躲了，他只好说了，他举起手，开始讲他奇怪的故事。

　　"听说他已经离开迦拿，朝这边来了，我就过去，希望能碰见他。我在小山上遇见他被一大群人围着。很多人是跟着他从迦拿过来，其他人明显是一路上加进来的。"

　　"他长什么样子？"雅各打断他。

　　"我到的时候已经快傍晚了，"约翰继续说，用一个简单的手势表示他待会儿回答他兄弟的问题，"我试着问这边上的人，但是他们没留意。他们全部紧紧地挤在一起，往他那儿挤，弄得他没地儿站。我觉得这样很鲁莽，但一会儿就发现我也和他们一样。"他回想着暂停下来，摇摇头，喃喃道，"一切都怪极了。"

　　西门不耐烦地来回走。

　　"继续说呀，琼尼！那家伙说了些啥？"

　　"他称不上是个大块头，"约翰继续说，看了看他兄弟，"西门至少高他6英寸。"

　　大个子渔夫伸直他的肩膀，更得意地听。

　　"但也不是说他很柔弱，"约翰补充道，"他的皮肤比我们白很多，虽然他头上什么也没戴，太阳能直接晒到他。他看上去很温暖——也很累。他的棕色头发是卷的，汗水在前额也贴了些小发圈，这让他的脸显得很柔和，要不是有短胡子，几乎有些孩子气。就是有胡子他看上去也比说话的时候小。他的眼睛……"

　　约翰突然停在这儿，摸着旧渔网，他的听众安静地等着。他深深叹了口气。……[2]

然后约翰就开始描述耶稣说话时的样子，没有再提到耶稣的眼睛。

这段场景采用的描写方法是典型的19世纪全知视角小说的写作方法，而且运用得非常纯熟。这种写作手法的特点是突出人物的性格，注重情节，擅于描写场景。这是小说中第一次正面表现西门等人。在这个不长的场景中，作者刻意通过对话和神态描写提供许多关于人物的信息。如西门彼得的性格，毫不畏神，乐于嘲笑宗教这类"不切实际"的东西以显示自己，在事业上很成功，拥有好几艘渔船，是一个洋洋自得、鲁莽骄傲的粗人。他喜欢发号施令，手下人对他都有几分畏惧。在这段文字中他带着找乐子，随时准备伺机讥讽的心情催促约翰，当面叫西庇太（尽管是他的长辈）闭嘴，甚至听说耶稣比自己矮不少就得意起来……种种细节使他第一次出场性格就"栩栩如生"。

又比如讲述者约翰，作为第一个主动去见耶稣的门徒，他怀着期待的心情、主动请假去见耶稣。他几次推脱，是因为耶稣显然深深触动他的内心，他不愿意将内心如此深切的感动当众表达出来，更不愿让西门嘲笑这件事。根据《新约》福音书记载，彼得、约翰、雅各都是渔夫，约翰、雅各都是西庇太的儿子。约翰相传是《约翰福音》中记载的耶稣"所爱的门徒"，是耶稣在十字架上托付母亲的人。传统认为约翰是门徒中最注重灵性追求的一个人，约翰往往被塑造成一个敏感、内向、羞涩、执着追求信仰的年轻人，这里也接续了这个传统。

不仅西门、约翰这样的主要人物的性格在第一次出场就有了清晰的轮廓，甚至一个非常次要的人物，即西庇太，我们还能从他的一句插话中一瞥他的性格，一个地位低下但还不忘找机会炫耀一下自己同时奉承雇主的老渔夫。

---

2　*The Big Fisherman*, Lloyd Douglas, London: Reprinted Society, 1949, p..117-118.

　　此外，作者也不忘刻画几笔渔夫的日常生活：渔网、锥子，着意为这场对话提供一幅加利利海边修补渔网的渔夫们的日常生活场景，并交代这群人彼此之间的亲属与等级关系。西庇太的父亲身份是通过彼得的话暗示的："你儿子"，通过雅各说话之后，约翰"待会儿回答他兄弟的问题"，交代他们的兄弟关系。以及根据西门对众渔夫的态度，和众人听见他说"我们在谈那个木匠、孩子们"就歇下手中的活，暗示了西门的雇主身份。这其中，除了西门的雇主身份，也都是符合福音书记载的。

　　在这一段文字中，我们发现，作者不仅尽可能提供更多人物信息，而且成功地将一次讲述行为情节化了。主要情节只是约翰讲述他看见的耶稣，但作者在约翰的讲述中插入了西庇太、雅各、西门的话，在一篇有可能是长篇独白的文字中夹杂了人物的对话、动作、神态。在这一段全知视角的描写中，人物的表情、姿态、背景都很完整，没有模糊的动机，没有令人费解的言行。为了使人物的性格特征鲜明，每一个姿态，每一句话都清晰地指向人物的性格特点，一切都清晰明朗，但同时，在这个熟练运用 19 世纪全知视角小说的写作方法的场景中，我们也看见了某种源于这种小说特征的僵化，比如，在这些看似热闹的对话中，一些矛盾冲突是作者刻意营造的，如西门的催促与约翰的延迟，又如西门对宗教的敌意。为何说这些传统是作者刻意营造的呢？是因为这些"矛盾冲突"在后面没有得到进一步交代，它们没有进一步发展、激化，而是突然之间消失于无形，甚至没有解释消失的原因。这使得此处它们的存在缺乏合理性。而它们之所以完全、突然地消失，是因为他们遇见并跟随了耶稣。

　　这也是耶稣在小说中第一次"出场"，在这段描述中，一切都符合某种"正确性"。耶稣虽然是通过约翰的间接描绘呈现，但还是像 19 世纪经典的现实主义小说中一切重要人物出现时一样，进行了一番细致的外貌描写。这些外貌描写非常突出他的性格与身份特征，而我们可以轻易地解读出作者如此描写所依据的潜在"正确性"规则：他不很高大——因为耶稣不需要西门一样凭借个头之类外在优势显示他的强大；他也不柔弱——救世主当然也不可能看上去很柔弱；他的皮肤比渔夫白——耶稣原来的身份是木匠，所以肤色应该比天天打鱼晒网的渔夫白；他的汗水湿了头发——耶稣为了完成救赎的使命不辞辛劳；他的头发是棕色的、卷曲的——犹太人的特征（这一处很有意思，因为约翰、西门等人都是犹太人，他似乎不应该注意到这一犹太人的共同基本特征，这个特征仅对《大个子渔夫》的美国读者是异质的）；他很温暖、柔和，甚至有点孩子气——一位爱的使者，具有亲和力、易于接近……这里的所有外表描绘都指向耶稣的灵性身份：一位仁慈善良、充满灵性魅力的救世主。甚至包括约翰刻意跳过了对耶稣的眼睛的描写，其中也透露出了有关救世主的信息：约翰的灵性敏感，所以他立刻被耶稣的神采所吸引，他不能描述耶稣的眼睛。因为眼睛是人心灵的窗户，谁能描述救世主的眼睛呢？谁能在他的瞩目下不低头呢？他的眼睛是如此直视人的心底，揭示人内心的隐情！

这是描写救世主耶稣形象的典型视角，即改成了从门徒或其他人的角度的侧面描写耶稣，但给出的仍是一个中规中矩的救世主形象。

在这里，我们还需要提醒读者，那就是，这个耶稣首次出场的场景出现在英文原版 110 多页的地方，全书进行到 1/5 时。那此前 100 余页讲的是什么呢？有趣的是，既不是耶稣的故事，也不是小说的书名主人公"大个子渔夫"西门的故事，而是一位圣经中没有出现的异国公主的故事。这是《大个子渔夫》中的另一条线索，希律王抛弃了妻子邻国阿拉伯公主，他们的女儿公主法拉（就是这段场景中出现的"那个疲惫的年轻流浪人"）成年后乔装打扮，潜回犹太地，计划杀死她的父亲，为母亲复仇。她与这群后来成为耶稣门徒的渔夫相遇，西门收留了她，这时，这个场景才出现，见过耶稣的约翰在西门等人的催促下讲述他昨天看见的耶稣。法拉父母的故事是历史上的真实事件，但法拉的复仇显然是作者的杜撰。从这里开始，门徒眼中的耶稣成为了小说的主线，但是法拉的线索仍然不时地冒出来，比如情人千里追踪法拉，在路上从强盗的手里救了罗马帝国的贵胄，以及因此参与了罗马上层社会相关的一系列事件；这对恋人恰好都找到同一个犹太人求助，最终相逢等等。也就是说，在"大个子渔夫"的故事中添加了的公主遭到始乱终弃的历史悲剧，乔装打扮企图弑父的复仇故事，路见不平拔刀相助的侠义故事，以及情人在异地奇迹般相遇的爱情故事。而后面所有这些故事都是经典的传奇，情节跌宕起伏、悬念丛生、充满威胁与机遇。但是，法拉的复仇计划，和西门对宗教的敌意一样，都在遇见耶稣之后都突兀地结束了，小说中没有从他们个人的角度交代扭转的原因。如果说小说给出了一个答案，那就是，文本潜在地暗示遇见耶稣这一事件本身就足以解释他们的改变。

《大个子渔夫》试图通过将耶稣时代的生活以当代人熟悉的方式重现，使当代人和耶稣拉近距离，但是在他的笔下，耶稣最大的特征是一位极具个人魅力的精神领袖。看见了他，法拉就不由自主地放下了自小萦绕的刻骨仇恨。法拉的家庭悲剧和她的情侣的历险均无疾而终，这使小说浓墨一度重彩添加的支线情节成为小说中的噱头，一个惊险故事的虚假承诺，未能与小说中的耶稣故事整合在一起。而之所以添加了这样的"历史"情节，显然是因为，似乎耶稣的故事不具有类似的情节吸引力。

《大个子渔夫》将耶稣的吸引力描写为一种无名的魔法。小说写到，十二门徒之一安德鲁原本对耶稣没有丝毫兴趣，但是"当一天晚上，西门带耶稣回家吃饭住宿，安德鲁意识到他们正站在一种新人面前。虽然安德鲁从没到过比离家一天路程更远的地方，也不知道外地人谈话的内容，当他坐在木匠桌子对面时，他却确信，世人再无一人像他。"[3]耶稣实在不可思议。他能使喜好嘲弄宗教的西门瞬间对信仰的态度转变了 180 度，安德烈的狭隘见识丝毫也没有阻挡他认识耶稣的独一无二性。耶稣的这种魔力是什么，作者没有说，但这是一种使西门与安德烈的个性特征、社会身份和文学修养都不复存在的力量。在伟大的救世主面前，个体遇见他之后，就消失了，只剩下符号化的门徒。《大个子渔夫》写道，当耶稣复活向门徒显现，再次离去之后，被称为彼得的西门刹那间转变了："彼得第一个站起来。他们都站起来，聚在他身旁，他们询问的眼睛盯住他严肃的脸。他们没有需要问谁已经被确立为领袖。彼得突然成熟了。他讲话时洪亮的嗓音中带着权威，里面没有骄傲或傲慢的痕迹，事实上还带有曾经让主（Master）的声音与众不同的温柔与怜悯。"[4]

毫无疑问，《大个子渔夫》将福音书中的耶稣简单化了。耶稣在福音书中并不是一个人见人爱的"克里斯玛"（charisma）领袖。否则，他就不会被众人处死。自出道起，他就生活在重重质疑之中，亲人以为他疯了，家乡的人不相信他，格拉森人驱赶他，法利赛人嫉恨他，还有无数的人拒绝了他。《大个子渔夫》将他描写成极具感染力的伟大领袖，却又说不清这种感染力的来源，使这位救世主显得超凡脱俗而苍白。《大个子渔夫》以当代美国人为写作对象，尝试用通俗的当代语言和广为人们接受的小说技巧提供一个更加亲近的耶稣形象，最后表现出的不过是一种贫乏的信仰。

耶稣小说重新塑造救世主的努力从未停止，在 20 世纪末乃至 21 世纪初，在这类小说中出现了一种新的变体，以《加利利人的影子》和 D. S. Literas 的

---

3　*The Big Fisherman*, p.289. 着重号为笔者所加。

4　Ibid., p.441.

三部曲《各各他山上的贼人》、《约翰的沉默》、《外邦人犹大》为典型。这些
"重写耶稣"小说从某种意义上不再尝试"重写"耶稣，而是完全将笔墨集
中在耶稣身边的人身上，在这些作品中，耶稣很少正式出场，就如"加利利
人的影子"这个标题一般，是作者描写加利利地上风物人情背后暗藏的剪影。
相对于半个世纪之前的《大个子渔夫》，这些小说在刻画耶稣身边的人方面有
了许多改变，如《各各他山上的贼》假想了挂在耶稣身边的十字架上的两个
贼的最后一夜，大量的笔墨用于描绘他们的恐惧和挣扎，又如《加利利人的
影子》，虚构了一个名叫安德鲁的年轻人，他生活在耶稣同时代的犹大地区，
小说完全采用他的限知视角讲述而成。小说的开头是这样：

> 单人牢房很黑，刚才人们还恐慌地聚在我们周围。现在只有我
> 一个人。我的头一阵阵发疼。我的四肢疼痛。士兵原先看上去没有
> 危险；他们也加入了游行，和人们一起大喊大叫。谁也没猜到他们
> 是被安置在里面的，直到他们亮出藏匿的棍棒开始打人。我们大多
> 数人都跑了。一些人在冲突中被踩死。其他人被士兵打倒在地。

> 我没有理由逃跑。毕竟，我只是和提门、马尔库斯一起，刚好
> 在那里。我对游行不感兴趣。我只对巴拉巴感兴趣，我看见他在游
> 行队伍里。当骚动爆发，一切都在刹那间变成哭叫、殴打、口哨声
> 和踢打时，我正在尝试接近他。等到我明白过来，我已经被逮捕了。
> 提门也是，我想知道马尔库斯逃脱了没有？

> 就这样，现在我蜷缩在黑暗中，感到身上很疼。但不仅仅是淤
> 伤和镣铐让我疼痛。还有什么让我的四肢失灵了。是暴力带来的羞
> 辱感，还有可能即将无望地面对更多羞辱的恐惧。[5]

接下来是一场针对安德鲁的审讯。在安德鲁的这一段讲述中，他交插讲
述了自己的当下处境与被捕过程。这一段叙事夹杂着安德鲁身处牢狱的感受
以及对刚发生的事情的回忆。他感到黑、孤单、疼痛，经历暴乱后不宁的心
绪，强烈感到自己无辜（只是偶然进入游行队伍），遭受暴力的羞辱感，以及
对接下来发生的事的恐惧。作者尤其细致地写到安德鲁感到自己四肢失灵
了，这疼痛不是来自伤口和镣铐，而是还有些什么，随后他发现原来是羞辱
与恐惧感。作者描写了他的自我发现的过程。与前面《大个子渔夫》的引文

---

5  *The Shadow of the Galilean: The quest of the historical Jesus in narrative form*, Gerd
Theissen, John Bowden trans., Philadelphia: Fortress Press, 1988, p.1.

相比，这一段描写将情节心理化了，提供人事信息比较少，交代心理状态较多，显然受到了 20 世纪以来小说"存在化讲述"的影响，尝试表现人物的内在性。

在接下来的部分，安德鲁继续讲述他接受信仰时面临的个体危机。他对自己作为罗马密探的犹太人这一身份倍感焦虑。他仔细地斟酌给彼拉多报告中的用词，希望不至于背叛犹太人，又不说谎以免自己的用心被识破。他向彼拉多建议释放巴拿巴和耶稣，结果彼拉多采纳了他一半建议，释放了其中一人。安德鲁深感到命运的背谬与戏弄，无法原谅自己，最后他在仆人的帮助下选择了信仰耶稣，从懊悔中得以救赎。相比之下，《大个子渔夫》中法拉、西门面对的问题就"古典"很多。法拉为母亲的荣誉复仇。西门原来对宗教的敌意没有理由，他后来拜访和跟随耶稣，除了无名的被吸引之外，同样没有任何具体的理由。我们没有看见他在自身的存在中与耶稣相遇。他跟随耶稣之后唯一"个性"之处在于：他希望向耶稣炫耀自己拥有的船只。

除了《子的福音》，这类耶稣小说大多采用文体分用原则。《流浪的犹太人》是其中的典型代表，这部小说在描写耶稣时采用全知视角，其他部分则以流浪的犹太人的口吻写成。这类小说的其他人物，尤其是小说的叙事角色，可能接近"存在化"讲述，但小说回避进入耶稣的内心。耶稣的形象在文中仍是功能型的，不是心理型的，是概念化的，他只是治病、教导、赴死、复活，一丝不苟地执行救世主的功能，结果使与他相遇的人也成为非个体的人，成为了一个符号。即使在最近的几部小说中，如 D. S. Literas 的《各各他山上的贼人》（1998），也是现代人遇见古典耶稣的故事。

虽然塑造救世主形象的小说也在时代的影响下试图更新、调整自己，但是我们可以看见这种更新的限度，"正确性"的要求使这种耶稣形象完全不能突破原来的桎梏，也没能够回应信仰在这个时代面临的深层危机。救世主耶稣的神学价值有限，导致它的形象僵化，文学价值也有限。

## 二、《子的福音》与神性抛弃说

如果说在 20 世纪，救世主耶稣形象已经不再起任何作用，显然事实并非如此。即使在 21 世纪，全球基督徒人数仍超过 20 亿，基督教仍是第一大宗教。但是耶稣小说中的救世主耶稣形象是否为我们提供了新的价值意义，则是另外一个问题。好的文学作品反映当代，指向未来。重写救世主耶稣的小说实际上写的是"遇见耶稣"的故事，它希望指导当代人重建信仰经验。但20世纪的信仰是如此疑虑重重，处于理性、功利主义和经验唯我论的层层夹缝之中。人们已经不再相信圣徒们毫无怀疑的故事，因为人的形象不再和谐圆满，而是破碎不堪。

在所有尝试重塑救世主形象的耶稣小说中，唯有诺曼·梅勒的小说《子的福音》大胆地采用了正面描述，而且是采用耶稣第一人称叙事。这部小说面世时大卖，因为作者的知名度和重写耶稣这一热门题材，但遭到了评论界的猛烈批评。整体而言，这些批评的矛头还是指向《子的福音》过低的文学价值。

在表现形式上，《子的福音》除了采取独一无二的耶稣第一人称叙事之外，几乎没有其他可称道之处。在表现内容上，这部小说重述了福音书中耶稣的生平，从父母结合直到复活，很少添加其他内容，就好像一部对福音书的扩写。全书平铺直叙，没有任何吸引人之处，尽管耶稣在讲述自己的故事，他的形象却意外地模糊不清。对于以传道为目的的两千年前写成的福音书，文学欣赏的价值不高是可以原谅的，但作为一位当代著名作家的小说，这些缺点就显得不可忍受。除了《子的福音》，其他所有重写耶稣的小说都增设了新人物或新情节，《子的福音》的保守性由此可见一斑。

《子的福音》的耶稣第一人称讲述遭到了攻击，有人以《只有梅勒的自我膨胀到使用基督的第一人称》[6]为题讽刺梅勒。这不仅是因为《子的福音》触犯了宗教禁忌。不少耶稣小说通过描绘耶稣的心理活动，成功地使耶稣的形象从功能型转向心理型，也使这个形象更加生动、具体。耶稣的第一人称讲述原本应该是一种"存在化讲述"，按理最适合表现耶稣的内心，使他的人性变得丰满。但是《子的福音》却没有造成这样的效果，我们来看文中的片段。

> 依靠这些手艺，我生活地很平静。但是世上没有长久脱离干扰的宁静。即使约瑟最后的日子里，我已经开始梦见耶路撒冷的圣殿，我怀疑自己学习如何在金子、银子中间计算已经太晚了。我还可能在圣坛工作的想法浮现了，但我不相信它们，因为它们让我充满令人窒息的贪欲；我不得不怀疑一个谦卑的人和金子一起工作是不是

6 "Only Mailer's ego is big enough to tell first-person story of Christ", Nicholas Basbanes, Telegram &Gazette. Worcester, Mass.: May 11,1997, p.5.

明智。同样，我准备好了。为什么而准备，我不知道。我觉得好像我的身体里包含着另一个人。[7]

以及耶稣来到施洗约翰面前忏悔的片段：

我感到与他如此接近，于是立刻忏悔我的罪——我从没有对另一个人这样做过。我会觉得这是小看我作为一个人的骄傲。（因为我的罪太小了。）我已经是一个熟练的 30 岁的木匠，但在这样一个庄重的人面前我感到自己很年轻，卑微，也太天真。我搜寻自己的罪，只想起来我曾经不尊敬母亲，还有那些与贪念竞争的夜晚。也许还有论断他人的不友好行为。[8]

这些心理活动不直接来自福音书，是作者添加的。乍看上去这位耶稣非常符合传统：他没有罪，没有太多人的欲望，他所做的一切只是服从上帝对他或明或暗的指示，这与古典基督论中耶稣的人性服从神性是一致的。但这位耶稣很明显不拥有上帝的全知、全在等形而上属性，他开始不知道自己是神，他对自己来到世上的使命是逐渐明白的，这正是神性抛弃说（kenosis，又译虚己说）的核心内容。

神性抛弃说是历史上神学为了解释耶稣基督的神人二性关系提出的一种学说。如前所述，卡尔西顿会议决议及其随后几届大会的决议遗留下来一些关于基督论的问题，包括：

1、耶稣如果具备完全的神性，为何福音书中多次表示他对某些事无知？他是否具备神性中的全知、全能、全在等属性？

2、耶稣的人性完全从属于神性之下，缺乏一般意义上人性拥有的积极主动性，这种缺乏主动性的人性是否可称为完全的？

3、过于强调神人两种属性的独立与区别，将一些部分归入神性、将另一些部分归入人性，使耶稣似乎成为一个半人半神的怪物。

为了解决以上问题。历代基督教思想家提出了一些解决的方法，比如"属性互通"（Communication Idiomatum）与"神性抛弃说"。

早期"属性互通"教义认为，基督只具有一个位格，他的行为是一个位格的行为，两种属性都不独立于单一位格之外，能够互通；但它假设只有神

---

7 *The Gospel According to the Son*, Norman Mailer, New York: Random House, 1997, p.26.
8 Ibid., p.33.

性的特征与能力加诸于人性，反过来，人性不能作用于神性，因为神性不改变，是完美的。在二性中，神性更高，是主动的一方，人性较低，是顺服的一方。经院哲学坚持，"属性互通"必须是在位格中的，不可能有"抽象的属性互通"，只有在具体事例中才存在属性互通。这一立场直到今天还发人深省，20 世纪的神学较 19 世纪神学更强调人与神之间的位格关系。路德宗的神学家后来在三个方面发展了属性互通的教义：特殊类（Genus Idiomaticum）、结果类（Genus Apotelesmaticum）和至尊类（Genus Majestaticum）[9]

路德宗的箴言是："基督里的人性能够承受神性"，并反对"有限者不能变成为无限者"的说法。[10] "在基督内二性并不是单独地存在着；它们也并非单独地去做属于其本身的事……在基督内每一性都是在与另一性的共融中从事其本身所特有的活动。"[11] "……基督所受的折磨、打击、侮辱、身体的挨打和被扎、痛苦的感情、悲哀、他所遭受的忧伤和焦虑以及最后被治死。所有这些事不会降临到其神性本身。但所有'受难'的事也不会只留给人性。因为侮辱，例如'如果你是上帝的儿子'（太 27：20），'恭喜，王啊！'（太 27：29）都不仅亵渎基督的人性，而且尤为亵渎其神性。"[12]

但路德宗神学家仍然认为，"任何东西都无法加入神性中，因为就神性本身而言是完美无缺的。在这位格中，基督的人性保留着它自己的基本属性。但随着与神位格上的合一，人性接受了许多超出其本身属性的奇妙的至高权力。"[13]路德宗对"属性互通"的发展主要是进一步具体化二重属性的"互通"。"……基督人性特性的事是要与其神性的共融中去实施的。基督在其人性中受难并受死就发生在与其神性的共融中；但这并不导致其神性本身受难和受死。因为这些只是人性所具有的特性。但神性本身与受难的人性同在，且愿意这人性去受难。神性并不去摆脱这些苦难，它应许人性去受难和受死，并加强和支持人性，致使人性能承受整个世界的罪孽和上帝忿怒的极重担子"。[14] "……神性力量本身是藉着顺服的、受苦的人性去工作的，因此救赎获得了

---

9 《基督的二性》，马丁·开姆尼茨，段琦译，译林出版社，1996。

10 *Christian Theology,* H. Orton Wiley, Volume 2, Kansas City: Beacon Hill Press, 1940, p. 217.

11 《基督的二性》，第 54-55 页。

12 同上，第 65 页。

13 同上，第 55 页。

14 同上，第 71 页。

成功。"……道的神性并没有因位格上与肉体的合一而丧失任何一点。它也没有接受任何比其从永生中来已具有的更多东西。这神性绝不可能被提升到更高，或者说被举得更高。"[15] ……基督必须既是人又是上帝；永恒的救赎必须靠二性的工作实现。"[16]

属性互通在路德宗内部逐渐发展成论战，17 世纪早期德国兴起了吉森学派与图宾根学派：前者提出"神性抛弃说"（Kenosis）[17]，认为基督在地上拥有所有神性（如全知、全能、全在），但他自愿倒空一部分神性；后者则认为他只是隐藏了这些属性，拥有它们而未使用。这些讨论的意义都在于强调耶稣的神人二性的联合是整个逻各斯与整个肉身。

19 世纪早期，神性抛弃说得到进一步发展，出现了四种不同的神性抛弃说：1）绝对二元论；2）绝对型态论；3）绝对半型态论；4）真实但相对论。现代的"神性抛弃说"一方面来自 18 世纪以来理性主义对经院式、信仰告白式基督论的反动，另一方面也受到了人文主义思潮与泛神论的影响。

早期教父们曾经提出："神人二性既然是有某种实体性（Substantial）的结合，它们各自的属性亦需被理解为是可能畅通无阻地混合交流的。而且属性的交流，从分量的角度而言，是按需要而定。"[18]当耶稣要行神迹时，他便会"支取"多一些神的属性。但是，由于早期教会从整体而言无法接受上帝受苦的命题，所以，当耶稣面对受难过程的痛苦时，他的神性与人性只能分离，无法构成"互通"。无论"属性互通"还是"神性抛弃说"，都从根本上不能解决这个问题。正如当代神学家莫尔特曼所说，十字架是道成肉身的核心事件，在这个核心事件中耶稣神性不在场，使道成肉身和二重属性说显得不够彻底。

"神性抛弃说"不仅能够解决福音书中的耶稣有所不知的问题，而且，"在道成肉身的过程中，基督放弃了全知、全能及无所不在等形而上的神圣属性，但却保留了全善、怜爱及圣洁等道德性的神圣属性。"本来，耶稣"倒空"了一部分神圣属性的解释应该能够使耶稣的人性显得较为真实。因此，有的学者甚至认为，"神性抛弃说"是当代基督论的必然潮流。但梅勒的耶稣形象的

15 同上，第 80-83 页。
16 同上，第 77 页。
17 《圣经·新约》，腓利比书 2：6-8。
18 《基督教神学思想史》，第 147 页。

根本问题在于其薄弱的人性，这是一种完全没有欲念和冲动，完全顺服上帝旨意的人性。在梅勒的耶稣这里，连爱与怜悯这些最"人性"的耶稣的特征都不明显。梅勒的第一人称讲述同时还取消了耶稣形象中的全部神秘性。基督论的核心是神人二性分别，单一位格完整。关于神人二性怎样在同一位格上共存，彼此之间的关系如何向来是神学上的难题，也是基督教神学上著名的吊诡（Paradox）。从某种意义说，类似这种理性不能解释的吊诡存在，也和信仰要求的超越维度相符，表明了信仰超越人的理性乃至人本身。因此，耶稣、上帝作为信仰的对象，是人的理解不能完全达到的。通过类似的神秘问题，宗教为自己保留了理性之上的地盘。

而梅勒的耶稣形象恰恰是在取消这个重要的神学问题的同时，也破坏了其神秘性，导致这个形象一方面无法为正统教会所接受，另一方面由于脱离时代，很难引起读者的共鸣。因为在今天，"神性抛弃说"意味着在人性中发现神性，注重二性的合一。《子的福音》中的耶稣形象轻而易举地取消了至关重要的神学问题，在处理这个古老形象时显得过于随意，尤其重要的是，在耶稣的"自我意识"中，不论上帝还是他者都不重要，耶稣作为一种"亦神亦人"的存在，陌生而缺乏说服力。类似的情况在救世主形象中十分常见。这些形象在文学上的失败往往也联系着神学上的失策，因为它们同样没能迅速回应时代的关于人的尖锐问题。

## 三、告别形而上学

"存在化讲述"的耶稣意味着形而上学基督论的落幕。无法重塑救世主耶稣形象，意味着符号化、概念化的耶稣形象越来越失去魅力，脱离时代。

在20世纪60年代末，齐奥克斯基曾说，耶稣的"虚拟传记"不值得关注，因为这些小说没有满足时代的文学要求。朗格霍斯特也认为，当时重写耶稣的小说不仅没有满足时代的文学需要，也未能满足时代的神学需求。朗格霍斯特认为造成这种状况的原因是：首先，随着60年代以来的多元化发展，在文学方面，全知叙事的单一角度（这几乎囊括了之前所有耶稣小说），清晰明确的文本信息逐渐显得过时；其次，在基督教方面，自70年代起，现代圣经学者的观点越来越被教会领袖接受，教会人数增加；高等批判学带着偏见斥责《圣经》，大胆地重构"真实"历史，在神学上都不再构成挑战。[19]朗格

---

19 *The Rediscovery of Jesus as a Literary Figure*, p.97.

霍斯特的批评仅针对 50 年代的部分耶稣小说，如《耶稣王》、《本丢·彼拉多》，才是准确的。这些小说的共同点是，根据当时考古学的发现，认为历史上根本没有耶稣这个人，唯一真实的历史是公元 1 世纪时犹太地区确实兴起了一群相信耶稣基督的人，这也是唯一需要解释的事件，这样，耶稣就变为"失史求似"的"虚拟"人物，耶稣形象失去了丰富的能指与所指。对历史与神学的粗糙处理不仅使文本缺乏对时代问题的回应，也几乎完全丧失了神学价值。

20 世纪小说中出现的传统耶稣形象总体而言是沉闷的。描绘救世主形象的小说虽然在叙事视角与叙事方法上略有调整，这些耶稣形象明显缺乏深度，文学上成就有限，齐奥克斯基对它们的评价是适用的。在神学上，其失败的原因不仅仅由于"带着偏见的斥责，对历史事件缺乏任何批判的观点，在神学上不再构成挑战"，而是因为过度依附传统，没有从传统中发现新的内容解决当下的问题，这不仅束缚了人物形象的创新，也使他们的问题意识与时代是隔膜的，在神学上同样缺乏挑战。

救世主耶稣的形象仍带有唯灵论的印迹。由于唯灵论在中世纪盛行，所以很容易将它和基督教联系起来，让我们以为基督教和唯灵论是不可分割的。但唯灵论其实是信仰衰退的一种表现。过度神秘化就和寓意释经法一样，善于搭建复杂的空中楼阁，过度神秘与现实生活的实践脱节，基督教的活力来源于个体的实践，而不是理论的幻想。这种耶稣形象依赖唯灵论才能够存在，也说明了救世主形象在神学上的陈旧。

救世主形象的另一个问题是将耶稣紧紧地局限在宗教范畴之内。将耶稣形象归入宗教范畴是近代才出现的现象。在此之前一千多年间，耶稣作为逻各斯，是哲学中至高之道的化身，作为万王之王，是世间所有权力的赋予者，他关系到人的永生，也关系到社会的政治、经济、文化等各个层面。耶稣形象虽然拥有许多宗教内涵，但不是纯粹的宗教形象。救世主形象一举手一投足都指向宗教上的意义，这距现代人的世俗化生活环境非常遥远。救世主形象局限于宗教范畴之内，无法与现代人的真实处境联系起来。结果这些形象总体而言显得比较空洞。

耶稣的救世主形象一方面不能突破传统，在材料与立场上都受到很大限制，另一方面，传统的耶稣形象的涵义其实非常丰富，塑造救世主形象的小说为了保证"神学正确性"，往往试图将各种涵义都表现出来，结果对各个方面都点到即止，缺乏深入，失去了想象的空间。所以，虽然在叙事方法上有一定改变，但耶稣的形象仍然缺乏生命力，这样的形象无法满足已经更新了看待世界、人生的看法的当代读者的需要。

《子的福音》在20世纪末（1997年）描写一个过于传统的耶稣形象，仅仅尝试在细节上进行人性化处理，失败似乎是必然的。它的失败不仅在于文学想象力的贫乏，而且是在思想与神学层面上的，如一位评论家指出的，"他面对一个相当具有威胁力的主题时的胆怯战胜了他的想象力"。[20]

救世主形象虽然总体而言是失败的。耶稣小说中救世主形象的出现，说明作者希望使传统的耶稣形象与时代嫁接，让耶稣形象在这个时代中恢复活力。因此，不少重写救世主形象的小说为了贴近今天读者的生活，都采用当代的口语写作，拉近耶稣形象与读者的历史距离。但是这种距离可以说并非由语言和时间本身造成，而是传统基督教与现代世俗社会之间的理念冲突导致的。通过救世主形象的成败，我们也可以感受到传统基督教理念在现代西方社会中的尴尬处境与边缘地位。

在20世纪，救世主耶稣需要面对什么问题呢？这个形象面对的挑战正是基督教传统面对的挑战。在宗教比较层面，面对强大的伊斯兰教和佛教等高级宗教，耶稣需要说明为何他才是唯一的"道路、真理、生命"，唯独借着他人才能获得救赎。而另一个相似的敌人是文化相对主义，这种观点认为不同的宗教信仰事实上是攀登同一座高峰的不同路径。在这座高峰上并不需要一位上帝存在。基督教需要说明为什么仅仅有理性是不够的，人类还需要一位基督。

救世主耶稣是中世纪基督论的核心，他不仅是对个体的救赎，也是对整个人类历史的救赎。"我是阿拉法，我是俄梅戛；我是首先的，我是末后的；我是初，我是终。"[21]他的救赎深入人类生活的各种层面：家庭、社群、国家，他的教义不仅决定人们的敬拜仪式，也应当影响社会的政治、商业、家庭伦理。作为救世主耶稣，他不仅拯救个人的生命，赐予他们彼岸天堂，他也拯救这个世界，使它从败坏和堕落中归正。救世主耶稣需要显示，他是如何做到这一点的，而不是退回到简单化的崇拜和仰慕之情中。

---

20　Joan Smith, www.salon.com/may97/sneaks/sneak970519.html.
21　《圣经·新约》，启示录22：13。

在中世纪，追求彼岸世界和精神世界，以及厌弃现世，是一种带有贵族色彩的高尚事业。但是自宗教改革以来，热爱日常生活已经逐渐成为平民时代的强势伦理。救世主耶稣形象的致命之处在于他缺乏日常性，这使他的救赎很难到达个体。耶稣若不具备完整的人性，就不能完成救赎。高高在上的救世主距离人太远，而终于也难以对人产生影响。

在 20 世纪的耶稣形象中，以下两种类型出现次数最多：传统的救世主形象与完全剔除神性的人子形象。传统的救世主形象受到唯灵论的影响很深，神秘化，在人性方面失去认同。20 世纪思想的一大成就即对人性认识的具体化，这种传统耶稣形象背离了这股思潮，与当代对人的认识脱节。而人子形象完全取消了耶稣的神性，只关注耶稣作为一个人有可能是什么样的。前者没能表现出耶稣完全的人性。如早期教父纳西昂的格里高利（Gregory of Nazianzus）就说，耶稣没有的人性部分，就是人身上不能得到救赎的部分。[22]耶稣只有是完全的人，才能站在人的立场上代赎。而后一种耶稣形象则完全取消了基督论的另一面，即耶稣是道成肉身的上帝，否则他的救赎就不是有效的。

是否存在折中的途径，既不去除耶稣的神性，又能保存他的人性？耶稣拥有完整的神人二性，这是信徒接受他的救恩的必要条件。而且，这位救赎主的人性还需要与 20 世纪对人的认识相符。下一节的羔羊基督，可以视为这样一种尝试。

## 第二节　羔羊基督

羔羊基督是传统耶稣形象的一种重要内涵，来源于基督教相信耶稣为人类的罪而死，如同《旧约》中献祭的羊羔，成为向上帝献上的赎罪祭。《哥林多前书》中说："我们逾越节的羔羊基督已经被杀献祭了。"[23]《彼得前书》中也说："基督的宝血，如同无瑕疵、无玷污的羔羊之血。"[24]用羔羊代指基督在新约时代就已经被认可，在《新约》中出现了 35 次，其中 32 次在《启示录》里。

---

22 《基督教神学思想史》，第 315 页。纳西昂的格里高利（Gregory of Nazianzus），
　　330-389 或 390，也称作神学家格里高利，希腊三大教父之一，对三位一体神学做
　　出了重要贡献。
23 《圣经·新约》，哥林多前书 5：7。
24 同上，彼得前书 1：19。

羔羊基督形象着重突出耶稣的慈爱与善良，以及受难的无辜，这些特点都倾向于指向耶稣的人性，所以耶稣的"虚拟变形"中都经常出现，以致阿兰·帕顿与利斯顿·波普在评论当代文学中的基督象征时指出："很明显，每一种杜撰的形象都把他形容为清白纯真的、无私的。"[25]《40天》、《子的福音》、《耶稣基督的福音》等小说里的耶稣形象都带有这项特点，但羔羊基督最杰出的代表应该是《大师与玛格丽特》（以下简称《大师》）中的耶舒阿（耶稣的希伯来文名的一种中文音译）。

## 一、耶舒阿与基督教世界观的重现

1966-1976年，《大师》在《莫斯科》杂志11月、1月号上首次发表，这成为俄罗斯文学史上的一件大事，作者布尔加科夫因此跻身欧洲乃至世界最重要的作家行列，在20世纪的耶稣小说中，这部小说的艺术价值和神学价值都是罕见的。

《大师》发表后，人们立刻发现了它与过去40年的苏联文学之间的差别。在俄罗斯评论界，人们一开始就感受到这部小说的神学气氛，将对它的解读与宗教联系起来。维利斯说，为了写作《编后记》，他不得不每天回到图书馆补习神学知识。[26]而文中的耶稣形象正是建立其神学维度的关键因素。下面我们首先来看这部作品的结构。

《大师》以魔王沃兰德一行在莫斯科试验人心为主要线索，伯辽兹之死、伊万精神失常、大师获救、火烧"莫文联"等一系列事件都由这条主要线索引发。伴随主线情节，在小说中还有两个与之始终并行交错的"支线"情节：彼拉多和耶舒阿的故事，以及大师与玛格丽特的恋情。起初，两条支线与主线相对疏离，然后逐渐交织在一起。但最终将主线与两条分线联系在一起的，并不是依靠彼此交织的情节，人物的互相串场，而是依赖贯穿三大情节的一贯主题：人心的问题。

在《大师》中，撒旦在小说中占的篇幅最大，因此评价者的注意力往往集中在这个角色身上。比如维利斯采用巴赫金的梅尼普体讽刺概念评论这部小说，这个概念显然最适合分析撒旦形象，因为具有狂欢性的魔鬼形象是梅

---

25 *Saturday Review*, November 4th 1954, p.15.转引自《宗教与当代西方文学》，第282页。

26 《布尔加科夫评传》，莱斯莉·米尔因，杜文娟、李越峰译，华夏出版社，2001，第246页。

尼普体的重要特征之一。[27]而且魔王在莫斯科的作为确实称得上一场狂欢。但是传统的梅尼普体中的撒旦形象一般而言比较类型化，不会脱离讽刺文体这种文类，功能单一，具有担负意义。《大师》中的撒旦形象虽然发动了气势磅礴的恶作剧，擅于反讽，颠覆了莫斯科人道貌岸然的生活，却拥有内心深度，不是简单的功能型人物。更重要的是，在《大师》中，恶作剧、狂欢与戏谑仅占据文本叙事的一部分。当叙事涉及大师时，梅尼普体的讽刺力量就减弱了，而当叙事涉及耶舒阿时，文体完全改变，不复有梅尼普体的痕迹。显然，忽略耶舒阿与大师在文本中的地位与作用，将无法构成对作品的准确解读。虽然耶舒阿在文中占的篇幅不很大，他的存在却对小说的结构与主题具有重要意义，是对小说文本所构建世界的救赎。

一些研究者在评论《大师》时采用了"魔幻现实主义"一词。所谓"魔幻"是指，小说中撒旦等超现实角色、因素出现在现实世界中，各种时空穿插交错，由此引起魔幻世界亦真亦幻的效果。所谓"现实主义"，则指它具有反映现实的真实性。我们认为，所谓魔幻现实主义实际上是基督教世界观的重构与复现。《大师》中的时空关系相当复杂，现列如下：

1、诗人伊万所处的时空可称之为人间。地点为莫斯科，时间是 20 世纪 20、30 年代的一个春暮，是小说的主线情节展开的时空，也是大师与玛格丽特的恋情发生地。

2、耶舒阿出现的时空是最复杂的。耶舒阿在以下 6 个时空中直接或间接出现：

① 沃兰德在湖畔对伊万讲述的故事。

② 伊万之梦境。

③ 玛格丽特阅读的大师所著的小说。

④ 沃兰德在莫斯科最高的楼顶上遇见了耶舒阿的门徒马太。马太乃受耶舒阿的差遣而来。这说明耶舒阿也在现实时空里。

⑤ 光明时空。马太说大师不能进入"光明"，暗示马太与耶舒阿同在于一个独特的空间之中，它与现实时空时间相同，但空间不同。这个时空影射了基督教的天堂观念。

⑥ 内心的炼狱。在处死耶稣之后一千年间，彼拉多在内疚和懊悔之中停留于这一天。大师死去之后与沃兰德同行，遇见了这个时空中的彼拉

---

27 详见《巴赫金全集》，第五卷，《陀斯妥耶夫斯基诗学问题》。

多，在耶舒阿的帮助下，他们使彼拉多获得了解脱。此时空尤难形状，因为真正的彼拉多早已在公元 1 世纪死去，而是类似天主教的炼狱之所在。人在这里经受惩罚与磨难，直到赎罪，被赦免。这个"时空"在小说中非常重要，它不仅是梦境、小说故事、现实交织之处，彼拉多在其中表现的忏悔也是文中感人至深的一笔。

3、永安的时空。玛格丽特与大师死去之后进入的场所，生活在一个宁静、舒适的地方，永远不会再被打扰，是改良版的地狱。

基督教世界观的重现不仅在于天堂、地狱与人间的出现，与之同样重要的是，个体的心灵存在是否也是宇宙性的。复现基督教的世界观不仅需要上帝、魔鬼在现实时空中出现，还需要人的灵魂不灭观念加以支持。灵魂不灭指人的精神的延续与永恒，灵魂能够超越时间和空间，使人在今世的作为与永恒相连。在小说中，彼拉多对自己的背叛使其懊悔趋于永恒，这表明了人的内心对于时空的穿越力，是灵魂不灭观念在现代的一种复活形式。俄罗斯著名宗教哲学家别尔嘉耶夫曾这样总结："宇宙社会是复杂和无限的，处于其中的整个人类社会是短暂和表层的，各种价值必须在宇宙性的层面才能实现。作为个人，每一个彼得和伊凡都是世界性存在，在自己的深处与整个历史和超个性的东西联系在一起。"[28]灵魂不灭的观念肯定了个体的永恒意义和绝对价值，同时也改变了人与宇宙万物之间的关系。在历史上，基督教的灵魂不灭观念曾经导致寓意化人们此世的行为，忽略个体生命在现世的意义。但是《大师》采用这个观念增加了个体生命在此世行为的深度与广度。在小说中，随着个体外在时空的变幻，个体的内在存在超越了线性的时间进程，触摸到各个时空。各时空之间的连接透过人物的外在存在而开启，通过人物内心存在的统一而完成：彼拉多的悔恨跨越千年；大师与玛格丽特肉身死去，灵魂进入"永安"；柏辽兹生前相信无神论，死后化为无生命的酒杯，等等，都突出了人的精神的永恒性与宇宙性。

《大师》成功复现了基督教世界观，类似现象在 20 世纪重写耶稣的文学中并不多见，这是由于布尔加科夫受到了独特的东正教传统的影响。东正教自古以来比天主教、新教更重视宇宙论神学。被称为"拜占庭神学家"的认信者马克西姆（Maximus the Confessor）[29]对东正教特色的形成具有举足轻重

---

28 《俄罗斯的命运》，别尔嘉耶夫，汪剑钊译，云南人民出版社，1999。
29 认信者马克西姆：580?-661，被称为拜占庭神学之父。

的作用，他提出以道成肉身为中心的宇宙性救赎观，没有受到天主教和新教的重视，但被东正教视为合法教义。在 20 世纪初俄罗斯宗教哲学复兴运动中，宗教哲学家面临启蒙理性精神对东正教的强大冲击，为了对抗建立在理性主义基础上的自然科学世界观，需要重建基督教世界观，宇宙论神学遂成为重要的命题，是他们统一的精神世界的基础。别尔嘉耶夫甚至将宇宙论神学列为东正教（宗教哲学）的三大主要流派之一。在这场复兴运动中，大多数宗教哲学家的思想都包含了宇宙论神学的成分，不同哲学家的的宇宙论各有特色。总体而言，宇宙论的核心是一切统一原则，强调上帝、人和宇宙的和谐关系，具体体现在以下这些方面："聚和性，它标志着统一性；巫术性，精神上的完整性与机械的分裂性对立；宇宙性，众多世界的统一；开放性，相互作用的努力；象征性，指向原型；宗教性，东正教的精神；计划性，指向共同事业。"[30]

　　由于面对的时代问题不同，俄罗斯近代宗教哲学的宇宙论与中世纪的基督教世界观已经有了一定距离。宇宙论神学尝试重新确定信仰在超越性与临在性之间的平衡，使上帝回到世界中来，突破中世纪的共时历史观，拨正其对具体现实性的忽视，在上帝与人类历史之间重新确立联系。帕利坎认为："启蒙主义对历史上的耶稣的寻求，是在启蒙主义哲学放弃了宇宙性基督之时，才成为可能和必要的。"[31]在一个没有撒旦，没有永生的世界里，耶稣形象存在的必要性将遭到置疑。《大师》将一个新的耶稣形象置于具有宇宙性的基督教世界观之中，为羔羊基督的出场及其意义的深化起到了重要的铺垫作用。

## 二、东正教人论

　　《大师》中的耶舒阿不仅是一位具有宇宙性的基督，它最重要的特色是以现代的形式重现了具有东正教特色的羔羊基督形象。

　　羔羊基督形象并非东正教独有。《新约》四福音书中称耶稣为"羔羊"。《约翰福音》中记载，"次日，约翰看见耶稣来到他那里，就说：'看哪，神的羔羊。除去世人罪孽的。'"[32]《启示录》中多次以"被杀的羔羊"或"羔羊"代指基督。《新约》用羔羊指代耶稣源于《旧约》律法中的献祭仪式。《旧约》

---

30 马斯林主编：《俄罗斯哲学词典》，莫斯科 1995 年俄文版，第 240 页。转引自《当代东正教神学思想》，张百春，上海三联书店，2000，第 505-506 页。

31 《历代耶稣形象》，第 229 页。

32 《圣经·新约》，约翰福音 1：29。

律法规定，犹太人犯了罪，要通过祭司向上帝献上没有瑕疵的羊羔赎罪。《新约》作者认为，耶稣如同旧约中被献祭的羊羔，为世人的罪做了代赎。《使徒行传》的作者引用了旧约先知书《以赛亚书》中的一段话，认为是耶稣受难的预言："他被欺压，在受苦的时候却不开口，他像羊羔被牵到宰杀之地……耶和华以他为赎罪祭。"[33] 羔羊基督形象突出了耶稣受难的无辜，毫无瑕疵的品行，善良温和的性格，以及无边的恩典与慈爱。因此，羔羊基督形象是基督教三大教派天主教、新教、东正教的共同遗产。

但是东正教特别钟爱羔羊基督形象。俄罗斯最初封圣的两位圣徒鲍利斯大公和格列布大公，开创了一种新的圣德：效法受难的基督，成为被宰杀的上帝的羔羊。鲍利斯大公和格列布大公于 11 世纪被杀害和封圣。他们的长兄斯维亚托波儿克希冀大权独揽，企图通过战争达到目的。鲍利斯和格列布不愿自相残杀，遂解散自己的军队受死，以求让俄罗斯人民免于流血。他们虽然不是为信仰殉难，却成了殉难者的一种特殊类型。通过对两位首批圣德的封圣，俄罗斯教会表达了对羔羊基督形象特别的眷恋。

在俄罗斯人对羔羊基督形象的喜爱还表现在俄罗斯文学中出现了不少"类羔羊"的形象，如《白痴》中的梅什金公爵，《卡拉马佐夫兄弟》中的阿辽沙，《日瓦格医生》中的日瓦格，《断头台》中的阿季夫，等等。他们的共同特征是：天真善良、坚持真理、不为人理解，为真理受难。索尔仁尼岑曾说，俄罗斯文学总是面向受苦受难者，追随着表现同情、进行医治和安慰众人的基督："他从来不'判断'，因而人类的全部判断都应该依据基督的慈善，遵循他的**真理**，在这种不可转译的真理中，正义成于仁慈。"[34] 从这个意义上说，植根于东正教、极具俄罗斯特色的羔羊基督形象，是俄罗斯文学中深厚的人道主义精神的源头。这也是为什么不能将恶作剧的撒旦视为小说的主人公，依靠擅长讽刺的梅尼普体不能完成贯穿全文的人道主义精神。人道主义的精髓在于怜悯，而不在于揭露。

《大师》中的耶舒阿天真无邪、善良温驯。他毫无心计，即使在自己的生命受到威胁时仍认为"讲真话容易，而且是愉快的"。[35] 虽然遭到不公平的

---

33 《圣经·新约》，使徒行传 8：27-5。《圣经·旧约》，以赛亚书 53：4-12。

34 《俄罗斯思想中的基督》，叶夫多基莫夫，杨德友译，学林出版社，1999，第 34 页，黑体为原文所有。

35 《大师与玛格丽特》，第 31 页。

待遇，但他对人没有恶意，无论是毒打他的士兵，还是判他死刑的总督。他相信所有人都是善人，对旁人的真实状况有敏锐的洞察，与对方的真实处境对话。他为下令处死他的彼拉多代求，为大师与玛格丽特向撒旦代求，为出卖他的犹太将遭遇不幸感到难过。尽管他为自己的信念付出了生命，但他对真理的坚持却不伤害别人，他也不用自己的理念判断他人，这一切使他人在与他相遇之后其丑恶无所遁形。

"布尔加科夫所表现的是一个从历史及心理学角度都似乎可能存在的大写的人，一个首次将其周围的人变成人的大写的人。"[36]耶舒阿直接出现的场景虽然不多，可是这种"使人变成人"的呼吁却贯穿全文，为整部小说确定了主题。此主题也解释了撒旦恶作剧的原因：撒旦试验人的内心，向人揭示自己恶的存在；耶舒阿则提供救赎，他的对话引导人弃恶从善。小说中的人间——伊万所在的莫斯科，如果没有耶舒阿、撒旦一行的影响，是阴郁的，令人窒息与绝望的。正如魔王为"本市居民的内心"所下的判语："喜欢钱财，这也是历来如此的……太轻浮了……总的来说，很像从前的人……只是住房问题把他们给毁坏了……"[37]人们写作自己既不相信、也不觉得有意义的文章，为个人私利（金钱、住房、权力）汲汲钻营。善良的大师与玛格丽特在这个世界里没有立锥之地，诗人伊万在幡然悔悟之后，也只是苟延残喘地活着。在一个并不美丽的世界，与一群并不美好的人之间，耶舒阿的出现带来了救赎的希望。

文中详细描绘了彼拉多遇见耶舒阿之后，逐渐剥离了外在的权势、地位，触及了自己的存在。彼拉多因处死无辜的耶舒阿悔恨不已是感人至深的一笔。彼拉多为了不动摇自己的职位下令处绝耶舒阿，虽然他做了许多努力弥补这个过错：在审讯中他暗示耶舒阿否认或撒谎；他不惜放下身份威胁犹太大祭司释放耶舒阿；他让耶舒阿早一些死去，使他免去更多痛苦；他派人暗杀犹太为耶舒阿复仇；他埋葬耶舒阿，并接待他的门徒马太……但是这一切都不能遮盖他行为的实质：即他由于怯懦下令处死了无罪的耶舒阿。这个残酷无情的人因为与耶舒阿的一席谈话良心发现，一次深深的悔恨持续千年。痛悔使彼拉多再也不能与自己相容，也使他脱离了外界的繁华与权势，回归了他的存在本身。这样深切的书写，亦是对人身上神性的写照。

---

36 《布尔加科夫评传》，第 250 页。

37 《大师与玛格丽特》，第 151 页。

耶舒阿使《大师》的文本世界发生了质的改变。借助羔羊基督形象，《大师》表达了深切的人道主义精神，探讨人应该是怎么样的，以及人应该被怎样对待。

这样一位"正义成于仁慈"的耶稣形象之所以在俄罗斯宗教传统中产生，有着深刻的思想根源。虽然同为基督教的流派，东正教却拥有和天主教、新教不同的人论。

公元4-7世纪，东方教会中对基督论产生了激烈的争议，为此，基督教召开了四次大公会议，分别确立了《卡尔西顿信经》、基督二志论、本体肖神论等基督论正统教义。虽然大公会议的决议为天主教、新教、东亚教共同承认，但是这些讨论对东正教的影响更深，因为主要是在后来属于东正教的区域中展开。基督论的问题同时也是人类学的问题，因为涉及到基督的神性和人性，就必然涉及神学对人性的定义。因此，东正教的人论受到基督论的影响很深，而不是像西方教会那样深受罗马法律观念的影响，强调人是罪人。因为在东方教父忙于确定基督论的时候，西方教会的主导问题是罪、恩典、自由意志、神的预定，这里的核心是救赎论。在这些教义争论中，西方教会确立了奥古斯丁思想的正统地位，也由此带出了具有西方教会特色的人论思想，即强调人的罪性，主张唯有倚靠神的思典才能够获得拯救，人因为完全败坏于救恩无所作为。我们将这种人论称作以救赎论为中心的人论。

但是东方教会的人论受到基督论的影响很深，其救赎论十分强调解救，通过复原对人的治愈，而不强调罪的宽恕。不只一位东方教父说过，神成为人，是为了让人成为神。[38]这不是认为人会变得和神一样，而是指通过道成肉身，上帝的超越性和临在性在基督身上得到了完美的统一，同时也为人在肉身之中神性（指神的"形象"与"样式"）的恢复开辟了道路。我们将这种人论思想称为以基督论为中心的人论。

对于基督教而言，首先而且最重要的是确认耶稣的基督身份，其次，才是在这个前提之下探讨人的问题。"只有在成为肉身的道的秘密中，人的秘密才能揭示。"[39]既然耶稣基督是救主，那么就可以直接推出两个关于人的结论，

---

38 如纳西昂的格里高利（Gregory of Nazianzus）认为，"子神所未承担的层面，就是人性未曾得到医治的部分。"转引自《基督教神学思想史》，第315页。

39 "现代世界中主教的教会制"22，载于 The Documents of Vatican Ⅱ, W. M. Abbort ed., 1996, p.200.转引自《历代耶稣形象》，第88页。

其一，人必须被救赎，因为人是罪人，这是基督教人论的一个重要方面，在《圣经》中有明确的依据："世人都犯了罪，亏缺了神的荣耀。"[40]其二，人也可以被救赎，因为人原本是神造的，他的生命中有神的印迹，这就是所谓的本体肖神论，来源是《圣经》第一卷《创世纪》的记载：神照他的"形象"和"样式"造人。[41]这两个方面共同构成基督教人论互相平衡、补充的两个方面。

　　所以，严格地说，在历史上，所谓以救赎论为中心的人论和以基督论为中心的人论并不是截然对立和分开的。事实上，基督教的人论受到这两种有张力的部份的共同影响。但是各个教派在历史上的不同时期各有取舍、偏重。以救赎论为中心的人论的极致形态是单方面强调神恩独作论，人因全然败坏无法靠自己获得拯救，救恩完全是神赐予并完成的。但是完全败坏的人何以能够接受神圣的救恩？而且，人在获得救恩之后，在地上应该如何生活，是否依旧为罪笼罩？在神学上，这涉及人称义之后如何成圣的问题。这些都是以救赎论为中心的人论遇到的问题。最极端的以救赎论为中心的人论的代表是新教加尔文主义，坚持严格双重预定论（神不仅预定人的得救，也预定人的灭亡），其关于人性完全败坏的观念使人的自我认识长期囿于负面的罪感之中，在美国早期清教文学中流下了诸多痕迹。相比较而言，以基督论为中心的人论为信徒的生活带来更多的光明、希望与发展空间。它预示了人在尘世之中向神性的攀登。以基督论为中心的人论的问题是在救赎论上趋向于神人合作说，即接近被天主教定为异端的伯拉纠主义（Pelagianism）[42]。

　　在历史上，基督教的人论从未像其神论那样完整、成体系。在近代思想中，人逐渐成为宇宙与世界的中心，基督教以神为中心的古典人论也逐渐与人文哲学产生的人论拉开距离。20 世纪西方思潮反思近代理性人论，重新参考基督教资源，这也为基督教加强其人论提供了契机，出现了更多关注信徒与上帝之间的位格关系，以及质疑历史上基督教神学受到的灵肉二元论的影响等变化。神学人类学这门学科也应运而生，是当代西方基督教人论的集中

---

40　《圣经·新约》，罗马书 3：23。

41　《圣经·旧约》，创世纪 1：26。

42　伯拉纠主义：伯拉纠：350？-423？，Pelagius，英国修道士，认为人本性善，没有原罪，上帝的恩典即人的自由意志，他的思想被天主教定为异端，史称伯拉纠主义。

体现。神学人类学"从'人类'的本性、命运和历史发展起来奠立其神学体系,其对'上帝'问题的沉思亦基于上帝作为人类主体性之前提和人类无限追求之目的来思考。"[43]神学人类学受到基督教古典救赎论与现代存在主义思想的影响。如尼布尔的神学人类学代表作《人的本性与命运》[44]尝试在当代思想的背景下批判性地重述奥古斯丁的人类学。尼布尔依据承认原罪的基督教人生观来分析人的本性与命运。他突出人在身灵双方都是被造和有限的这一本质特性,深究人世一切皆恶,人生一切皆罪的原因,反对古今思想理论界对人性加以"心"、"物"二元分割的种种观点。

但是,西方神学人类学的主要论点基本没有注意到基督论与人类学的关系。它忽略了历史上耶稣形象与人论的密切关系。忽略了耶稣形象,仅仅追问"人是什么",使神学人类学难脱近代人文思想本质主义的窠臼。而一旦添加对基督的尘世形象的思考,则可以增加相当具有基督教特色的"人应当是什么"的维度,以基督教思想为根基,从伦理学的角度探讨人。神学在定义人时,如果忽视耶稣形象与人论的关系,相对于其他人文学科人论,不仅没有利用自身重要的资源,而且丧失了自身的立场与特色。

羔羊基督形象是对东正教以基督为中心的人论的发展与具体体现,它代表了东正教传统,为西方神学建设乃至全球的人论探讨提供了新的视角。在20世纪蔚为大观的人学讨论中,布尔加科夫通过《大师》中的耶舒阿提供了一种具有基督教色彩的独特答案。人不能从本质上定义,只有一个人被当作人对待时,他才是一个人;同样,只有在一个人像对待人一样去对待他人时,他才成为一个人。

## 三、《大师与玛格丽特》中的"存在化讲述"

《大师》里的羔羊基督虽然传承了东正教传统,但已经不是一个完全传统的形象。我们下面来看《大师》如何实现羔羊基督形象的现代转换。耶舒阿在小说中直接出现的场景里没有显出丝毫神性,他的身世也和福音书里的

---

43 《当代西方新教神学》,卓新平,上海三联书店,1998,第283页。

44 《人的本性与命运》,1939年发表演讲,1941-1943年出版。莱因霍尔德·尼布尔(1892-1971)以神学人类学与基督教现实主义理论成为美国以正统派神学的核心人物。他的《人的本性与命运》是"本世纪上半叶富有影响的书籍之一,并且改变了美国神学的整个趋势。"此评论见《20世纪神学评论》,第59页。

记载不完全相符，比如他没有亲人，只有马太一个门徒，没有"荣进圣城"，也没有"清洁圣殿"，甚至他的一些教训也和福音书中的不甚相同。这样的耶稣形象显然不符合基督教传统，而是集中了羔羊基督形象部分特征的现代演绎。

《大师》的开头就是一场关于耶稣的探讨，看似戏谑，实则指向全文核心。讨论的背景是，诗人伊万应邀写一首反宗教题材的长诗，他描绘的耶稣色调阴暗，"并不讨人喜欢，但却完全是个活生生的人。"[45]于是，"莫文联"主席柏辽兹滔滔不绝、旁征博引地从神话学、历史考证、文献学的角度教导他从未有过耶稣这样一个人，耶稣纯属传说或捏造。正当伊万听得五体投地之际，撒旦以一个外国客人的身份插入了谈话，他假装十分惊讶莫斯科人不相信上帝的存在，"试探性"地问柏辽兹，阿奎那的 5 项证明是否可以论证上帝之存在。柏辽兹刚才还用理性论证耶稣不存在，但他立刻回答"在理性领域中不可能有任何关于上帝存在的论证"。撒旦明白柏辽兹引用了康德的结论，便又问应该怎么处理"康德的第 6 项论证"。柏辽兹答之以席勒之言，认为这项论证毫无意义。撒旦表示赞同，还暗示自己也曾这样和康德这样说，然后继续问，若没有上帝，"人生由谁来主宰，大地上万物的章法由谁来掌管呢？"诗人伊万气冲冲地回答："人自己管理"，文中的叙事者"我"旁白补充道，"其实，他对这个问题也并不很清楚"。撒旦再问：人之生命有限，甚至不知自身寿数与明天，如何称得上管理。随后他说"耶稣这个人还是存在过的"，且声明这不是什么"观点"，而是"这个人存在过，如此而已！""不需要证明。"于是他讲起了耶稣在彼拉多面前受审的故事，之后声称当时他"一直在场"，只是"没有公开露面"。[46]然后又提出所谓上帝存在的第 7 项论证，即魔鬼的存在，而且此项论证立刻就会摆在他们面前。通过后来发生的事，伊万确认了他就是魔鬼，则上帝之存在在文本世界中被证实。

这一场对话中涉及了几个基督教的重要命题：

1、历史上的耶稣之有无；

2、世界的法则是自然存在的，还是上帝制定的；

3、理性能否证明上帝的存在；

4、生活在偶然之中的有限的人，是否能够掌控自我与世界；

---

45 《大师与玛格丽特》，第 4 页。

46 同上，本段引文见第 5-48 页。

5、人生之遭遇是命运、是偶然，还是神的掌管（Providence）——所谓砖头是否会无缘无故掉在一个人头上；

6、如果没有上帝，个体面如何对死亡（文中撒旦所举"肺瘤"之例显然暗指托尔斯泰之中篇小说《伊凡·伊里奇之死》中的情节）。

这些命题都不是布尔加科夫的原创。但作者将这些命题置于人物生动的对话之中，并且通过小说情节一点一点印证，使哲学命题产生了变化，不再是单纯的智性思考，理性的命题，而成了人物角色需要用他的整个存在去回应的问题。在这场谈话中，撒旦的出现就起到了这样的作用，他不断地用提问触及柏辽兹纸上谈兵的论证的根基。他似乎只是提出一些疑问，但柏辽兹与伊万都感到自己的无神论的基础似乎不像原先认为的那样稳固。撒旦这种令人接近自己本真存在的方法在小说中频频出现。他在文本世界中彻头彻尾的"胜利"也说明作者认为以纯粹理论探讨的方式面对耶稣是不可取的。

耶舒阿与人们相遇时，也同样出现了非常接近存在主义的命题。彼拉多在与耶舒阿对话时问他："什么是真理？"耶舒阿回答说："此时此刻的真理就是你的头在痛。痛得很厉害，致使你怯懦地想到自戕。"[47]《约翰福音》中记载，彼拉多在审问耶稣的时候问了这句话。[48]但是福音书中没有记载耶稣的回答。耶舒阿明白彼拉多并不相信所谓真理的存在，所以他直接切入彼拉多当下的处境，让他明白"真理"并不是遥远的抽象理论，而是一个人当下最直接面对的问题。彼拉多难以忍受自己的头痛，甚至想到服毒自尽。耶舒阿对彼拉多说，"真理"就是他所面临的困境，是使他想到自戕的头痛，也是他在这种状况中的孤独，只有他的爱犬能够安慰他。他的回答直指"真理"的当下性与个体性，将纸上谈兵的理论探讨与切身的问题相连，提醒我们"真理"永远不是抽象探讨，它在我们的生命之中。《大师》不仅在叙事中使用了"存在化讲述"，而且直接探讨了面对耶稣"存在化讲述"的必要性，甚至是面对耶稣，面对位格化的"真理"的必要性。不存在脱离人的"抽象真理"，"真理"是位格化、处境化的，在这里，耶稣在《约翰福音》中的名言——"我就是道路，真理，生命"——被赋予了新的光照。彼拉多的询问："什么是真理？"并不是一种谦逊或真诚的追问，而是含着嘲弄的反诘。在福音书中，或许是位高权重的罗马巡抚对阶下囚的嘲讽，象征着掌权者的世

47 同上，第25页。
48 《圣经·新约》，约翰福音18：38"彼拉多说：'真理是什么呢？'"

俗主义与平民的属灵追求的对峙。作者在《大师》中将这句话改写为，在形而上学落幕的时代，真理的存在本身就被质疑，追求真理则被视作不切实际的可笑行为。但如果"真理"如耶舒阿所说，是我们生命中困顿的处境，是无论在什么处境中本真良心的显现。就像小说中的耶舒阿一样，即使彼拉多暗示他撒谎可以保命，他仍说真话，因为"讲真话是令人愉快的"。因此，这位耶稣虽然是不行神迹的凡人，这样一位"正义成于仁慈"的羔羊基督在当今激烈的人学论争中却有独特的意义。

对于基督教而言，个体如何面对信仰是一个至关重要的问题，如果将这个问题进一步具体化，就成为个体如何面对上帝、面对耶稣的问题，在小说中则转化成文本世界中的人物角色如何面对耶稣的问题。威廉·巴雷特认为，在某种意义上，存在主义尝试重塑有血有肉的人直面他的创造主的经验。[49]那么，小说《大师》用这种方式重写耶稣，重写人们与耶稣的相遇就再合适不过了。在小说的这些描写中，耶稣从教义的束缚中脱离出来，成为与他相遇的人需要用整个存在去面对的他者。

在《大师》中，耶舒阿在直接出场时虽然没有显出神性的特征，像福音书中的治病赶鬼，在水面上行走等等。但是，《大师》也完全没有否定耶舒阿的神性，只是小心翼翼地以间接的方式展示他的永恒性。"面对达尔文、佛路依德、杜威、罗素、卡纳普（Carnap），和爱因斯坦的教导的当代作家，谁也无望重新把握超自然信仰的原始强度。对齐克果著作的兴趣的重新高涨有助于并强化这样一种印象，即在我们时代怀疑是普遍的。"[50]对当代的读者而言，行神迹的耶稣形象很难说服他们的理性，但是这样一位非教义化、纯净天真、坚持真理却毫不强势的耶稣却能令人们备感亲切。

# 第三节　人子的自我建构与灵性探索[51]

对任何耶稣重写者，耶稣生平的整体框架已经设定：他生活在公元 1 世纪上半叶的巴勒斯坦地区，犹太民族，职业是木匠、教师和医生，死在十字

---

49 《非理性的人——存在主义哲学研究》，第 21 页。

50 *Literature and Religion: a Study in Conflict,* Charles Glicksberg, South Methodist University Press, 1960, p.92.

51 这一小节的主体以《人子形象的自我建构与灵性探索》的题名，发表于《基督教文化学刊》第 15 辑，2007 年 1 月。

架上，他死后，门徒以他的名义建立了基督教。在这个框架里还有许多来自福音书的细节可以填充。在塑造人子形象的小说中，耶稣仅仅是一个人，这就需要作者在文本中处理人子形象与基督教历史之间的巨大张力：他的教导为什么能够吸引众人跟随他，为什么门徒以他的名义建立的宗教能迅速崛起，征服欧洲所有其他宗教甚至罗马帝国？耶稣形象的独特性何在？假如耶稣具备神性，或者他是黑格尔笔下永恒理性的化身，可以从传统的神学或哲学的角度回答这些问题。但是人子耶稣形象已经完全人性化，重写人子的小说必须处理这些张力，在塑造人子形象的同时解释其个性及其思想的独特性，耶稣的灵性探索历程在在小说中转换成自我建构的过程。

新历史主义派学者格林布拉特在《文艺复兴时代的自我塑造》一书中用"自我建构"（self-fashioning）一词指称现代个人建构自我身份的努力。格林布拉特认为，在英国自16世纪文艺复兴时期以来，由于种种社会变化，人们对自我身份的意识大大加强。"自我建构"既发生在实际生活中，也发生在文学和艺术创造中，两者之间并没有不可逾越的界线。[52]

塑造人子形象的小说需要与福音书故事拉开距离，又不能完全脱离这个故事框架，此时，福音书耶稣生平的空白就显得尤为重要。福音书为耶稣生平留下了两处空白：童年经历及其心路历程。这两部分恰好是现代小说在建构人物的现代自我主体时非常重视的，因此，大多数塑造人子形象的小说都着重填充这两部分。而且这些小说在描写人子时出现了一个共同特点，就是将耶稣的自我建构与其灵性探索过程合二为一。

个人对信仰的探索是基督教灵性传记的主要内容。在早期小说中，基督教灵性传记的影响非常明显。斯图尔特·斯姆曾在《与矛盾协商：班扬与笛福的叙事实践与叙事模式》中指出："班扬与笛福的所有重要小说都能归入灵性传记传统。"[53]灵性传记传统影响了近代小说的人物塑造与叙事模式，近代小说对心理描写的重视在很大程度上也得益于它。比如，小说《罗克萨娜》的叙事镶嵌在忏悔框架内，鲁滨孙在孤岛上经历了灵性传记中常见的信仰觉醒，等等。但是近代小说在发展过程中逐渐脱离了基督教传统，即使在笛福和理查逊带有强烈道德训诫色彩的小说中，站在一旁看主人公活动，最后充

---

52 *Renaissance Self-fashioning*, Stephen Greenblatt, pp..1-9, 87-88, 161-162. 转引自《推敲"自我"——小说在18世纪的英国》，第8页。

53 *Negotiations with Paradox: Narrative Practice and Narrative Form in Bunyan and Dofoe*, p.3.

当赏善罚恶的审判官的上帝形象，也很快退出主流小说舞台。近代小说在建构个体的自我时逐渐完全脱离了超越的维度，这一点在 19 世纪的小说中表现尤为明显。可是，当涉及耶稣的自我建构时，灵性探索就成为不可缺少的部分，因为宗教性是耶稣形象最大的特征之一。与勒南的《耶稣的一生》，路德维希的《人之子——耶稣传》中同样人文化的传记作品相比，重塑人子形象的小说没有回避对耶稣信仰问题的探讨。下面我们分析小说如何在人子形象中实现自我建构与灵性探索的合一、转换。

基督教灵性记传统中有许多独具特色的命题，如忏悔、灵性更新、罪、诱惑等。基督教的传统耶稣形象基本上回避了这些过于人性化的命题。但是，在这些命题中，至少诱惑命题一直以来都与耶稣相关。小说《基督的最后诱惑》和《40 天》都主要就这个命题重塑人子形象。

诱惑，在《圣经》中也称为试探。福音书中记载耶稣曾在旷野中受魔鬼的试探。[54]《新约》中说耶稣"凡事受过试探"，"被试探而受苦"[55]。耶稣受诱惑不仅有《圣经》依据，而且具备重要的神学涵义。《新约》作者认为："我们既然有一位已经升入高天尊荣的大祭司，就是神的儿子耶稣，便当持定所承认的道。因我们的大祭司并非不能体恤我们的软弱，他也曾凡事受过试探，与我们一样，只是他没有犯罪。所以我们只管坦然无惧地来到施恩的宝座前，为要得怜恤，蒙恩惠，做随时的帮助。"[56]耶稣经受人世的诱惑是他担当神人之间中保的必要条件。

福音书基本没有涉及耶稣的内心挣扎，因为福音书的纪实文体不允许猜测或想象耶稣的心理活动。直接表现内心冲突必须采用全知视角或人物内视角，全知视角的讲述者无所不知、无所不晓，人物内视角也需要讲述者进入人物内心，这两个视角都是小说常用的，非常适合讲故事，福音书的作者显然不能从这两个视角讲述耶稣。福音书的文体特征接近新闻记录，不能采用带有明显虚拟色彩的叙事手法。在《圣经》中，内心冲突是通过人物的行动与环境之间的张力间接表现出来的。

诱惑是一种特殊事件，它专注于人的内心，使人的内心成为事件发生、展开的场所，具有突出的内向性。在面临诱惑时，自我充满了张力。在诱惑

---

54 《圣经·新约》，马可福音 1：13，路加福音 4：1-13，马太福音 4：1-11。
55 同上，希伯来书 4：15，2：18。
56 同上，希伯来书 4：14-16。

事件中至少需要存在三方：诱惑的因素、受诱惑者和抵制诱惑的因素。通过描写诱惑，复杂多层次的人性与个体的特殊性能够得到非常具体的表现。在耶稣的诱惑事件中，上帝是一个重要的维度，诱惑在代表善的上帝、代表恶的魔鬼与代表人的耶稣之间发生。罪恶通过魔鬼的方式位格化了，上帝以隐在的方式在场，始终在耶稣的意识中临在。

在描写人的诱惑事件时，上帝和撒旦的角色可以由其他东西替代，如良心和性欲，以及人一切美好的追求以及阻力。塑造人子形象的小说更倾向从自我建构的角度理解耶稣的诱惑事件，这些小说不关心位格神的存在问题，但是将人对永恒、意义的追求，面临各种阻力（肉身的、精神的）的挣扎，演绎得异常深刻。

《40天》只重写了耶稣生平的一个片段，即他在旷野中禁食受撒旦的试探的故事。《40天》共分为31个场景，描写耶稣的章节与其他旷野过客的章节是分开的。耶稣在以下场景中出现：

6. 耶稣在旷野中经过一顶帐篷，里面躺着垂死的缪撒，他已经不能说话，耶稣为他祝福后离去。

10. 耶稣选择了一处洞穴作为禁食场所，他奋力攀上峭壁。

16. 耶稣在洞穴中头几天的经历。

18. 耶稣拒绝了其他人给他的食物，认为是魔鬼的诱惑。

23. 耶稣禁食而死。

26-27. 缪撒等人将耶稣葬在一个有流水的洞里。

31. 文末，缪撒远远看见耶稣已经复活，走在路上。

由于没有和他人发生交往，《40天》对耶稣的描写能够完全专注于他的内心，尤其是耶稣在禁食过程中对上帝的寻求。在这段描写中，耶稣在信仰上的探索历程被置换成其主体自我建构的过程。

在《40天》中，耶稣来到旷野时决定"要么遇见神，要么死。"[57]耶稣是一个年青木匠，自小痴迷于祈祷之类宗教活动，喜爱神秘体验。"他的母亲担心没法为他找到妻子，他好像从来没有肉身。"[58]他是一个永恒的追求者。但他来到旷野的时候非常失望，"他太过天真了。他期望更友好的接待，道路自动除去砾石和荆棘，他以为，上帝创造未完成之处会为他开辟道路。

---

57 *Quarantine,* Jim Crace, London: Penguin, 1997, p.22.
58 Ibid., p.73.

灌木丛将认出他朴素的衣着，庄重的目的，他的谦卑。山岭夷平，岩石变得柔软。"[59]站在茫茫的旷野中，"他对40天的禁食感到恐惧。"[60]但他已经别无选择，因为离开家的时候遭到强烈反对，临阵退缩将遭至家人与邻居的嘲笑。

家人与邻居的意象在耶稣的意识中屡次出现，是耶稣的自我中非常重要的他者。他害怕他们的嘲笑，渴望他们的认同。他最大的愿望是用驱逐污鬼，医治病人的方式服侍上帝，这种方式能够被他的家人与邻居看见。

《40天》始终以这样矛盾的方式书写耶稣的禁食，在耶稣寻求上帝的过程中，敬虔的动机与世俗的动机交织在一起。在禁食的头几天，耶稣试图说服自己："我不需要吃东西。""我寻求上帝的食物，而不是酒和肉。"[61]"但有些时候，他抛开祈祷，更专注地想一些能够让他活过40天的办法。"[62]他忽而学习阿希米特人（achimite）彻底抛弃舒适，脱掉衣服扔下悬崖，忽而学习骆驼和荆棘，静坐保持体力。但这些都不能帮助他对抗禁食带来的身体不适。缪撒带着其他几位禁食者呼唤耶稣，想办法给他送食物，耶稣认为他们是前来诱惑的魔鬼，坚决拒绝了。在禁食的最后阶段耶稣丧失了行动，祈祷甚至思考的能力，"他感到悲伤与失望带来的锥心刺骨的痛苦。"[63]在第30天，他平静地接受了死亡。

从这条叙事线索来看，作者似乎通过灵性探索的失败表现了信仰的虚妄，耶稣按照宗教的要求将对上帝的追寻实践到极致，结果却自寻死路。在这里作者的笔调是讽刺的，他否认了信仰的可能性，但小说中还隐含着另一条叙事线索。

耶稣路过缪撒的帐篷时发现他病得很重，按惯例为他做了祝福，在此之前，所有人都认为缪撒即将死去，他的妻子甚至已经掘了坟墓，但缪撒从此逐渐恢复健康。

缪撒将这个神迹告诉其他人，鼓动旷野中的禁食者向这位圣人求助。缪撒在悬崖上的洞穴里发现了耶稣的尸体。但是，在此之前，在耶稣死去的清晨，缪撒曾亲眼看见"耶稣在雨后的泥泞中行走，光着脚，赤裸着身子，像

59 Ibid., p.76.
60 Ibid., p.77.
61 Ibid., p.130.
62 Ibid..
63 Ibid., p.158.

一根荆棘一样脆弱瘦小。""他是这样轻盈，在泥泞中穿行也不会粘着鞋子。"[64]这对缪撒而言无疑又是一个神迹：他看见了耶稣的灵魂。

最后是第三个神迹。缪撒等人将耶稣埋葬，可是在最后，缪撒却看见耶稣复活了。

第一个神迹可以用巧合解释，第三个可以归入生理学上的假死，但是文中的叙事没有为第二个神迹留下理性化阐释的余地。文中的这条叙事线索似乎确认了信仰的可能性，尽管极其微弱。

在《40天》中，描写耶稣的叙事只占全文篇幅的1/5。在其他场景中出现的人物是缪撒、他的妻子玛利亚，四个前来禁食的人。每个人都带着自己的目的来到旷野，可是大多数人都没有获得原先想要的东西。即使获得了，也是以原先没有想到的方式得到的。以耶稣为例，这次禁食的经历与结果对他来说意味着什么呢？

在耶稣临死的时候，他感到禁食使他准备好进入死亡。他的未来不再有肉身，他已经用肉身和永恒的圣洁做了交易。但在最后一刻，他乞求魔鬼来救他脱离死亡。"他几乎更欢迎魔鬼，与上帝相比。因为魔鬼可以交易，可以赶走，而上帝却是那么无情，不确定。"[65]耶稣在临死前虽然是矛盾的，但死亡并没有夺走他对彼岸的追求。在基督教的正统神学中，上帝是完全自主的，正如改革宗神学一再强调的预定论思想，在创世之前上帝就预定了谁可以得救，谁将沉沦，他对人拥有绝对的主权。从这个意义上说，《40天》表达的信仰的背谬状态符合正统的神学观念。

对耶稣而言，他遭遇的正是这样一位绝对的上帝，他以人难以想象的方式临在，如《旧约》所说的，是自隐的神，是完全的他者。上帝向耶稣显示了他绝对的主权，他可以决定在什么时候，以什么方式显现。他显现的方式就像这几个神迹一样，模棱两可，拒绝现实的完全在场的临在，因为他强硬地要求临在人的主观意识之中，拒绝成为客观的明证，而信仰就是对这种主权的无条件的服从。因此虽然上帝没有以耶稣期望的方式显现，甚至在耶稣最艰难的时候也没有施以援手，他没有抹去耶稣的苦难，没有为耶稣追求绝对者的道路铺上鲜花，但是当耶稣走过了这条荆棘路，他反而能够进入比原先充满幻想的宗教热情的状况更加谦卑、顺服的境界中。死亡已经不能夺去

---

64 Ibid., p.204.
65 Ibid., pp.192-193.

他的信仰，现在他在上帝面前是真正谦卑、顺服的，因为就像他临死前意识到的那样，上帝是无情的，不提供交易。

虽然《40天》写到这里就结束了，但是作者对耶稣这个生平片段的重写，实质上包涵了对福音书记载的后来耶稣身上发生的事情的解释。即他学会了对上帝的绝对顺服，最终走到了十字架上，他以治病、赶鬼的方式在卑微的人中传道，等等。

通过显形与隐性两条叙事线索的交叉，《40天》表达了人在信仰中的背谬处境，信仰似乎可行——在主观层面，却又无法证实——在客观层面；人的宗教追求似乎神圣，却又掺杂着世俗的因素。成功与失败，得与失都无从定义，人只是一直走在追寻的道路上而已。耶稣试图在禁食中获得他生命中坚实的支撑点。他希望遇见上帝以后能够获得能力，治病赶鬼，这种能力在众人面前成为上帝存在的明证，使他不再被家人和邻居的嘲笑。他希望在禁食中确认自己一生的使命：治病、教导真理。可是即使通过最极端的追求，不可置疑的存在的根基仍然没有获得，信仰就是走在交付一切和不确定的背谬之中。

在《40天》对耶稣禁食的描写中，耶稣的信仰探索历程与自我建构过程已经完全融为一体。耶稣的自我建构过程也即他探索上帝的过程。在遭遇信仰的背谬的同时，他遭遇并接受了自身存在的背谬。

从某种意义上说，上帝也代表着一切终极之物。20世纪的存在主义神学家蒂利希曾说："宗教意味着终极关怀，也询问人存在的意义究竟'是有还是无'的问题，并拥有解答这个问题的很多信条。这是最广泛、最基本的宗教概念。宗教最终关心人的存在、人的自我和人的世界，关心它的意义、疏离和局限性。"[66]

正如我们在前面提到的，近代小说在建构现代主体时逐渐完全取消了超越的维度，耶稣在这些时期的文学中也同样失去了这个维度。但是以这两部世纪之交的小说为代表，尽管塑造的依然是人子形象，却认真地探讨耶稣的信仰问题，重新确认了信仰是人值得重视的重要问题。人子形象的自我建构与灵性探索合一，从一个侧面说明了20世纪西方文学中超越维度的普遍回归。

《40天》重写了耶稣生平的一个小片段，使福音书中具有神话意味的古老情节转换成充满现代感的故事。《见证》则重写了耶稣一生的方式，在这里，耶稣同样不是信仰的对象，而是探索信仰的人。

---

66 《现代艺术的宗教风格》，第250页。

在《见证》中，作者采用四重叙事的方法描写耶稣的生平。叙事线索为：门徒犹大讲述耶稣从旷野出来（在此之前施洗约翰被捕，耶稣作为他的门徒被迫离开，于是到旷野中禁食），至逾越节前一周（此时犹大离开耶稣）；抹大拉的玛利亚讲述耶稣传道初期（在耶稣去寻找施洗约翰之前），至耶稣准备携门徒一起到耶路撒冷过逾越节；耶稣的母亲玛利亚讲述耶稣的出生、童年，直至逾越节的早晨（此时耶稣刚刚被捕）；格拉森的西门讲述耶稣传道后期，至耶稣受难之后的情形。这四人的角度各异，讲述的内容互为补充。透过母亲与门徒的见证，耶稣的一生完整地呈现出来。《见证》没有直接讲述耶稣的内心历程，而是通过每个人讲述自己与耶稣交往的亲身经历。这四个人的讲述相互补充，彼此之间没有抵触，因此小说的耶稣形象也比较统一。

应该说，《见证》关于耶稣的材料本身没有很多新颖之处，大多是耶稣研究会以及其他研究的成果，再加上前人重写耶稣的素材，如耶稣是外邦人与犹太女子的私生子，他幼年生活在埃及的亚历山大城，接受了犬儒主义思想等，都是耶稣重写中的常见素材。《见证》没有编造许多新奇的素材或精彩的故事，但它塑造的人子形象平易近人，非常符合当代伦理观念。

在《见证》的叙事中，我们发现作者严肃、认真地处理人子形象与基督教历史之间的张力。一方面，耶稣是一个彻彻底底的人，他没有任何神迹色彩。他建立的新的信仰形态，得益于幼年对希腊哲学的学习，并且将希腊哲学与犹太教融合，他不会赶鬼，他医治一些疾病源于幼年在埃及学得的高明医术。另一方面，由于门徒们过于盼望弥赛亚，这群渔民不理解耶稣为何能够治愈这么多疾病，而且误解了他的一些教导，所以将他当成了神，再加上一些人利用耶稣的名字装神弄鬼，蓄意欺骗，才出现了后来的基督教。尽管这些叙事没能够完全缝合人子形象与基督教历史之间的张力造成的文本裂隙，但是作者依赖一些历史学的材料在加上自己的想象，细致地描写围绕着耶稣的人和事，重建了当时的犹太（尤其是底层的）社会，增强了耶稣与社会的互动，使耶稣的灵性探索过程显得具体、可信。

显然，与一般反映存在困境的人物相比，耶稣形象中的宗教问题是必须处理的。重写人子，虽然也是将他放在人的位置上，探讨人的精神危机与困境，但是这种探讨也必然涉及人的宗教性。《见证》将耶稣的信仰形成过程用合乎现代人观念的身份认同问题联系在一起，这既改写了灵性传记的传统内涵，又为我们提供了看待现代人问题的新视角，使之具有了宗教的维度。正如蒂里希所说，"宗教关乎人的存在、人的自我和人的世界，关心它的意义、疏离和局限性。"在蒂里希看来，存在的问题就是宗教的问题。结果，在自我建构与灵性探索的合一中，一方面耶稣成为了彻底的人子，具有了与人一样的内在心理，经历普通人经历的精神焦虑与寻求过程，但是在他介入的领域中，人的问题也同时具有了超越的维度。

人子形象是 20 世纪小说中耶稣形象的主流。重写人子的小说相对塑造其他耶稣形象的小说，不仅数量最多，而且整体的文学价值比较高。这在很大程度上归功于人子形象与这个世纪人面临的问题的贴近。透过重写人子，这个世纪的人面临的问题也重新具有了宗教的维度。在蒂里希的定义中，不是宗教内容，而是宗教风格决定了这些问题的宗教性，"倘若新教意味着我们无须遮掩任何事实，而是必须探究人类深层的疏离和绝望，那么，《格尔尼卡》便是一幅最有感染力的宗教绘画。尽管没有宗教内容，但确实具有深刻的宗教风格。"[67]

在 20 世纪，人面临了许多精神危机，这些危机是启蒙理性传统不能解释的，于是人的超越维度又重新被揭示出来，因为它有助于跨越理性的层面，面对人深层的疏离感与虚无感。《40 天》与《见证》关注耶稣及其身边门徒的信仰历程，将个体信仰从注重教义的传统宗教形态中解放出来，通过个体叙事重建了信仰的可能性。

《新约》的四部福音书都采用单一有限视角叙述耶稣的故事。虽然今天的研究认为，福音书的形成大约经过了三个阶段，但是教会将福音书视为某位使徒的见证。这在福音书中也能找到一些内证。比如《约翰福音》中说："为这些事作见证，并且记载这些事的，就是这门徒；我们也知道他的见证是真的。"[68]这样的结果是将对耶稣的叙事的真实性建立在了个体之上。也就是说，《圣经》中证明耶稣是基督，采用的不是逻辑论证，而是通过几个个体的讲述。在《圣经》传统中，个体叙事确实具有决定性作用。几乎所有《新约》经卷都由某位使徒冠名，而且基本上都是写给某个教会或个人的书信。在福音书中，个体的叙事具有真理意义，在这一点上，它与现代小说不谋而合。

在最近 30 年，耶稣小说的叙事越来越趋于个体化，如《我，犹大》（泰勒·考德维尔，1977），《各各他直播》（戈尔·维达，1992），《子的福音》（诺

---

67 《现代艺术的宗教风格》，第 254 页。
68 《圣经·新约》，约翰福音 21：24。

曼·梅勒,1997)等都采用第一人称的方式讲述耶稣的故事。《见证》也是采用这种叙事方法的典型例子。在《见证》建构的文本世界中,通过大家讲述与耶稣的交往经过,以及自己对耶稣的感受,作者传递出他的耶稣形象的价值之所在。

四个人讲述的结尾都有一段总结性的话语,他们的共同感触是:耶稣的言传身教令他们重新认识了自己,在与耶稣的交往接触中,他们仿佛被光照亮,重新认识了自己、世界与他人。在这些总结中,耶稣所传扬的上帝并没有位置。面对耶稣,他们获得的体悟不是一般宗教意义上的,而是存在层面的。

如犹大,他感到在每一条路上都走到尽头。但是在约书亚(耶稣的希伯来文音译)那里似乎有些新的东西:"一种新人,一种新的看待事物的途径。如果有一个人发现了讲述真理的途径,或许世上其他人也是有价值的。如果有一个人确实不仅仅关注自己的需要或荣耀,或许上帝并没将我们造成野兽,一场应该从世上除去的瘟疫。"[69]在他生活的时代,国王只关心自己的财富,强盗打着正义的旗号抢劫,普通人变得十分可悲,"也许像那些沙漠中的疯子说的一样,我们真的在世界末日。但是,约书亚身上有一种品质,让人感到还有些什么,或许还有希望,他可能会说出某些改变世界的秘密。把你的秘密告诉我,我曾想这样对他讲,告诉我,更新我。即使现在我已经离开他,我还常常看见他在前方指着一扇门呼唤我,好像我只要跨过它,就能从黑暗走向光明。"[70]

抹大拉的玛利亚也有类似经历,她说到:"我常常想起约书亚刚来到我们这儿的日子,那时,我突然进入他提供的新视野,心里充满了疑问。他唤醒了我心底里从未感觉到的生命,那个生命来到我的意识里,对看见的每件事感到惊奇。但随着时间过去,这些问题好像变成了一个,那就是这个人的什么地方如此感动我,以至于我抛下了一切愿望,只剩下一个——靠近他。……每个听说他或看见他的人都有自己关于他的形象,认为他是位圣徒或是个疯子,一个异端邪说分子或一位智者。但是我们这些最接近他,曾被他拥抱,陪伴他在湖边行走的人,时间一天一天过去,却发现对他了解得越来越少。他仿佛是我刹那间窥见的一个无以名状之物,在我有机会认识之前又已从眼前略过,像我孩提时在山中旅行见过的那只大鸟,我以为那是一位神。"

69 Ibid., pp..121-122.
70 Ibid, p. 122。

抹大拉的玛利亚的话很像史怀泽在《寻找历史上的耶稣》中广为人知的结语：耶稣"作为不可认知和无名者而走向我们，正如他在湖畔召唤那些不知道他是谁的人们一样，他说着同样的话：你跟随我吧！并向我们提出了他在我们时代要完成的任务。他告诫我们，并向那些遵从他的人启示自己，而不论他们聪明睿智或简单质朴，他们将与他一道经历平安、辛劳、奋斗和苦难，他由此来启示自己，并作为一种不可言状的奥秘而使他们体验到他是谁……"[71]在这部名著中，史怀泽在否认了历史上的耶稣这一命题之后，确认了信仰的可能。这种看似带有唯灵的神秘主义色彩的结论，其实是尝试将信仰归入个体叙事建立的主观真理之中。

在《见证》的文本中，作者着力传递这样一个观念，虽然耶稣不是神，但却不能因此完全否定信仰本身和信仰者。这个观念似乎是矛盾的。但人子形象却始终面对着这个矛盾。《见证》通过其交叉叙事否认了神迹，犹太—基督教的传统信仰已然失落，再也不可能像过去那样构成的宇宙叙事与个体叙事的统一。但是它虽然取消了神迹，却没有取消信仰的可能性，而是将信仰表现为主观层面的体验，个体（正如文中的犹太等人）只能观察他人（如耶稣）的信仰，而无法裁决在他人的主观层面中上帝存在的真伪性。在这种观察中，虽然上帝是否存在不可证实，但信仰的实践力量却是真实明确的，即从理性上固然可以取消上帝存在的逻辑证明，却无法取消信仰对个体产生的实际作用。理性主义认为，取消上帝存在的理性证明，信仰就被取消了。《见证》将信仰的地盘取消于客观层面，保留于主观层面，因为体验是主观层面的，也只存在与个体经验相结合的主观真理。小说在重写耶稣时将自我建构与灵性探索合二为一，即借助个体信仰的叙事建构了主体的真理性。

## 第四节　女性的未来之歌

2008 年，曾经成功制作了《耶稣传》（*Jesus*）[72]的"耶稣传电影事工"（the "JESUS" film）[73]推出了一部从女性视角讲述耶稣的电影：《抹大拉：从羞耻中

---

71 *The Quest of the Historical Jesus*, p.487.

72 《耶稣传》（*Jesus*）：被翻译为最多种语言的电影，自 1979 年上映以来在全球播放超过 60 亿次，已经翻译成超过一千种语言。

73 耶稣传电影事工（the "JESUS" film）：隶属于国际学园传道会，学园传道会于1951年在美国加州大学洛杉矶分校创办，现为全球最大的非盈利机构之一。

走出来》(*Magdalena: Released from Shame*)，该片讲述抹大拉的马利亚与拿撒勒人耶稣相遇并跟随耶稣的经历。"耶稣传电影事工的宗旨"推出本片的宗旨显然是为了拉近妇女与耶稣以及基督教的距离，如耶稣传电影事工执行董事吉姆·(Jim Grenn)说说："通过这部电影能很好的向妇女分享上帝是如何重视和关爱她们。"[74]受到当代女权运动的影响，这部片子尝试从正面的角度诠释耶稣与女性的关系。和基督教历史上对待女性的糟糕名声相左，[75]这部电影认为，福音书显示，基督教的建立者耶稣并不歧视女性，而且主动帮助女性脱离被欺凌与被侮辱的状态。电影描述了耶稣如何释放了行淫时被抓的女性，怎样接纳了被犹太人不齿的妓女等等。相对于当下流行的关于抹大拉的马利亚和拿撒勒人耶稣的众多演绎（如《达·芬奇密码》），这部电影在教义上中规中矩，代表了正统教会的立场，内容上也紧扣四福音书，没有添加如何对教规教义具有颠覆性的内容。

相比而言，英国广播公司（BBC）在 2009 年 9 月 18 日推出的纪录片《抹大拉的玛利亚》(*Mary Magdalene*)[76]的态度就激进得多了。这部片子根据《腓力福音》和《抹大拉的玛利亚福音》最后得出了这样的结论：抹大拉的玛利亚的妓女身份是后世添加的，这个侮辱性的是来自基督教男性领导者的污蔑，她原本是耶稣最忠实的门徒，领受了耶稣独特的教诲，是基督教会早期的重要领袖，它还暗示，可能在抹大拉的玛利亚这里才拥有基督道理的真谛。

在 20 世纪以来重新诠释耶稣的浪潮中，女性叙事者的出现并不令人感到意外。这是一个女权运动蓬勃发展的世纪，还给女性长期以来被剥夺的话语权是这场运动的宗旨之一。基督教也必须面对这个令人有些尴尬的问题：不仅四福音书没有一部出于女性之手，整部《圣经》都缺少女性的声音。不论在核心经典里，还是在历史上，"男性父权制中心主义"似乎都是基督教一个难以洗刷的印记。

---

74 "耶稣传电影事工新片《抹大拉》美国发行"，高阳译，2008 年 3 月 1 日，《基督日报》，http://www.gospelherald.cn/template/news_view.htm?code=cul&id=70

75 有一位主教在公元 585 年举行的马肯宗教会议上提出一项议案：女人是不是有灵魂。出席的教会人士中有将近一半对这个问题持否定的回答。基督教的这次会议最后以仅仅一票的多数认定，虽然妇女是低级生物，但毕竟还是拥有类似灵魂的东西。

76 http://www.bbc.co.uk/religion/religions/christianity/history/marymagdalene.shtml

20 世纪中出现了一批女性写作的耶稣小说，尤以德国为众，如著名女诗人盖特尔德·冯·勒·福特（Gertrud von le Fort）的中篇小说《彼拉多夫人》（1955），女作家路易斯·莱森（Luise Rinser）的《玛利亚》（*Mirjam*，1983），英国女作家米歇尔·罗伯茨（Michèle Roberts）的《野姑娘》（*The Wild Girl*，1984），[77]美国女作家以斯贴·凯尔内（Esther Kellner）的《彼拉多的新娘》（*The Bride of Pilate*，1959），美国畅销书作家安托内特·枚（Antoinette May）的《彼拉多的妻子》（2006）等。这些小说主要从两位女性的视角讲述耶稣的故事，一是将耶稣钉在十字架上的罗马总督彼拉多的妻子，另一位是福音书中出现几率最高的耶稣的女信徒抹大拉的玛利亚。

彼拉多夫人的视角主要受到福音书中一处记载的启发，《马太福音》27 章 19 节："（彼拉多）正坐堂的时候，他的夫人打发人来说：'这义人的事，你一点不可管，因为我今天在梦中，为他受了许多的苦。'"[78]因为福音书中的这一句话，彼拉多的妻子后来在基督教历史上被奉为圣徒，人们认为她的名字是克劳迪娅。盖特尔德的小说《彼拉多夫人》正是从这个梦境开始。安托内特·枚将她描绘成一个具有通过梦境预知能力的罗马上层妇女。盖特尔德讲述了克劳迪娅如何彷徨于罗马文化与基督教信仰之间。安托内特·枚以流畅的笔墨将她的生平置于罗马帝国的政治中心，上层贵族的奢侈生活、阴谋重重的政治阴云、古埃及女神伊西斯（Isis）的神秘崇拜、彼拉多夫妇一波三折的婚恋史和婚外情……而美国意象派女诗人希尔达·杜丽特尔则将她塑造成一位创立了新宗教的女先知。

抹大拉的玛利亚是基督教历史上经常出现的一位女性。一般认为，她就是《路加福音》第七章 36-50 节中那位亲吻耶稣的脚的妓女，后来跟随了耶稣。在基督教艺术中，她往往以在旷野中悔改自己的罪行的形象出现，是女性的罪恶的象征和女性悔改的典范。但抹大拉的玛利亚在 20 世纪的地位达到了前所未有的高度，她的翻身和近几十年重新出土的非正典福音书有分不开的连续。1945 年在埃及发现的《腓利福音》（*The Gospel of Philip*）[79]记载："有三

---

77 米歇尔·罗伯茨：1949-，母亲是法国天主教徒，父亲为英国新教徒，毕生致力于女性解放运动。

78 《圣经·新约》，马太福音 27：19。

79 拿戈玛第经集（Nag Hammadi library）是指一批于 1945 年在上埃及地区的拿戈玛第所发现的一系列莎草纸翻页书。这批翻页书总共有五十多篇不同的文章，大多数都属于早期基督教的诺斯底教派的经书，这些科普特语经集的希腊文原版之成

位女性总是和主一同行走：他的母亲，他的姐妹，还有他称之为伴侣的抹大拉，这三人的名字都是玛利亚。"[80]另一段与抹大拉的玛利亚相关的内容是以片段的形式存在的，英文如下："And the companion of [the saviour was Mar]y Ma[gda]lene. [Christ loved] M[ary] more than [all] the disci[ples, and used to] kiss her [often] on her [mouth]. The rest of [the disciples were offended by it and expressed disapproval]. They said to him 'Why do you love her more than all of us?'"[81]中文可以译作"[救主]的伴侣[是]玛利[亚]。[基督爱]玛[利亚]胜过[所有]门[徒，曾经常]亲吻她的[嘴]。其他的[门徒对此不高兴并表示不赞成]。他们对他说'为何你爱她胜过我们所有人？'"（方括号中的字母是今人添加的。）一些学者认为，此处的亲吻并不一定含有爱情的意味，因为当时的犹太风俗中，这是亲朋好友之间的惯常举动。比如在福音书中，门徒犹大正是以一个亲吻为暗号，出卖了耶稣。虽然原稿并不完整，亲吻或许没有情爱的意味，仍然可以看出讲述了这位玛利亚和耶稣不同寻常的关系。

在《玛利亚福音》[82]中玛利亚扮演了一个更重要的角色："彼得对玛利亚说，姐妹，我们知道救主爱你胜过其他女人。告诉我们你记得和知道的救主的话，那些我们没听过的。玛利亚回答说，那些向你们隐藏的我要告诉你们。"[83]女性主义神学家凯伦·金（Karen King）据此认为："这是早期基督教著作中关于女性领导权的合法性的最直接和有说服力的论据。"[84]随后彼得对玛利亚

---

书日期一直为人所争论，一般认为是介乎公元一世纪至二世纪之间。而拿戈玛第经集则版认为是在三世纪至四世纪成书。《腓利福音》是其中的一篇，名字是当代人添加的，因为腓利是文中唯一出现的使徒。

80 "There were three who always walked with the Lord: Mary, his mother, and her sister, and Magdalene, the one who was called his companion. His sister and his mother and his companion were each a Mary."

81 方括号内为根据文法和意思补充的字母，和大多数拿戈玛第经集中的文章一样，《腓力福音》也是受到腐蚀的残片。

82 《玛利亚福音》：一部公元5世纪的纸草抄本，于1896年在埃及被发现，该抄本并不完整，开始缺少六页，中间丢失了四页。该书被普遍认为是反映诺斯替教派观点的伪经。著名的《达芬奇密码》一书正是以这部作品的内容作为依据，提出抹大拉的玛利亚是耶稣的妻子的观点，尽管现有的《玛利亚福音》版本并未如此说过。

83 "Peter said to Mary, Sister we know that the Savior loved you more than the rest of woman. Tell us the words of the Savior which you remember which you know, but we do not, nor have we heard them. Mary answered and said, What is hidden from you I will proclaim to you."

84 *The Gospel of Mary of Magdala: Jesus and the first woman apostle*, Karen L. King, Calif.: Polebridge, 2003, p. 3.

的发言表示质疑:"[彼得]问他们关于救主:他真的私底下对一个女人,而不是公开对我们大家说话吗?我们要转去听从她么?他喜欢她胜过我们吗?"[85] 这段话似乎同样指向早期教会中存在男性和女性的领导权之争,这种争夺不仅在《玛利亚福音》中,在《多马福音》和《埃及人福音》中也有表现。

BBC 的纪录片没有涉及基督教早期最著名的异端——诺斯替教派的问题。《腓力福音》和《玛利亚福音》在内容上显然更接近诺斯替教派的思想,而《多马福音》更是被普遍认为是诺斯替教派的代表作,这种教派也被翻译成神智学派,推崇秘传和智慧,在公元 2、3 世纪以多种形态流行。诺斯替思想中的东方神秘主义和希腊哲学的影响是相当明显的。早期教会在确立正典和正统教义的时候竭力与诺斯替思想划清界限,将它确定为应当被谴责的异端。比如基督教最早的教父之一爱任纽的传世之作《驳异端》就是为了分辨诺斯替思想与基督教之间的区别。[86] 但是关于诺斯替教派和非正统福音书的可信度的问题,BBC 的纪录片完全没有提及,而是明确、不加批判地表达了教会早期女性领导者抹大拉的玛利亚在历史中因性别歧视被湮没的观点。

虽然,《玛利亚福音》和《腓力福音》有可能提供了早期教会更多维的一面,这些福音书的非正典地位使它们至少在目前并没有为提升女性在现实教会中的地位提供有力支持。但是,它们的出土和流传极大地启发了当代女性对耶稣的重写。

比如,米歇尔·罗伯茨的《野姑娘》直接借鉴了《玛利亚福音》的材料,从女性主义的角度重新演绎了福音书。在这部书中,野姑娘抹大拉的玛利亚年少失足,但在耶稣这里找到了真爱,耶稣离开世界以后,她已怀着耶稣的孩子,是最了解耶稣真理的人,也是耶稣未竟事业的托付者。

相对于男作家,女作家在重写耶稣时显然遇到一些不同的问题。耶稣是一位男性,所以,女性很难像男性作家一样在他身上找到自我认同。由于社会地位和角色分工等各方面的差异,女性面临只有女性才会遇见的境遇和问题,即使是战争、种族歧视这样一些具有人类普遍性的问题,由于身体和社会角色的差异,女性也是以和男性不一样的方式体验它们的(比如对于一场战争,作为母亲、妻子、女儿,和父亲、丈夫、儿子体验的方式显然不同)。

---

85 "[Peter]He questioned them about the Savior: Did He really speak privately with a woman and not openly to us? Are we to turn about and all listen to her? Did He prefer her to us?"

86 详见爱任纽(120? -202)《驳异端》。

在女性这里，耶稣作为完美人性的代表似乎遇见了他的边界，他只能是男性的代表。因此，在女作家笔下，耶稣小说很难成为表现女性心路历程的讲述，她们的重写几乎千篇一律变成了女性"遇见耶稣的故事"，而不是"耶稣的故事"。

其次，在基督教的历史上，女性和耶稣的关系并未能得到清晰的言说，尽管女信徒众多，基督教中的女性事实上直到今天仍缺乏正面的传统。当然，在过去的两千年中，不只有基督教的历史中缺少女性的声音和传统。但是如何克服这个问题，弥补这一必须缝合的缺陷，基督教却需要做出自己独特的回答。女作家重写女性遇见耶稣的故事，正是在尝试为女性与耶稣的关系建立正面的例子。

撇开基督教历史不说，福音书中的耶稣对女性显出了巨大的亲和力。他接受女性的供给；有许多女性的追随者；他医治许多的女性，体恤她们的需要，传福音给她们。在福音书中，女性对耶稣的跟随也十分坚定，当门徒都不理解耶稣的受难时，是拉撒路的姐妹玛利亚为他献上了香膏，她的义举受到了耶稣的极大赞许。在十字架下，门徒四散，而女性仍然陪伴着受难中的耶稣。她们参与了他的葬礼，最早来到他的坟墓前，也最早见证了他的复活。在《使徒行传》记载的早期教会中，我们同样看到女性的活跃身影，她们是教会的执事、先知、同工，是接待门徒的人，在她们的家里有最早的教会……这个部分在女性的耶稣小说中也有不少表现。甚至在一些男性作家的笔下，女性也是最爱耶稣，最能理解他的人。如《各各他山上的贼》和《见证》。

如果说四福音书中唯一真正的男女"不平等"之处，要属耶稣的十二门徒中没有女性，尽管他毫无疑问将女性纳入他事工的对象，他似乎将福音的使命主要给予了男性，这为后世教会机构中排除女性埋下了最重的一笔。也就是说，他似乎将教会的主要权力给予了男性，女性不过是跟随者、参与者、被领导者。当然，从释经的角度而言，这种解释并不是唯一的。因为从保罗书信中可以看见教会早期有很多女性的领袖。

如果我们从另一个看似不相干的角度来看这个问题。我们会发现，圣经中同样记载，耶稣的出卖者、控告者、审判者（犹太公会、大祭司、彼拉多、希律王）以及死刑执行者都是男性。这是否意味着福音书变相地质疑了男性作为权力拥有者倾向于不公正。恐怕没有人会同意这种阐释。另外两位学者伊文·施泰格（Evelyn Stagg）和法兰基·施泰格（Frank Stagg）的回应更为简洁明了："十二使徒是耶稣所要重新建立的以色列十二支派的表征。倘若因为十二使徒都是男性，我们就拒绝接纳妇女做教牧圣工人员。那么，难道我们也可以因为这十二人都是犹太人就拒绝非犹太人做教牧事奉吗？"[87]所以，十二门徒中没有女性，究竟由于可变通的特定历史、文化，还是可以据此引申出一个跨越时间和地域的真理，即女性在耶稣的福音事工中不应当处于领导地位，甚至不应当参与其中，这个问题眼下在各教会中并不能获得一致的答案。但在女作家们看来，答案很自然是肯定的。相对男作家而言，女性的耶稣故事都非常关注女性的地位，她们往往有意无意地让女性在耶稣的生平中扮演比福音书中的记载更重要的角色。如《彼拉多的妻子》中玛利亚央求克劳迪娅拯救耶稣的生命，在《野姑娘》里玛利亚保留了耶稣信仰的真义。

　　和性别相关的问题是女作家特别关注的。正典福音书没有记载耶稣的婚姻和恋爱。但是女作家们似乎认为，婚恋并不妨碍耶稣的神圣性（福音书中迦南的婚宴就是他自己的）。于是在《野姑娘》和《彼拉多夫人》里，耶稣都结婚了，还举办了婚宴。这种改写试图通过耶稣认可婚姻说明日常生活的价值，毕竟在历史上，女性比男性更属于日常生活的范围。而在婚恋关系中，耶稣与女性进入一种深入、亲密、平等的私人关系，也不言而喻地提高了女性的地位。因为两性关系，尤其是婚姻中的，是众多人际关系中最深入的一种。相比而言，不少男作家都将禁欲视为追求信仰的必由之路。比如《基督耶稣的最后诱惑》里，耶稣正是通过拒绝性和婚姻生活，胜过了最后的诱惑。《40 天》中的耶稣甚至希求通过禁食遇见上帝，禁欲是他的宗教理念的一部分。

　　不仅在私人空间里，女作家的耶稣小说也往往赋予公元 1 世纪的女性更多社会功能。如在《野姑娘》里，女权主义者米歇尔·罗伯茨让抹大拉的玛利亚在初期教会中扮演重要角色。在耶稣的时代，无论在罗马文化还是犹太文化中，女性的身份都依附于男性。所以，耶稣的女性跟随者往往面临比男性门徒更复杂的身份抉择和文化危机。女性也比男性更难确立与耶稣的个体关系，因为这种关系的前提是个体的独立性。

---

87 Evelyn and Frank Stagg, Woman in the World of Jesus （Philadelphia: Westminster Press,1978），p.255.转引自《夏娃、大地和上帝》，杨克勤，华东师范大学出版社，2008，第 78-9 页。

由于基督教的女性负面形象传统，写作耶稣小说的女作家非常注意在作品中寻求女性的价值肯定。除了肯定婚姻和女性的社会作用之外，大多数女作家也留意到福音书中的另一资源，这是女性与耶稣关系的维度之一，即女性作为一种弱势群体与耶稣的关系。

对弱势群体的认同是福音书中耶稣形象坚定的立场。上帝之子基督没有降生在帝王的宫殿里，而是出生于平民之家，用自己的双脚行走在以色列的土地上，向渔夫、税吏、罪人和女性这些为权势者不屑的人布道，他的言论颠覆各种权威，他多次公开批评以色列中的宗教领袖法利赛人；反对由犹太大祭司掌控的圣殿中的商业行为；他对财富不屑一顾，认为金钱阻碍人认识真理："有财宝的人进天国，比骆驼穿过针眼还难。"他明显与各种现有势力（政治、经济、宗教、文化）保持距离，选择了贫穷的毫无权势的一生。和弱势群体在一起受苦，与受压迫者一起受压迫，这是福音书中的耶稣形象留下的宝贵遗产，贫穷的耶稣体现了道成肉身神学的真义，也是基督教在20世纪能够在第三世界国家获得巨大发展的重要原因之一。除了女性神学之外，拉丁美洲的解放神学、美国黑人神学都发现了耶稣对弱势群体的认同，并以此建立自己的基督论。

女性主义神学家也发现了这一资源，如女性主义神学的领袖之一美国学者蕾提·卢瑟（Letty Russell）在"读福音书时，发觉耶稣是女性主义者，因为他拒绝透过权力关系运用他的权威，去辖制人或勉强人。他拒绝这类权威，以及支持该权威的阶级制度，而在跟随他的人中，建立互相依赖的团体生活。耶稣传扬未来神的国将临到，并用比喻、寓言说明，那是全然平等的状况，不再是家长制。"[88]从这个角度，女性能够获得与耶稣的认同。女性身份带来的苦难使女性与耶稣牢牢地连接在一起。耶稣以他自己的生活和教导强有力地宣告，他反对任何形式的占据优势者对居于弱势者的压迫，在每一种形式的压迫中，他都和弱者站在一起，因此，他在关于末日审判的寓言中，宣布他将和那些"弟兄之中最小的一个"站在一起，并承诺当门徒给需要者以水、食物、衣物时，就是在供给耶稣本人。[89]他的生平路径对女性主义的启示是，不寻求走向权力中心，但这不等于放弃言说的权力。这对当代教会女信徒的启示是，务必以超越的维度看待个人的成就，服从和降卑不等于逆来顺受，

88 《二十世纪神学评论》，第276页。
89 《圣经·新约》，马太福音25：31-46。

在对耶稣的爱与倾倒之中，恰恰追寻的是一条独立而卓越的道路。耶稣通过他的认同将弱势群体从羞辱的状态中被释放出来，"耶稣传电影事工"推出的电影：《抹大拉：从羞耻中走出来》抓住的正是这个角度。

西方文化保守派领袖哈罗德·布鲁姆（Harold Bloom）在《西方正典》中将女性主义列为首席"憎恨学派"，深表当今文学批评受政治正确性的意识形态压迫之感，讽刺女性批评鼓吹"共同的姐妹情谊所具有的适度谦逊和缝制被褥式的新型崇高感"[90]。布鲁姆未必歧视女性，但他反对廉价的女性批评打着政治正确的幌子遮蔽文学批评的实质。而他之所以称女性主义为"憎恨学派"，是因为时下流行的女性主义以受伤的名义表达了强烈的控诉和敌意，这种打着学术旗号的批评常常缺乏理性思辨需要的自我反思精神。从某种意义上，布鲁姆带有强烈感情色彩的命名在一定程度上道出了当下世俗女性文学研究的不足。

女性在历史和文化中的"第二性"地位无疑需要清算。但重新评价和重写历史是为了建构面向未来的性别平等，因为任何一性都不可避免地继承了历史上积累的性别文化，性别歧视的影响并非一朝一夕可以清除，性别平等也并非经过一代人的努力就可以获得。在西方，风起云涌的女性研究渗透到了社会和历史的各个层面，[91]但是，如果"只要是女性主义的，就是对的"，这种批评就成了"话语霸权"，正是女性主义反对男性话语中心模式的翻版。

布鲁姆带有强烈感情倾向的命名的另一层涵义是，他认为这种强势批评以意识形态取消了文学自身的价值。在当代西方，性别权利的争取、制度层面的保护都渐趋完善，女性主义的注意力常常集中在文化反思方面。比如对包括女性在内的弱势群体的关注。女性作为弱势群体有其特殊性。其中之一是，在父权制社会中，女性在阶级上依附于父亲或丈夫，这有可能使她们凌驾于其他弱势群体之上，就如著名英国小说家多丽丝·莱辛在《野草在歌唱》中描写的一样，南非的白人女性在自身受制于白人婚姻制度的同时，也扮演了黑人的压迫者的角色。[92]

---

90 《西方正典：伟大作家和不朽作品》，哈罗德·布鲁姆，江宁康译，译林出版社，2005，第22页。

91 相比较而言，中国等东方国家对性别歧视的清算是不够彻底的，尚在路上。

92 多丽丝·莱辛（Doris Lessing），英国女作家，2007年诺贝尔文学奖获得者，《野草在歌唱》为成名作和代表作之一。

那么，在当下的西方，人人都务必以"女性主义者"自居的处境中[93]，基督教怎样言说自己的新的性别观念呢？教会和神学显然需要反思历史与现状中的性别歧视问题。在基督教历史中，性别歧视不是无意识的欺压，而有着清晰的理论支持。世俗的女性主义思想揭露的女性受压抑的处境，不论从历史的角度（包括政治、经济、制度等等），思想文化的角度，还是话语权的角度，在许多方面也适用于基督教。但是基督教能在解决性别歧视的问题上作出自己的独特贡献，是人本主义的视角不能提供的吗？

首先，基督教思考问题的出发点和源于人文主义的女性主义不同的。女性主义追求个体自由全面的发展，是对文艺复兴的人文理想和启蒙时期以来人作为理性主体的推崇的继承和发展。但是基督教首先关心的是人的救赎。这里的救赎并不仅仅意味着死后进入天堂，灵魂得救。基督教的救赎也意味着人在现世的复原，如尼撒的格里高利（Gregory of Nyssa，335 – 394 以后）的万物回转说。[94] 获得救赎意味着罪得赦免而更新变化，并在今世对耶稣的效法和跟随中，成为新人，"若有人在基督里，他就是新造的人，旧事已过，都变成新的了。"[95] "因你们已经脱去旧人和旧人的行为，穿上了新人，这新人在知识上渐渐更新，正如造他主的形象。"[96] 这两种人论观念的不同之处在于，人文主义设定人天生具有权利，相信人的自由发展的善，因此应给予人自由思考和生存的空间，任何的压抑和束缚对人都是不恰当的。正是出于这样的

---

93 布鲁姆的《西方正典》的第一篇《经典悲歌》中提及一件轶事："我记得一位同事无疑是以嘲讽的口吻告诉《纽约时报》的记者说：'我们都是女性主义批评家。'这一说法似乎更适用于在一个被占领的国家，因为那里的人们无法指望从解放中获得解放。"《西方正典：伟大作家和不朽作品》，第 12 页。

94 尼撒的格里高利（Gregory of Nyssa），335-394 以后，希腊三大教父之一，对三位一体神学作出卓越贡献，他的万物回转说被东正教接受，发展而成"圣化"（divinization）教义，但一些天主教神学家不赞同这种观点。

95 《圣经·新约》，哥林多后书 5：17。

96 《圣经·新约》，歌罗西书 3：8-12 "但现在你们要弃绝这一切的事，以及恼恨、忿怒、恶毒（或作"阴毒"）、毁谤，并口中污秽的言语。不要彼此说谎，因你们已经脱去旧人和旧人的行为，穿上了新人，这新人在知识上渐渐更新，正如造他主的形象。在此并不分希腊人、犹太人、受割礼的、未受割礼的、化外人、西古提人、为奴的、自主的，惟有基督是包括一切，又住在各人之内。所以，你们既是上帝的选民，圣洁蒙爱的人，就要存（原文作"穿"。下同。）怜悯、恩慈、谦虚、温柔、忍耐的心。"

理念，文艺复兴时期的伟大作家拉伯雷在《巨人传》中设立了他的"理想国"——德廉美修道院，"德廉美"在希腊文里的意思是"自由的意志"，德廉美修道院的院规只有一条："做你所愿"。拉伯雷认为这是最佳的生存模式。最重要的是去掉对人的一切阻碍，顺应人天性的发展。而基督教认为，人的存在是必然有缺陷的，人存在的不圆满性不仅在于生命、身体的有限，而且在于人普遍的罪性，这个问题只能够通过基督解决。对于基督教而言，性别歧视是不正义的，它的广泛存在恰好暴露了人的罪的普遍性。自从伊甸园之后，世间一切的关系都不再是完美和谐的。从根本上解决这个问题同样只能通过耶稣。"当信主耶稣，你和你一家都必得救。"[97]这既是对所有人的普遍呼召，也是个体需要依据自身的生存状态去体验的个体呼召。"悔改"意味着从当下的罪行中脱离出来，"信主耶稣"意味着不再相信和依赖自己的能力，而是选择了依照耶稣及其门徒制定的行为模式生活。在生活中对耶稣的信靠和跟随不意味着放弃个体的所有主动性，而是在个体的主动性中以对耶稣的跟随和效法为圭臬。其差别在于，不是自我，而是一种植入主体行为的他律，成为个体行动的决策来源。他律的植入，或者说基督徒与耶稣的位格关系，使基督徒的行为具有一种深层的他者意识，有效地防止主体的自私和妄自尊大，这样才能从本质上根除歧视。

人文女性主义思潮最大的弊端之一是，它并不能清晰地为两性平等进行界定。性别在什么意义上才能真正"自由地没有限制地发展"，而真正的平等的判断标准又是什么？在基督教看来，这种目标自身就值得怀疑的。人自主的没有限制的发展不仅是不可能的，而且由于太过夸大个体的权利，导致忽视了他者和对自我的高扬，在寻求的过程中不可能不伴随着罪行。

世俗女性主义思潮的另一个问题是日益学院化的精英模式，在思辨的理路上行得虽远，但是对现实当下的指导意义却很薄弱。或者说它的理想过于理论化，而导致脱离实际，如一些激进的女权运动者否认婚姻的可行性，倡导女性放弃生育。对现实存在的基督教会而言，神学建设的基础就是指导教会和信徒的实践，只有扎根于此，才有长远的意义。因而，揭露只是解决问题的第一步，基督和女性的关系不应该停留在暴露和控诉的阶段，这对教会中占了一半人数的女信徒没有切实的指导意义。需要从"单纯的学术探讨"

---

97 《圣经·新约》，使徒行传 16：31。

这个泥沼中拔出腿来，迈步向前。如果说世俗的女性主义思想的作用是拿起各式各样的手术刀，切开性别歧视的毒瘤，那基督教对女性主义的贡献不能停留在依照其模式检讨自己的罪恶，而是从自己的角度为两性关系的和谐提供治疗，或者说救赎。

首先，基督教对人与人之间的基本态度是寻求和谐互爱的关系。福音书中记载，耶稣说："你们倒要爱仇敌，也要善待他们，并要借给人不指望偿还，你们的赏赐就必大了，你们也必作至高者的儿子，因为他恩待那忘恩的和作恶的。"[98] "只是我告诉你们这听道的人，你们的仇敌，要爱他！恨你们的，要待他好！咒诅你们的，要为他祝福！凌辱你们的，要为他祷告！"[99]这两段话，尤其是后面一段，长期被理解成基督徒倡导带有受虐狂性质的忍耐精神。但仔细地分析这两段，会发现它其实指出，在和敌人面对的时候，首先要在道德上远远高于对方，道德的绝对高度使行道者立于不败之地。这与基督教的基本立场一以贯之，面对在世上受到的不公正待遇，根本的解决方法不是《旧约》中的以牙还牙的律法。基督教认为世上的物质得失并非是最重要的，道德立场的失败才是人真正的失败。基督教的倡导无疑具有理想主义的特点，但这种看似不可能的高标准是基督徒以绝不妥协的精神去实践的。对于基督徒而言，最可怕的并非丧失生命，而是犯罪、偏离上帝的旨意。基督教倡导人以一种全新的生命去对抗这个世界的邪恶，但不是用一种以牙还牙的方式。而且这种道德立场不以人为标准，而以天父为标准——"因为他（即至高者）恩待那忘恩的和作恶的"。所以，基督徒的高尚道德是建立在对自己卑微地位的认识之上，他的道德依赖于天父。

《罗马书》中有一段相关的经文，可以和上面的经文互解："对人不可以恶报恶，对众人要勉励行善；如若可能，应尽力与众人和睦相处。诸位亲爱的，你们不可为自己复仇，但应给天主的忿怒留有余地，因为经上记载：'上主说：复仇是我的事，我必报复。'所以：'如果你的仇人饿了，你要给他饭吃；渴了，应给他水喝，因为你这样做，是将炭火堆在他头上。'你不可为恶所胜，反应以善胜恶。"[100]这一处经文说明了以德报怨行为的积极作用。"将炭火堆在他头上"是凭借以德报怨的行为拷问对方的良心。基督教认为，伦

---

98 《圣经·新约》，路加福音6：35。

99 《圣经·新约》，路加福音6：27-28。

100 《圣经·新约》，罗马书12：17-21，思高本。

理维度才是人存在的根本维度，不是其他身外之物：衣服、食物、身份地位、经济状况……带有"憎恨学派"特征的女性主义并不符合基督教教义对宽恕与和解的重视。基督的死带来了上帝与人的和解，也带来了人与人之间的和解。《雅歌》中唱到"爱情如死之坚强"，但《新约》中耶稣的爱比死更坚强。任何冤仇若视之为无法化解，都使耶稣的血白流了。而且，基督教相信，饶恕才能带来医治，医治则意味着人身上上帝形象的复原。因此，基督教接过世俗女性主义对其历史问题的批判，面对它，承认它，并试图提供治疗。

其次，绝大多数人文女性主义都以女性经验为研究基础，其中隐藏着将性别经验上升为绝对乃至唯一的真理来源的威胁。但基督教对所有人的生存状态都采取了一定程度上的批判。"世人都犯了罪，亏缺了上帝的荣耀。"[101]保罗在《罗马书》中对人的定义是基督教救赎的基础。在基督教看来，不论男人还是女人，都是罪人。这首先意味着女人对历史上男性的一味控诉的立场并不见得那么确凿无疑，不可撼动。可以肯定的是，性别不平等的年代是以两性的不和谐为代价的。这罪行不仅伤害女性，也伤害了男性自身，被歧视者受到伤害，而歧视他人者的生命则受到狂妄自私之罪的减损。伊丽莎白在《思考耶稣》中提出了一种颇具洞见的说法是，正如骄傲之于男性如同原罪，女性的原罪是"缺乏自尊和自信"，表现为"丧失中心、人格模糊，缺少自我感导致女性缺乏思考地从一个目标向另一个漂移"。[102]"原罪"的观念在今天的神学界已经被质疑。但我们可以将伊丽莎白的提法置换成"倾向"或"常见的缺陷"，它可能不在所有女性身上，但由于漫长的性别压抑经历使现实中的女性极易拥有类似的问题。女性无疑需要在自身价值受到减损的文化中面对自己的这一问题。而它的解决并不能够通过清算对方的罪恶获得。从这个角度而言，人文女性主义的问题之一是不能为受伤的女性描绘出可实现的清晰图景，最大的现世幸福显然不是无穷尽的批判，而是现实中的和解。

显然，基督教的路线不是激进的革命式的，因为其诉求是以现实教会的改良为圭臬，而且也相信基督教拥有的资源，能够为消除女性歧视作出其他思想传统或文化资源不能达到的独特贡献。如果回到基督教的历史与经典中，我们可以发现什么具有和解作用的实例么？

---

101 《圣经·新约》，罗马书 3：23。

102 *Consider Jesus*: *Waves of Renewal in Christology*, Elizabeth Johnson, St. Anthony Messenger Press, 19??p.102.

在基督教的妇女史上，如果不提修女，显然是不完整的。这是西方中世纪历史中一群独特的人，她们在父权制社会中以一种特别的形式保持了一定程度上的独立，享有世俗妇女所没有的部分自由。这群女性也是在教会史上唯一留下了自己的声音和传统的女性，以色列学者苏拉密斯·萨哈在《第四等级——中世纪欧洲妇女史》中指出，"中世纪妇女在文化领域的最大贡献集中于基督教神秘主义，如果没有福利格诺的安吉拉（Angela of Foligno），瑞典的布里奇特（Bridget of Sweden），锡耶纳的凯瑟琳，圣格特鲁德，宾根的希尔德加德，诺里奇的朱莉安娜（Juliana of Norwich），哈肯伯恩的梅希蒂尔德，马格德堡的梅希蒂尔德这些名字，人们简直难以想象中世纪神秘主义的形象。"[103]她们尤其在神秘神学和灵修文学上做出了卓越的贡献，神秘主义的历史如果除去她们的名字将不复完整。尽管中世纪的妇女地位低下，但"伟大的女性神秘主义者得到了其他妇女无法项背的地位和敬意。"[104]当然她们能够发挥作用在于她们对信仰的依附，作为修女——上帝的新娘，她们的成就是在淡化自身的性别特征的基础上获得的。

这些神秘主义者并没有如当代的女性一样抗争妇女的地位本身，而是普遍接受了女性在上帝造物中处于第二位的观念。如宾根的希尔德加德写道：

"当上帝看见男性，他喜悦他们，因为他们乃照他的形象所造。但在创造女人时上帝借助于男人的帮助，因此女人是由男人创造，男人体现圣子的神性，女性则体现男人的人性。男人是世上万物之主，因此统治着世界的法庭，女人则受男人的统治，必须服从他。"[105]根据圣经中保罗的教诲，希尔德加德也认为妇女无权以传道者的身份为上帝服务。希尔德加德的观点在女性神秘主义者具有代表性。

有趣的是，正是这位希尔德加德教导了最著名的神秘主义者之一绿谷的伯尔纳（Bernard of Clairvaux，1091-1153），也得到教皇犹金三世（Eugenius III）和其他教会领导，世俗统治者（包括英王亨利二世，阿基坦的伊琳娜）的承认。同样，生活在14世纪的锡耶纳的凯瑟琳同当时的教会首脑和各国统治者

---

103 以色列学者苏拉密斯·萨哈在《第四等级——中世纪欧洲妇女史》，林英译，广东人民出版社，2003年，第59-60页。

104 同上。

105 同上，第61页。

接触密切，她曾为教皇从阿维农迁回罗马积极奔走。[106]苏拉密斯·萨哈描述道："女性神秘主义者得到了社会的赞扬，成为古代社会背离常规的范例，妇女可以干涉教会和国家大事，指导领袖人物如何行事，撰写祈祷文，描述幻象，这同当时社会的常规真是大相径庭。"[107]

在这里我们看见了某种"言行的不一致"。女性神秘主义者口里说的，笔下写的，都是妇女应当服从男性，但是她们著书立说，同时给予男性和女性引导。对女性屈从地位的承认并没有阻碍她们在文化史和教会史中发生作用。中世纪的妇女地位在这里遇见了惊人的例外。通过阅读法国近代的著名女圣徒小德兰的著名自传《一朵小白花》，我们可以一窥她们的内心。

"亲爱的姆姆，你知道的，我曾希望能做一个圣女，但当我将自己来与那些圣人相比时，总是遗憾的感到有些不同之处——他们如同一些巍巍山岳，白云缭绕峯巅，而我只是一粒细砂，被那些过往的人踏在脚下。然而我并不因此而气馁；我向自己说：天主使我们怀有的高远理想，无不有实现的可能。我显然是毫无伟大之处，但即使我如此微渺，我也有超凡入圣的可能。缺点甚多的我，已安于我之所是；但我要努力寻出一条小路，做为达到天堂的捷径。到底（我自语），我们是生活在一个日新月异、发明甚多的时代。现在人们甚至已不必费力去一步步的爬楼梯——在一些富有的人全然不需要去费那份力量了。我的身量很小，无法登上那高高的梯子，难道我不能设法去搭升降机以接近耶稣吗？于是我就到圣经中去寻找一些含蓄、暗示，希望能够发现了我所需要的升降机，我看到了一段，那永恒的大智者说：'有单纯如孩童的人吗？那么叫他到我的跟前来吧。'我就向着那大智者走去了；我走的似乎是一条正确的路子；天主对这应他之邀而来的孩童般单纯的灵魂做些什么呢，我接着又将圣经读了下去，我发现了下面的启示：'我要像慈母抚爱她的爱儿似的安慰你；你将似一个被慈母的衣襟裹着，抱持于怀的孩童。'从未有这般感动人的言语了：再未有比这更慰心的音乐了——我终于能够在耶稣的手臂中被举到天庭！如果这事当真实现了，我真不需要长大了；相反的，我要永远这么小，更小。"[108]

---

106　1308-1377，法国国王将罗马教廷自罗马迁至法国阿维农地方，以后七任教皇均为法国人，并受法王控制，史称"阿维农之囚"。

107　《第四等级——中世纪欧洲妇女史》，第62页。

108　http://www.xiaodelan.com/BookInfo.asp?ID=6888

　　生活在 19 世纪末的小德兰和这些女性神秘主义者不同，她 24 年的生命中并没有完成什么大事，直至去世，她都是个默默无闻的小修女。但是去世前奉她的姐姐也是她的修道院院长之命完成的自传《一朵小白花》，又名《灵心小史》，使她声名鹊起，去世 27 年后即被封圣，立为宣教主保。

　　小德兰的灵修小书之所以广受欢迎，是因为她为现代普通人开辟了成圣之路。以淳朴纯净的语言表达出修道的真谛，不在于在人间成就伟业，而在于在上帝面前的单纯和信靠。中世纪的灵修作品往往喜欢一味贬抑自己的价值，如西班牙的大德兰的灵修名著《七宝楼台》即如此。小德兰的灵修思路不同，她虽承认自己的卑微，但坚定地寻求自己在上帝面前的位置。

　　从小德兰的自传中我们看见，她虽然承认女性地位相对于男性比较卑微，自己确实是渺小的，也没有什么突出的才干，但她这样承认的目的却并非自轻自贱，而是为了走向成圣，追求卓越。承认自身的卑微，却并不刻意固守表面的卑微，而愿意以自身的卑微，成为上帝的器皿，正合了保罗在《新约·哥林多前书》中的比喻："我们有这宝贝放在瓦器里，要显明这莫大的能力，是出于神，不是出于我们。"[109]追求成圣的道路是如同耶稣一般自我倾倒的道路。小德兰追求卓越，这从她对教会中伟人的羡慕可以看出，她不因为自己是女性，没有多少学问和才干，就甘心在追寻上帝的途中停滞，而是找到了自己亲近上帝的途径，即回转成小孩子的单纯心智，伏于自己的弱小卑微之下。

　　在这个时代，教会的女信徒不可能刻板地模仿中世纪的修女生活，有圣召的女性毕竟是极少数，大多数的女基督徒都需要行走在世俗世界之中，进入婚姻，斡旋在职场等各种社会环境之中。当代新教教会非常强调家庭。新兴的福音派教会流行各种形式的婚姻辅导，设立了如美国的爱家机构（Focus On Family）这样专注家庭的基督教非盈利机构，举办夫妻营会，牧师婚前辅导等等，非常注重建立婚姻生活中的圣洁与和谐。而这些教导都非常注重实践，因此大多不是以妻子的顺从为第一优先，反而非常强调夫妇二人的一体，对婚姻的忠贞，二人的沟通与相爱等等。今天的时代已经赋予了女性在中世纪难以想象的社会地位，但女性仍旧需要面对缺乏中心的离散的"原罪"，人文女性主义所设想的从自我中寻找自我的方式于此无补。

　　正如小德兰所说："阳光照耀着扁柏树，也照耀着每一朵小花，好像它才是唯一堪爱的；而我主也以同样的方式来表现对每一个灵魂的特殊喜爱，好

---

109 《圣经·新约》，哥林多后书 4：7。

像唯有它才是独一无二的。在每件事上，都有为某个灵魂好处设想的意图。好像时间流转，节序更易，当规定的某一时间到来，就使那最微渺的雏菊瓣儿展放。"[110]

在女作家的笔下，耶稣小说往往成为遇见耶稣，找到自我的故事。如《野姑娘》中玛利亚遇见耶稣，终于停止了对自己的放弃，因为耶稣爱她，尊重她，她也不再追逐钱财，而是从多年的痛苦中脱离出来，成为了一个美好的女性。又如 H. D.笔下的彼拉多之妻克劳迪娅，她原本寻找不到自己的内心，在情人和宠物中虚掷生命，与耶稣相关的信息也改变了她的生命状态，使她找到了自己的使命。

但可惜的是，笔者一直没能看见一部更为严肃地面对耶稣的小说。这些女作家大多有强烈的女性主义倾向，急于表达自己的观点，而未能更深入地面对耶稣真实的生活状态，使她们笔下遇见耶稣的女性成为她们观念的传声筒，并不像真实的生活在公元 1 世纪的犹太或罗马妇女。脱离了历史和社会语境，无法构成"存在化讲述"，也使她们脱离了基督教传统内部的资源，成为无水之木，未能结出更加丰盛的果实。

所以，笔者将这一小节命名为"未来之歌"。只有女性（包括教会中的）对耶稣的理解更为切身、深刻、独立，拒绝口号和贴标签，开放式地面对女性自我和基督教传统，才能出现更具有文学价值和神学价值的耶稣小说。而这，正是笔者之所望。

---

110 http://www.xiaodelan.com/BookInfo.asp?ID=1275

# 第五章　叙事的意义

　　在这一章笔者面对一个严峻的挑战，阐述耶稣小说的神学内涵，这是本书一开始就提出的目标。耶稣小说具有什么神学价值？或者基督的文学讲述，能够为神学做出什么独特的贡献？其中又有什么神学缺陷？首先，让我们来看同时代神学对耶稣的言说。

## 第一节　窘迫的基督论

　　1951 年，在许许多多纪念卡尔西顿信经 1500 周年的文章中，当代天主教神学巨擎卡尔·拉纳尔《卡尔西顿：结束还是开始？》揭开了当代新基督论探讨的帷幕[1]，这篇讨论基督论的文章在神学界产生了巨大持续的影响。作为卡尔西顿信经纪念文章之一，卡尔·拉纳尔认为，当今的基督论研究处于一种令人遗憾的停滞状态。难道卡尔西顿信经已经不足以构成基督教对耶稣的信仰告白了吗？拉纳尔认为，信经用逻辑演绎的方式解释基督，造成了一种我们已经明白无误、彻底了解基督的假象，而事实上，信经忽视了圣经对耶稣生平的叙事这一宝贵财富。今天的基督论不过是在重复古老的新经院哲学对一体二性的理解而已，缺少当代的真切认识。拉纳尔提出，整体而言，以上这些问题的综合是忽视了耶稣基督的真实人性，而基督的人性本是圣经和教义中的真理。[2]

---

1　*Chalcedon: End or Beginning?* [ Karl Rahner, Chalcedon: End or Beginning? redacted as Current Problems in Christology, Theological Investigations 1 , New York: Crossroad, 1982, pp..149-200.
2　*Consider Jesus: Waves of Renewal in Christology*, pp..11-12.

让我们再重新看一下《卡尔西顿信经》的主要内容：

> "……我们的主耶稣基督与（神）子是同一位；他在神性和人性上都同样完美无瑕，他是真神与真人，具有与我们相同的理性灵魂与身体；与父神同质，并且同样也与我们人类同质；除了罪之外，在所有事上都与我们相像；在神性上，他于万世以前从父神受生，并且同样在末世，为了我们以及我们的救恩，在人性的方面，从童贞女马利亚，这位神之母生出来；同一位基督、子、主、独生子，具有二性，不会混乱、不会改变、不能分开、不能离散；这二性的区别绝对不会因为结合而抹杀，反而各性的特征因此得到保存，并且联合为一位格与一质，并不分开或分裂为两个位格，而是同一位子、独生子、神圣的道、主耶稣基督。"[3]

耶稣的神人二性被卡尔西顿会议保守为奥秘，也留下了悬而未决的问题，在不同的时代人们总是会尝试更好地理解它，这也是每个时代神学必须修习的功课，即将基督论当代化。《卡尔西顿信经》是在公元 5 世纪东方基督论争论的背景下产生的，可以简单总结为神人二性，一个本体的神学信条。对当时的讨论者而言，神性与人性并不是需要解释的概念。可是在今天的背景下阅读这些文字，不可避免造成理解的隔膜。

美国学者伊丽莎白·约翰逊在《思考耶稣：基督论新潮》中评论道，这种隔膜感首先来自耶稣基督的二性。信经事实上指向并保护了一个神秘的本体，这一点往往被人们忽略。二性一体常常被理解成两种截然不同的东西的混合物，似乎耶稣成为了一个半人半神之物，而不是卡尔西顿信经所宣称的百分之百的人和百分之百的神。其次，是对位格（或译为人格，person）的理解，在今天，这个词通常意味着一个心理实体，一个意识与自由的个体中心，由身处社群中的个体与他人的关系构成。但在希腊原文中（Hypostasis）它并非一个心理学的词汇，而是一个哲学词汇，意味着存在的秩序中某种实体之物，存在，或某种东西的形而上根基。在一个现代人眼中，耶稣基督是三位一体的第二位格（person）这一定义不可避免地带有心理学的含混。[4]

澳大利亚学者杰勒德·霍尔（Gerard Hall）同样在他的基督论课程中提到：面对卡尔西顿信经，最大的问题来自将 5 世纪的希腊语言和思想翻译成

---

3 《基督教神学思想史》，第 241-242 页。
4 *Consider Jesus: Waves of Renewal in Christology*, pp..20-21.

20世纪的。比如，谈及神和人的本质（英文为'substance'（希腊文为'ousion'））意味着什么？今人对"本质"的理解一般和"不动之物"（'inert matter'）相关，而这并不能帮助我们理解神与人的现实。事实上，希腊语中的'ousion'更适于译成"存在"———个更具有动感和生命力的范畴。但即使在这里，我们还是要问，不论用"本质"还是"存在"，是否能够论述神、人两种如此不同的存在。对"性"（英文为'nature'（希腊文为'phusis'））这一词，也存在同样的问题，即原初这个词所拥有的的动感在今天作为一个抽象的词汇中已经丧失殆尽。[5]

但即使加上注释，将5世纪希腊语的思想用现代语翻译出来，隔膜仍未能够消除。首先，关于耶稣的真实的人性如何定义的问题。早期教父阿塔那修为确立正统基督论立下了汗马功劳，他在《驳异教徒》一文中一再论证："灵魂的理性可由它与非理性造物的区别得到有力的确证。这就是通常称它们为人的原因，也就是说，因为人类是理性的。"[6]人性一词在《卡尔西顿信经》产生的语境中意味着理性的灵魂加上肉身，而在今天没有人会再同意这个定义。因为在今天这个后弗洛伊德时代，我们认识到非理性事实上是人性中不可缺少的部分，那么，有趣的是，如果耶稣拥有完整的人性，"除了罪之外，在所有事上都与我们相像"，怎么处理他———一位救世主———生命中的非理性部分？还有，罪是什么？今天的人不再会轻易相信奥古斯丁的罪的遗传说，因为这种遗传说让人为非自身的错误付代价，无法与上帝的公义和谐一致。也不会有人像在中世纪一样，将性欲等同于罪，在今天，甚至原罪论也已经逐渐被神学淘汰，罪的所有形而上学涵义似乎都不再有意义，如果耶稣和我们唯一的差别是没有罪，那么，耶稣究竟在什么意义上与我们相似，又与我们不同？"人是个谜"，是个问题，耶稣的人性也随之变得扑朔迷离。

其次，耶稣具有真实的神性，与父神同质。可是关于上帝的一系列描述似乎并不适用于他：比如，在福音书中，他明显不拥有全知、全能的能力。更重要的是，在今天一位过于有能力的上帝很容易在道德上处于劣势。就如本书第一章提到的，中世纪的基督论过于强调了基督的神性，使耶稣的历史

5 http://dlibrary.acu.edu.au/staffhome/gehall/XTOLOGY6.htm。杰勒德·霍尔，澳大利亚天主教大学神学系主任，引文源自他的课程《耶稣基督：基督论课程》第六课，历史与传统中的耶稣基督。
6 《论道成肉身》，阿塔那修，石敏敏译，三联书店，2009，第49页。

性，或者说他的肉身性暧昧不明。而在20世纪人类遭受的苦难面前，传统的建构在形而上学基础上的神论显得尤为薄弱。

不论在5世纪还是随后的中世纪，神学教义都受到希腊思想的显著影响，上帝不可能受苦的观念即来自于此。因此，在中世纪的教会正统教导中，在耶稣的生平中，当他被众人离弃钉在十字架上时，只有耶稣的人性受苦。《卡尔西顿信经》清楚地说"二性……不能分开"，但在这里，毫无疑问耶稣被分开了。这使耶稣仍旧显得是两者互不融合之物的奇怪的混合体。问题是，如果耶稣只有一半在受苦，他就没有与人认同。同样，由于耶稣的神性，这也使耶稣不可能被诱惑，但如果降生成人的耶稣不可能被诱惑，那他就不是与我们一样的人。这也使耶稣在福音书中被诱惑的情节仅仅成为一场表演，一个做作的仪式。上帝不可能受苦，是中世纪天主教传统中坚定的立场，因为会受苦的上帝减弱了其神性。而这种观念虽然维护了上帝至高的神性，却使上帝远离了受苦的人。伊丽莎白评论道："我们想象一位冷酷而疏离的上帝，他从内心深处就不知苦难为何物。"在这个世纪，"我们被两次世界大战、大屠杀、种族隔离导致的无数地方战争、政府作为工具的酷刑、核战的威胁、直至今日仍在持续的饥荒这种种经验摧毁。一位不为所动的上帝在某种意义上根本不是一位值得我们爱的上帝。上帝观看所有这些痛苦，甚至允许其发生（这是一种经典观点），这种上帝对我们而言在道德上是难以容忍的。"[7]

面对这个世纪的苦难与人们面临的精神危机，当代神学提出了"奥斯维辛之后，上帝还存在吗？"的问题。一些神学家对这个问题提出了自己的答案，如比利时神学家爱德华·谢列贝克斯（Edward Schillebeeckx）[8]强烈关注了世上过度的苦难的问题。他认为，确实有一些可能苦难对人们的生活是有益的。它们按照正常的程序出现，有助于人的成长和性格完善，并使我们对他人有怜悯之心。有时候，受苦使我们免于肤浅和狭隘。但世上还存在大量另一种苦难，它们不完善人格，反而摧毁了人格，成千上万的人在比他们占优势的人手下承受这种苦难。它们毫无意义，摧毁了一切理论解释的尝试，这是世上肆虐的恶的深刻奥秘。[9]

---

7 *Consider Jesus: Waves of Renewal in Christology*, pp..118-119.

8 爱德华·谢列贝克斯：1914-，比利时知名罗马天主教神学家，多米尼克修会修士，对梵二会议有较大贡献。

9 *Consider Jesus: Waves of Renewal in Christology*, p.123.

又如当代德国著名神学家莫尔特曼（Moltmann）[10]以其"受苦的上帝"说对这个问题做出了回应，对 20 世纪基督论的发展做出了重要贡献。

如果上帝存在，为什么会出现奥斯维辛？这是 20 世纪的特殊问题。但其意义却不限于这个时代。这是一个亘古的追问，早在《旧约》中，《约伯记》就曾追问义人为何受苦。莫尔特曼指出，这个问题的潜台词是质疑基督教的神义论。神义论鉴于苦难的存在，为上帝作辩解。在 20 世纪关于奥斯维辛追问下，神义论成为不痛不痒的纯粹纸上谈兵。古典的奥古斯丁式的辩解以罪为善的缺乏，将恶非本体化，以解决上帝存在，恶从哪里来的问题。这种哲学化的处理也遭到怀疑。经历了 20 世纪的创痛，人们不能再接受一位对人们的痛苦没有感受，对人世间的罪恶没有制止的"无动于衷"的上帝。

莫尔特曼在《被钉十字架的上帝》[11]中建立的"基督受苦说"与"三位一体的十字架神学"就是试图在当代的背景下回应这些提问。他说："为何上帝允许此事发生？乃是一个旁观者提出的问题，它并不是当局者所提出的问题。……我在那个痛苦的深渊[12]所提出的问题是……我的上帝，你在哪里？上帝在何处？他远离我们，远在天际，或是，他在受难者当中，他也是受难者？……前面的问题是个理论上的问题……后面的问题是个实存的问题。"[13]他提出，事实上基督教信仰的中心正是基督的受难史。[14]"福音书将基督的受难史叙述成基督逐渐被抛弃后受苦，父因施予抛弃而受苦。各各他事件的重要意义是：为了在我们的苦难中伴随我们，在我们的苦痛中与我们同在，换言之，上帝和我们生死与共。"[15]通过重新阐释十字架神学，莫尔特曼为当代语境中的基督论提供了一种路径，不仅使上帝脱去了冷漠的外衣，而且为人在苦难中可以而且必须跟从基督确立了依据。莫尔特曼对基督论的理解显然具有生存论的维度。虽然莫尔特曼提出的"受苦的上帝"说不足以概括这个世纪基督论的全貌。其他如朋霍非尔、蒂里希、巴特等都为基督论做出了自

---

10 莫尔特曼：1926-，又译莫特曼。

11 《被钉十字架的上帝》，莫尔特曼，阮炜等译，上海三联书店，1997。

12 莫尔特曼在二战期间应征入伍，一天，数千架飞机将莫尔特曼所在的故乡汉堡炸为一片废墟，40000 多人被炸死，莫尔特曼身边的伙伴也被炸死，其时莫尔特曼仅 16 岁。

13 《当代的基督》，曾念粤译，雅歌出版社，1998，第 33-34 页。

14 同上，第 34 页。

15 同上，第 41 页。

己的贡献。但是，莫尔特曼的回应具有一定代表性。20 世纪对基督论的理解带上了生存论的印迹，这也是这个世纪神学发展的整体趋势。肉身原本就意味着苦难，意味着无法超越和脱离的尘世。从拉纳尔开始，基督论也经历了人类学的转向。"对拉纳而言，人类（甚至可能包括全宇宙在内）受造的目的就是要作"神的暗号"，成为神自我表达的标记与工具。因此，道成肉身并不与真正的人性抵触，而是使其臻至完全。有人假定，为要成为真正的人，耶稣必须在神之外有某种独立、自主的存在，拉纳则认为，这种主张犯了根本的错误，因为，'宇宙所有的受造物，在与神的亲近/疏离，或任神支使/独立自主这方面，没有基本的差异，只有程度的差别。'（另注）因此，耶稣基督可以彻底是人，独立自主、完全自由，因为他的人性乃是藉着道成肉身，与道永远联合，而能与神亲近无比。"[16]

耶稣的肉身必须确凿无疑地存在，就如古老的神学家纳西昂的格里高利所说，耶稣不具有的肉身部分是不能被救赎的。当代神学家们也开始探讨了耶稣的人性、自我认知和历史，一群天主教神学家甚至得出了耶稣在生平中逐渐认识到自己的弥赛亚使命的大胆结论。[17]耶稣小说对耶稣肉身的呈现远远超出了神学家们的讨论。他们探讨了耶稣的性欲，探讨他可能面对的"私生子"的蔑称，探讨女门徒和耶稣的关系，探讨耶稣面对犹太教传统的焦虑，虽然耶稣小说的探讨常有离经叛道之嫌，却说明了人们走近耶稣的渴望。若没有肉身的困惑，何来肉身呢？

耶稣的肉身看似只与耶稣二性之一的人性相关，实际上却是一个牵一发而动全身的问题。耶稣小说中一再精心刻画的"人子"形象说明了人们渴望切实地理解耶稣。在这个时代，外在的权威已经被彻底破除，当人们寻求心灵的依托时，耶稣和基督教仍是一个可以考虑的选项，但是人们已经无法用过去的方式去追随他。传统的耶稣形象由一种神话式的言说建构而成，在其中，日常生活的纷繁复杂被抹平了，人类不能被简化的经验被旗帜鲜明地区分成"向上"和"向下"的运动，现世生活也在这样的简化中失去了应有的意义。后启蒙时期的人们不会仅仅因为教会或传统的缘故追随耶稣，而有待在自己的生命经验中检验这种理论。在今天相信耶稣的基础是什么呢？笔者以为，正是一种诉诸于内心的求证。在"人子的自我建构和灵性探索"这一

---

16 《二十世纪神学评论》，第 301 页。。
17 *Consider Jesus: Waves of Renewal in Christology.*

节中，我们发现现代人并不缺乏对灵性的探索，这其中包括对生命意义的寻找、对永恒的追问、对自我的探索（主要表现为个体道德的建构，以及对他人与我关系的处理）等。人们将这个探索的过程一再置于耶稣的身上，一方面说明了神学表述在这方面的匮乏，另一方面也说明了人们希望耶稣也经历了这个身为人的真实过程的强烈愿望。灵性的探索不止于精神层面，虽然我们在这里的表述似乎都是一些内在的词汇，如"对生命意义的寻找、对永恒的追问、对自我的求索"，但也包括伴随这些追问的实践。基督教非常擅长探索人的内在精神，但在历史上这些精神求索每每在耶稣面前止步。对这种内在探索的重新发现和肯定是一种新的人论思想，是灾难深重、理论迭出的 20世纪的一项巨大收获。这种人论突破了此前统治文坛多年的人道主义和理想主义人论，将人视为非自足的个体，一生都面对着虚无的侵蚀，在任何一个层面上都是非英雄（anti-hero）的主人公（hero），他的行为、道德、事件都谈不上有什么伟大的意义。小说为塑造一个更符合现实的人的形象更换了它的表现方式和角度，耶稣小说中的耶稣形象是这种在小说中已经达成共识的人论的集中表达。

拉纳尔认为，当代基督论的窘迫之处在于对耶稣真实人性的忽视。20 世纪的人论为人们理解耶稣的人性提供了新的思路，使人们得以将耶稣与自己的现实生活嫁接。这种人论是以对人的现实生活的观察和感悟为基础的，这种感悟具有鲜明的宗教甚至可以说是基督教的维度。基督论作为一种严谨的神学言说方式，显然并不适合将耶稣无限地具体化。从这个意义上，说耶稣小说弥补了神学言说的空白，将耶稣与现实中生活的个体的距离无限拉近了。

比如，基督论中小心翼翼的发展，如一些天主教神学家根据福音书得出耶稣在生平中逐渐认识到自己的弥赛亚使命，在文学中得以大胆实现。如果说耶稣所不具有的人性，就是人性中未获得救赎的部分。那么在这个时代，是文学的表现恢复了耶稣丰满的人性，同时也使得耶稣的道路是门徒可以效法和跟随的。

耶稣小说不仅填补了神学言说的空白，而且它让耶稣经历 20 世纪人的心路历程，事实上也为世人提供了走近耶稣的途径。这种关注当下性、内在性的耶稣言说方式也值得神学参考和借鉴。

耶稣小说将个体的当下境遇作为走近耶稣的唯一所在。作家们不遗余力地描摹耶稣的生存困境：未婚生子的出生，他与原生家庭的纠葛，与母亲之间独特的维系方式；他的苦难的民族，在罗马帝国统治作为犹太人下的文化危机，他的宗教传统在多神论的国度中显得如此不合时宜；他公开信奉一位隐匿的上帝，他选择的人生道路为自己带来的致命结局，他最亲密朋友的背叛，宗教、道德与世俗权力、金钱的博弈；甚至他的情感危机、他的诱惑与欲望……《新约·希伯来书》中这样描述耶稣："我们既然有一位已经升入高天尊荣的大祭司，就是神的儿子耶稣，便当持定所承认的道。因我们的大祭司并非不能体恤我们的软弱；他也曾凡事受过试探，与我们一样，只是他没有犯罪。所以我们只管坦然无惧地来到施恩的宝座前，为要得怜恤，蒙恩惠，作随时的帮助。"[18]显然，在《新约》时代，门徒就已经有这样清晰的认识：耶稣面临和基督徒同样的试探，甚至是"凡事受过试探"，这对基督徒来到神面前是至关重要的，因为耶稣有这样的经历，所以他能够"体恤我们的软弱"。耶稣小说综合各种历史考古的资料，恢复耶稣生活过的社会和时代，包括地理、植物、政治、经济、阶层、民族、信仰、文化……使福音书中简笔化式的耶稣故事处境化。这对基督教会的信仰实践以及神学建设是发人深省的。耶稣小说将耶稣处境化，反抗的往往正是一位观念化的耶稣形象。而这种耶稣形象至今仍活跃在基督教会生活中的方方面面。耶稣被观念化，即是耶稣之死。就像我们在第一章中曾经提到过的，中世纪的圣方济各的修道生活使耶稣变得触手可及，并将"完全的神性"与"完全的人性"这样高度抽象化的定义拉得贴近人们的具体生活，"在耶稣的苦难和十字架上惨死中，神性生活的秘密和人的生活的秘密都已变得明晰起来。"[19]成功的耶稣小说回归福音书的言说方式，甚至是耶稣自己的言说方式。如《约翰福音》第8章中耶稣对犯奸淫的妇人的审判："们中间谁是没有罪的、谁就可以先拿石头打她。""他们听见这话、就从老到少一个一个的都出去了。"[20]面对来势汹汹，用这个犯罪的妇人为耶稣布置陷阱的犹太文士和法利赛人，耶稣提醒他们到心中省查自己的正义性。这是福音书中耶稣与个体相遇的典型模式：即促使对方在"当下的存在"中来面对自己。类似的例子层出不穷：好撒玛利亚人的比喻、与年青财主的交谈、与血漏病妇人的对话等等。

---

18 《圣经·新约》，希伯来书 4:14-15。

19 《历代耶稣形象》，第 176 页。

20 《圣经·新约》，约翰福音 8:7-9。

个体的当下境遇为出发点，并不意味着我们认为，个体经验具有超越一切的真理性，而只是想说明，从个体的当下经验走向耶稣，建立了一种走向耶稣应有的开放的模式。耶稣小说或许不能直接撼动教会的正统神学阐释，这或许也并非其初衷。但这种触及耶稣的方式有助于世人接近真实的耶稣，一位可理解可亲近的耶稣，一位具有丰满人性的耶稣，拓展了人们理解耶稣的想象了空间。

事实上，个体与耶稣相遇的千差万别的故事，是历世历代基督教会生命力的源泉。一位拥有丰满人性的耶稣无法成为偶像，并且使人在自身充满缺陷的存在中走向他。走向耶稣的道路，既是发现自我的内心之旅，也是走向他者的伦理之路。

## 第二节　神学的随想

在上一节，我们指出了 20 世纪耶稣小说可能的积极意义。但是在这一节，我们需要从另一个角度，即神学，来评价这些小说的神学"贡献"，而此时评价似乎不可避免地走向负面。

美国圣公会牧师及文学批评家约翰·基灵格（John Killinger）在《现代文学中上帝之不在场》针对现代文学中的耶稣形象的"虚拟变形"说："或许某些作者真诚地相信，他们是在为基督效劳，把基督从灰色的超自然主义中解脱出来，这种超自然主义试图把他隐藏在早些时代的虔诚派文学之中。但是，真实的结果是，他们把基督描绘成一个不可名状者，一个不显现的显现，一个不能进行拯救的救赎者。"[21]法国神学家加布里埃尔·法哈尼恩（Gabriel Vahanian）也曾经说，如果任何人都可以戴上基督的标志，基督形象就成为基督教的另一种贬值，这表现了基督教概念的深远世俗化。[22]这些批评都针对 20 世纪文学中的类耶稣形象发出，但同样的批评对小说中的耶稣形象也适用。在重写中，耶稣不可避免地变形了。具有当代特征的人子耶稣形象越来越脱离基督教的传统，失去了超自然主义添加的神性光芒，变得难以形容、定义、归纳，似乎完全丧失了其作为拯救者的能力。

---

21 节选自 *The Failure of Theology in Modern Literature*, John Killinger ,1963，转引自《宗教与当代西方文化》，第 286 页。
22 *The Death of God*, Gabriel Vahanian, New York: George Braziller, 1962, p.131.

首先，从神学上而言，耶稣小说提供的是一个缺乏神学正统性根基的"基督论"。从某种意义上而言，基督教虽然名为基督教，在其核心教义中，事实上"三一论"先于基督论，即圣父、圣子、圣灵，三一上帝，同尊同荣。在这些耶稣小说中，由于深度的世俗化，不仅圣子蜕变为人子这一单一的维度，而且圣父在圣子的似乎日渐清晰的新面容中退化成为一个刻板的严苛形象，或者，和圣灵一样，在圣子的故事中不复在场。而圣灵也同样在基本所有耶稣小说中无迹可寻。离开了三一论的前提而有的基督论，自然只能是一种神学上的"异端"。

同时，就基督论自身而言，只关心耶稣基督的人性，好不理会其神性的神学显然也不完整。当代天主教神学家拉尼若·坎塔拉梅萨（Raniero Cantalamessa）在《基督耶稣：上帝的圣者》（*Jesus Christ: The Holy One of God*）一书中指出，在 20 世纪这些对耶稣的重写中，耶稣的圣洁被严重忽视了。耶稣的圣洁即他的无罪性，这使他站在伦理等级上处于一种无限性的地位。[23]而在今天，坎塔拉梅萨认为，教会不必像教父时代一样，担心亚流主义（该流派否认耶稣具有完整的神性）的危险，而是可以承认耶稣的圣洁具有某种双重性，即"客观的圣洁"和"主观的圣洁"，前者指他与生俱来的特性，后者指"耶稣的智慧和身量、〔身量或作年纪〕并神和人喜爱他的心、都一齐增长"（路 2：52），也就是说，耶稣是成长的，他在某一时刻具有当时的完美性，对上帝对他此刻的要求的顺服。[24]

这样，从基督论中，我们或许可以获得基督教人性论的一种自古以来被基督徒践行，却未必得到清晰总结的人论。

尽管有教义教规信经存在，教会的信众对耶稣的认识却是复杂多元的。其中，耶稣是完美人性的呈现这一点，是促使他们积极效法耶稣的主要动力。如前所述，舍勒在 20 世纪哲学人类学的奠基之作《人在宇宙中的地位》的序言中说"人自身在历史上的任何时候都不像现在这样成问题"，舍勒描绘的是一幅到今天依然有效的图景，基督教也需要在这个新的图景中再次定位、反思、整合自身的人论。

---

23 *Jesus Christ: The Holy One of God*, Raniero Cantalamessa, trans. Alan Neame, Collegeville: The Liturgical Press, 1990, p. 13.
24 Ibid, p. 14.

　　基督教人论的第一个来源是《创世记》中人这个字第一次在《圣经》中出现的时候："上帝说：'我们要照着我们的形像，按着我们的样式造人，使他们管理海里的鱼、空中的鸟、地上的牲畜和全地，并地上所爬的一切昆虫。'上帝就照着自己的形像造人，乃是照着他的形像造男造女。"（创 1:26-27）这段话不仅讲述了人在历史上的起源，而且说明了他的独特性：在万般受造中唯有人拥有上帝的形像，上帝的形像是尊贵的，这是人的尊贵的来源，人拥有迥然有别于其他受造物的高贵地位；（凡流人血的，他的血也必被人所流；因为上帝造人，是照自己的形像造的。创 9:6）"使他们管理海里的鱼、空中的鸟、地上的牲畜和全地，并地上所爬的一切昆虫"，暗示了与上帝的形像相关的是一种主人式的权柄和能力。这种主人般的身份可以引申出人是自由的，受造中唯有他可以向某种无限性敞开，不拘泥于惯性、本能或者自然定律。《旧约》对人与上帝的形像的关系描述简单浅白，没有更进一步的解释，唯一可以肯定的是人犯罪，与上帝的关系破裂时，人之上帝的形像也遭到了损害，它若是一种潜能，已经不再能够完全有效地实现。在新约时代，基督作为新亚当第一次在地上真正实现了上帝的形像，《希伯来书》说："他是上帝荣耀所发的光辉，是上帝本体的真像，"（来 1:3a）而跟随耶稣的基督徒将"穿上新人，这新人是照着上帝的形像造的，有真理的仁义和圣洁。"（弗 4:24，并参见西 3:10）

　　其次，就是人具有罪性。《创世记》第三章记载的亚当和夏娃被逐出伊甸园的故事，极为清晰地解释了犹太-基督教眼中人之根本性问题在哪里：罪具有普遍性，是人类自身携带的最大问题。甚至死亡也是罪的结果。这两点都是基督教人论的基本设定。

　　而坎塔拉梅萨的基督论，对耶稣的圣洁的探讨则提醒了这个时代重新思考耶稣的时候，需要处理这个最基本的神学人类学、也是哲学和伦理学的命题，即耶稣与人有别之处，在于他的没有罪。而没有罪，本身就意味着圣洁（Holiness）。该词的词根和原义是"分别出来"。如果放在人论上，则说明了我们的人性与耶稣基督的人性之间无限量的差距。

　　既然"道成了肉身"，基督论就不仅是上帝论的问题，也是人类学的问题。卡尔西顿信经事实上刻意保留了基督论中的奥秘的部分。既然耶稣呼召门徒去跟随他，这说明他虽然奥秘且独一无二，却在一定意义上是可以效法的。在信众对耶稣的效法中，便是一条从人到完全的人的路。从伦理学上来说，这一观念给我们的启发是，基督教的人论是一种理想型的人论，即树立了一个理想的标杆，或者说人性标准，基督耶稣，在理论上，这一形象的人性吊诡地与神性以某种方式结合在一起，同时因为没有罪性迥别与普通的人性，因此和人们实际拥有的人性之间呈现出巨大的差距，另一方面这一形象主要通过《福音书》这样一种言行录的叙事文体展示出来，因此极有巨大的阐释空间。所有这一切基督论的特点，都使基督教的人类学具有鲜明的自身特点。其中包括：

1、以耶稣基督为标杆的伦理效法奠基于一种个体认信式的跟随，要求委身、持续和坚定。

2、福音书中耶稣形象的阐释空间巨大，因此基督教人论重视人的伦理发展的过程和方向，不是一种具有完成性的人论。这种人论对人的认识具有开放性，不是各种特征描述的总和或累积，而是一种具有位格性或者个体性的人论。这也可以解释为何历史上出现了各种各样的圣徒，因为他们各自在自己的时代中以鲜明的个性实现了对耶稣的效法，同时也实现了自己的人性。

3、人不是一个独立的定义，而是应当在与基督的关系中得以定义。人起初具有效法耶稣的潜能，这使他与万物不同，因为耶稣在所有造物中唯独成为了人，而效法耶稣的过程则是人成为人的过程，这应当成为基督教人论的应有之义。

人性是一种与肉身不可分离的有限性，也是一种有待实现的潜能，是向他者开放才能完满的存在。罪的介入使这种潜能的实现不再可能，人不能行走在"真理的仁义和圣洁"之中，上帝的形象破损，人之为人的目的无法达成。对于基督徒来说，效法基督，并不是简单地模仿耶稣在福音书中的言行，其中的言行针对当时当地，否则就成为机械的模仿。做耶稣的门徒，也不仅仅是修炼灵性德性。在无神论者也讲牺牲与谦卑视为宗教的基本德性的时候，只谈耶稣的牺牲与谦卑是不够的，更遑论将自己放在耶稣的位置上，采用代入式的用同情心或者同理心来想象耶稣会怎么做。而此时，三一论的角度可以挽救这种对于耶稣的肉身过于世俗化的理解，那就是信徒应当效法耶稣在圣灵中与上帝密契。

福音书数次提及耶稣与圣灵的关系：耶稣乃玛利亚从圣灵怀孕所生（太1:18），圣灵在耶稣受洗的时候肯定他的儿子身份，并表达了上帝对他的爱（太3:16-17）。他被圣灵引到旷野，受魔鬼的试探（太4:1）。耶稣满有圣灵的能力

（路 4:14）。被圣灵感动就欢乐，发出对上帝的赞美（路 10:21）。而且，他藉着圣灵吩咐所拣选的使徒（徒 1:2）……耶稣基督并不是依赖其神性在肉身实现上帝的形像，而是凭借他在三一之中的共融。虽然在《新约》中直接记载的耶稣受圣灵引导、肯定、安慰大致只有以上几处。但是依据三一论，神学推论出耶稣的言行均是生发与和圣灵、圣父的密契，福音书中没有处处都记载，只是出于必要的省略。

因为深谙圣灵的工作，耶稣在《约翰福音》中郑重地将圣灵授予他的门徒，"只等真理的圣灵来了，他要引导你们明白（原文作"进入"）一切的真理"（约）。"耶稣又对他们说：'愿你们平安！父怎样差遣了我，我也照样差遣你们。'说了这话，就向他们吹一口气，说：'你们受圣灵。'"（约 20:21-22）正是圣灵使耶稣的门徒在他离开以后，可以在耶路撒冷、撒玛利亚、犹太全地，直到地极，为耶稣基督作见证。在三一论和基督论中的效法耶稣方才是基督教的正统信仰。信徒对耶稣的效法，便是以耶稣为中保，透过圣灵，与上帝相亲。归根到底，一切的效法，都是与圣灵相契才可能。

那么什么是透过圣灵，或者说与圣灵相契呢？首先是圣灵论中的真理：圣灵不是一种能力，而是位格上帝。祂是一位自主的上帝，具有上帝的全部属性。而与天父上帝不同的是，圣灵上帝是信徒身旁的保惠师，正如《使徒行传》所启示，圣灵与顺服上帝旨意的人同在。其次，圣灵与遵行上帝命令的人同在。"行公义，好怜悯，存谦卑的心，与你的神同行"（弥 6:8）如何才能不像福音书中法利赛人一样，将所行的公义，发出的怜悯归给自己？它们必须在与圣灵的密契中实现。最后，圣灵与自由跟随圣灵的人同在。"主的灵在哪里，哪里就得以自由。"（林后 3:17）基督徒的自由不是随心所欲，而是指基督徒可以不受罪的辖制，自由地行义。自由也意味着信徒可以在自身的特性中跟随圣灵，无需模仿任何古圣先贤，而这种自由也最终将和圣灵一起成全每位信徒的个性，就是他的上帝的形象。这种自由与任何一种将人物化的企图相对抗。

但是关于圣灵的言说在神学是可以接受的，却因为圣灵之运行常常使教外之人感到抽象或无迹可寻，因此有必要使用更加具有公共性的语言来阐述效法耶稣的问题。这是当地圣灵论的独立问题，此处不再延伸。但无论如何，从教会早期的基督论争论中可以看到，事实上对基督的人性的理解曾经囿于古希腊人性论，即人等于理性的灵魂加肉身，而这种古典人论已经与今天的人论大相庭径。但是从耶稣作为真正具有完美人性的人这一历史上形成的观念而言出发，却有许多可以继续神学生发的空间。如果我们走到这样一些神学的考量上，则每一个信徒其实都有必要写作自己与耶稣相遇的故事，记载其中圣灵的运行，自己的成长，从而实现自己走向完成的过程，而这些耶稣的小说，则可以成为某种冲破习俗或禁忌、激发想象力的参照。

# 后　记

　　感谢台湾花木兰出版社，让我有机会修订和再版这部十年前的旧作！由于学力和学术资源不足，初版遗留了不少问题和遗憾。这一次主要修订其中的神学部分，即第一章第二节"中世纪的基督论"，并重写了第五章第二节"神学的随想"；此外，就是去掉了一些现在觉得不够严谨的表述。从第一次写基督教文学的论文到现在已经十九年了。笔下轻轻几个字，人间已是岁月悠长。但还是很高兴自己选择了一个很有意思的方向，并付诸努力去了解和写作。也感谢这段时间一直陪伴我的亲人和师友，没有你们的支持、付出与鼓励，我绝不能追逐兴趣与梦想到如今。期待今后也能一直与你们同行！

2018 年 4 月于圣母大学自习室

# 参考书目

## 中文书目

1. A·麦金太尔，《德性之后》，龚群、戴扬毅等译，中国社会科学出版社，1995。

2. A·麦金太尔，《三种对立的道德探究观》，万俊人等译，中国社会科学出版社，1999。

3. 阿拉斯戴尔·麦金太尔，《谁之正义？何种合理性？》，万俊人等译，当代中国出版社，1996。

4. 阿伦·布洛克，《西方人文主义传统》，董乐山译，三联书店，1998。

5. 阿塔那修，《论道成肉身》，石敏敏译，三联书店，2009。

6. 爱德华·吉本，《罗马帝国衰亡史》，黄宜思、黄雨石译，商务印书馆，1997。

7. 爱德华·塞尔编，《宗教与当代西方文化》，衣俊卿译，台北桂冠图书股份有限公司，1995。

8. 艾米尔·路德维希，《人之子——耶稣传》，张新颖译，南海出版公司，1998。

9. 安德鲁·洛思，《神学的灵泉——基督教神秘主义传统的起源》，游冠辉译，中国致公出版社，2001。

10. 安德鲁·诺雷斯，帕楚梅斯·潘克特，《奥古斯丁图传》，李瑞萍译，北京大学出版社，2007。

11. 奥尔巴赫，《摹仿论》，吴麟绶、周建新、高艳婷译，百花文艺出版社，2002。

12. 奥尔森，《基督教神学思想史》，吴瑞诚、徐成德译，北京大学出版社，2003。

13. 巴尔特，《写作的零度》，李幼蒸译，台北：时报文化出版企业公司，1991。

14. 巴赫金，《巴赫金全集》，晓河等译，河北教育出版社，1998。

15. 巴特，《罗马书释义》，魏育青译，华东师范大学出版社，2005。

16. 彼得·伯格等，《世界的非世俗化：复兴的宗教及全球政治》，李骏康译，上海古籍出版社，2005，

17. 别尔嘉耶夫，《俄罗斯的命运》，汪剑钊译，云南人民出版社，1999。

18. 别尔嘉耶夫，《俄罗斯思想》，雷永生、邱守娟译，三联书店，1995。

19. 别尔嘉耶夫，《自由的哲学》，董友译，广西师范大学出版社，2001。

20. 波伏娃，《他人的血》，葛雷、刘彦甫译，中国书籍出版社，1999。

21. 伯克富，《基督教教义史》，赵中辉译，宗教文化出版社，2001。

22. 勃兰克斯，《十九世纪文学主流》，刘半九译，人民文学出版社，1997。

23. 布尔特曼，《生存神学与末世论》，李哲汇、朱雁冰等译，上海三联书店，1995。

24. 查尔斯·泰勒，《自我的根源：现代认同的形成》，韩震等译，译林出版社，2006。

25. 布莱克，《布莱克诗集》，张炽恒译，上海三联书店，1999。

26. 陈惇等主编，《比较文学》，高等教育出版社，1999。

27. 戴歌德，《福音书与初期教会政治：社会修辞的研究进路》，周健文译，香港中文大学崇基学院神学院出版，2006。

28. 狄更斯，《听狄更斯讲耶稣的故事》，钟昊译，敦煌文艺出版社，2006。

29. 董江阳，《"好消息"里的更新：现代基督教福音派思想研究》，中国社科出版社，2004，

30. 伊恩·P·瓦特，《小说的兴起》，高原、董红钧译，三联书店，1992。

31. 冯季庆，《劳伦斯评传》，上海文艺出版社，1995。

32. 佛克马、伯顿斯编，《走向后现代主义》，王宁等译，北京大学出版社，1991。

33. 弗林斯著，《舍勒思想评述》，王凡译，华夏出版社，2003。

34. 葛伦斯、奥尔森，《20世纪神学评论》，刘良淑、任孝崎译，校园书房出版社，2000。

35. H·奥特，《不可言说的言说》，林克、赵勇译，三联书店，1995。

36. 《西方正典：伟大作家和不朽作品》，哈罗德·布鲁姆，江宁康译，译林出版社，2005，

37. 韩捷进，《艾特玛托夫》，四川人民出版社，2001。

38. 黑格尔，《黑格尔早期神学著作》，贺麟译，商务印书馆，1988。

39. 黄梅，《推敲"自我"——小说在18世纪的英国》，三联书店，2003。

40. 杰克·巴尔，《叙述学：叙事理论导论》，谭君强译，中国社会科学出版社，1995。

41. 卡尔·拉纳，《圣言的倾听者——论一种宗教哲学的基础》，朱雁冰译，三联书店，1995。

42. 考夫曼编，《存在主义：从陀斯妥也夫斯基到沙特》，陈鼓应、孟祥森、刘峰译，商务印书馆，1987。

43. 克尔凯郭尔，《基督徒的激情》，鲁路译，中央编译出版社，1999。

44. 克尔凯郭尔，《恐惧与颤栗》，刘继译，贵州人民出版社，1994。

45. 克利马科斯（克尔凯郭尔），《论怀疑者/哲学片段》，翁绍军、陆兴华译，三联书店，1996。

46. 莱斯莉·米尔恩，《布尔加科夫评传》，杜文娟、李越峰译，华夏出版社，2001。

47. 李枫，《诗人的神学：柯勒律治的浪漫主义思想》，社会科学文献出版社，2008。

48. 李炽昌，游斌，《生命言说与社群认同——希伯来圣经五小卷研究》，中国社会科学出版社，2007。

49. 勒南，《耶稣的一生》，梁工译，商务印书馆，1999。

50. 刘光耀、孙善玲等著，《四福音书解读》，宗教文化出版社，2004。

51. 刘小枫编，《20世纪西方宗教哲学文选》，上海三联书店，1996。

52. 刘小枫编，《夜颂中的基督——诺瓦利斯宗教诗文选》，林克译，道风书社，2003。

53. 刘意青，《〈圣经〉的文学阐释——理论与实践》，北京大学出版社，2004。

54. 马丁·布伯，《我与你》，陈维纲译，三联书店，2002。

55. 罗德尼·斯塔克，《基督教的兴起：一个社会学家对历史的再思》，黄剑波、高民贵译，上海古籍出版社，2005。

56. 马丁·开姆尼茨，《基督的二性》，段琦译，1996。

57. 马丁·路德，《马丁·路德文选》，马丁·路德著作翻译小组译，中国社会科学出版社，2003。

58. 马克·加利，《圣法兰西斯和他的世界》，周明译，北京大学出版社，2005。

59. 马克斯·舍勒《人在宇宙中的地位》，陈泽环、沈国庆译，上海文化出版社，1989。

60. 麦格拉思编，《基督教文学经典选读》，苏欲晓等译，北京大学出版社，2004。

61. 米夏埃尔·兰德曼，《哲学人类学》，张乐天译，上海译文出版社，1988。

62. 莫理斯，《丁道尔新约圣经注释——路加福音》，潘秋松译，校园书房出版社，2001。

63. 莫特曼，《当代的基督》，曾念粤译，雅歌出版社，1998。

64. 尼布尔，《人的本性与命运》，谢秉德译，基督教文艺出版社，1989。

65. 尼撒的格列高利，《论灵魂和复活》，石敏敏译，中国社会科学出版社，2004。

66. 帕利坎，《历代耶稣形象》，杨德友译，上海三联书店，1999。

67. 潘能伯格，《人是什么——从神学看当代人类学》，李秋零、田薇译，上海三联书店，1997。

68. 奇夫·安德逊、兰迪·利斯，《师徒关系：属灵路上的托与带》，李兴邦译，基道出版社，2005，

69. 祁克果，《一个诱惑者的日记——克尔凯敦尔文选》，徐信华、余灵灵译，三联书店，1992。

70. 萨特，《萨特文集》，沈志明译，艾珉主编，人民文学出版社，2005。

71. 申丹，《叙述学与小说文体学研究》，北京大学出版社，2004。

72. 《圣经》，思高本。

73. 《圣经》，合和本。

74. 孙柏，《丑角的复活：对西方戏剧文化的价值重估》，学林出版社，2002。

75. 孙毅，《关于单个的人的基督教生存论——祁克果宗教哲学思想述评》，北京大学博士论文 2004。

76. 孙毅，《个体的人——祁克果的基督教生存论思想》，中国社会科学出版社，2004。

77. 索洛维约夫，《爱的意义》，董友、杨朗译、三联书店，1996。

78. 托马斯·阿奎那，《上帝没有激情：托马斯·阿奎那论宗教与人生》，刘清平等编译，湖北人民出版社，2001。

79. 汪建达，《在叙事中成就德性：哈弗罗斯思想导论》，宗教文化出版社，2006。

80. 王钦峰，《后现代主义小说述略》，中国社会科学出版社，2001。

81. 威廉·巴雷特，《非理性的人——存在主义哲学研究》，杨照明、艾平译，商务印书馆，1999。

82. 伍蠡甫，胡经之主编，《西方文艺理论名著选编》，北京大学出版社，1987，

83. 肖霞，《日本近代浪漫主义文学与基督教》，山东大学出版社，2007。

84. 熊伟编，《存在主义哲学资料选辑》，商务印书馆，1997。

85. 许志伟，《基督教神学思想导论》，中国社会科学出版社，2001。

86. 薛华，《前车可鉴——西方思想文化的兴衰》，宣道出版社，1983。

87. 雅克·科莱特，《存在主义》，李焰明译，商务印书馆，2000。

88. 杨慧林，《移动的边界》，中国大百科全书出版社，2002。

89. 杨克勤，《夏娃、大地和上帝》，华东师范大学出版社，2008。

90. 叶夫多基莫夫，《俄罗斯思想中的基督》，杨德友译，学林出版社，1999。

91. 伊拉斯谟，《愚人颂》，许崇信译，辽宁教育出版社，2001。

92. 约翰·多米尼克·克罗桑，《耶稣传——一部革命性的传记》，高师宁、段琪译，中国社会科学出版社，1997。

93. 詹姆斯·泰伯，《耶稣的真实王朝》，薛绚译，江苏人民出版社，2008。

94. 曾念粤编，《莫特曼的心灵世界》，雅歌出版社，1998。

95. 翟茂曼，《圣方济亚西西传》，陶为翼译，生命意义出版社，1991。

96. 张百春，《当代东正教神学思想》，上海三联书店，2000。

97. 张辉，《审美现代性批判》，北京大学出版社，1999。

98. 张缨，《<约伯记>双重修辞解读》，华东师范大学出版社，2009。

99. 赵敦华，《人性和伦理的跨文化研究》，黑龙江人民出版社，2004。

100. 卓新平，《当代西方天主教神学》，上海三联书店，1998。

101. 卓新平，《当代西方新教神学》，上海三联书店，1998。

## 中文报刊文章

1. 何云波，《〈断头台〉：一个现代宗教神话》，《外国文学评论》，2003年第3期。

2. 康澄,《对二十世纪前叶俄国文学中基督形象的解析》,《外国文学研究》, 2000 年第 4 期。

3. 梁坤,《20 世纪俄罗斯文学中的基督复活主题》,《基督教思想评论》, 第 10 辑, 2009 年。

4. 潘华琴,《大师与玛格丽特〉和〈断头台〉中宗教题材的运用》,《苏州大学学报》, 1999 年第 1 期。

5. 孙毅,《论现代人自我认同上的困难——从基尔克果个体生存论的角度来看》,《道风——基督教文化评论》, 总第 21 期, 2004 年。

6. 孙毅,《论新约正典的形成过程》,《维真基督教思想评论》, 第 2 辑, 2004 年 2 月。

7. 夏晓方,《〈大师与玛格丽特〉与俄国宗教哲学思想》,《俄罗斯文艺》, 2002 年第 5 期。

8. 谢文郁,《约翰福音和古希腊哲学》,《外国哲学》, 总第 16 期, 2003 年。

9. 万德化,《基于宗教信仰之上的文学创作与文化》, 杨彩霞译,《基督教思想评论》, 第 10 辑, 2009 年。

10. 张欣,《欧洲初期浪漫主义文学中的基督教印迹》,《外国文学》, 2008 年 10 月。

11. 《上帝的形象》,《道风基督教文化评论》, 总第 21 期, 2004 年秋。

12. "耶稣传电影事工新片《抹大拉》美国发行",《基督日报》, 2008 年 3 月 1 日。

## 外文书目

1. Abe, Masao. *Buddhism and Interfaith Dialogue: Part One of a Two-volume Sequel to Zen and Western Thought*. Honolulu: University of Hawaii Press, 1995.

2. Barnes, Hazel Estella. *The Literature of Possibility: A Study in Humanistic Existentialism*. Lincoln: University of Nebraska Press, 1959.

3. Barth, Karl. *Church Dogmatics.* a selection with introduction by Helmut Gollwitzer. Trans. and ed.   G.W. Bromiley. Edinburgh: T. & T. Clark, 1961.

4. Barth, Karl. *The Humanity of God*. London: Collins, 1960.

5. Blake, William, *The Complete Portraiture of William & Catherine Blake*. London: Trianon Pr.,1971.

6. Burns, Paul ed., *Jesus in twentieth-century literature, art, and movie*. New York: Continuum, 2007.

7. Cantalamessa, Raniero, *Jesus Christ: The Holy One of God*. trans. Alan Neame, Collegeville: The Liturgical Press, 1990.

8. Cécile Hussherr. *Figures bibliques, figures mythiques: ambiguïtés et réécritures*. Paris: Éd. Rue d'Ulm, 2002.

9. Dabezies, André. *Jésus-Christ dans la littérature française: textes du Moyen âge au XXe siècle*. présentés par Jacques Chabot, [et al.], Paris: Desclée, 1987.

10. Delaroche, Bruno. *Figures christiques dans la literature*. Angers: Université catholique de l'Ouest : Institut de perfectionnement en langues vivantes, 1992.

11. Elizabeth A. Johnson. *Consider Jesus: Waves of Renewal in Christology*. New York: Crossroad, 1990.

12. Everett, W. Knight. *Literature Considered as Philosophy: The French Example*. London: Routledge & Paul, 1957.

13. Erasmus Desiderius, *Christian Humanism and the Reformation: Eslectied Writings*. ed. & Trans. John C. Olin, New York: Harper Torchbooks, 1965.

14. Farrar, Frederic W. *The Life of Christ*. New York: E. P. Dutton & Company, 1884.

15. Fiddes, Paul S. *The Promised End: Eschatology in Theology and Literature*. Blackwell, 2000.

16. Fower, Richard. *Theodicies in Conflict: A Dilemma in Puritan Ethics and Nineteen-Century American Literature*. Greenwood Press, 1986.

17. Frei, Hans W. *Theology and Narrative: Selected Essays*, Oxford University Press, 1993.

18. Genette, Gérard, *Fiction et diction*. Paris: Editions du Seuil, 1991, p.35.

19. Hauerwas, Stanley. L. Gregory Jones ed. *Why Narrative: Readings in Narrative Theology*, Grand Rapids, Mich.: William B. Eerdmans Publishing Co., 1989.

20. Helms, Randel. *Gospel Fictions*. New York: Prometheus Books, 1998.

21. Jasper, David. ed. *European Literature and Theology in the Twentieth Century*. 2nd edn, Bastingstoke and London: Macmillan, 1992.

22. Jürgen, Moltmann. *Man: Christian Anthropology in the Conflicts of the Present*. Philadelphia: Fortress Press, 1974.

23. Kern, Edith. *Existential Thoughts and Fictional Technique: Kierkegarrd，Sartre，Beckett*. Yale University, 1970.

24. King, Karen, *The Gospel of Mary of Magdala: Jesus and the first woman apostle*. Calif.: Polebridge, 2003.

25. Kuschel, Karl-Josef. *Human Nature, God and Jesus in Twentieth-Century Literature*. Trans. John Bowden. London: SCM Press, 1999.

26. Lahaye, Tim, & Jenkins, Jerry. *Left Behind: A Novel of the Earth's Last Days*, Tyndale House, 1995.

27. Lawrence, D. H. *A Selection from Phoenix*. A. A. Inglis ed., London: Penguin, 1971.

28. Loughlin, Gerard. *Telling God's Story: Bible, Church and Narrative Theology*. Cambridge University Press, 1996.

29. Lovejoy, O. *The Great Chain of Being*. Cambridge, Mass: Harvard University Press, 1936.

30. McBride, William L. ed. *Existentialist Literature and Aesthetics*. New York: Garland, 1997.

31. McBride, William L. ed. The Development and Meaning of Twentieth-century Existentialism. New York: Garland, 1997.

32. Miller, Robert J. ed. *The Complete Gospels*, California: Polebridge Press, 1994.

33. Paterson, John. *The Novel as Faith: The Gospel, According to James, Hardy, Conrad, Joyce, Lawrence and Virginia Woolf*. Boston: Gambit incorporated, 1973.

34. 1995.

35. Peterson, Eugene *Under the unpredictable Plant: An Exploration in Vocational Holiness*. Grand Rapids, Mich.: Eerdmans, 1992,

36. Porter, Stanley E. Hayes, Michael A. & Tombs, David ed. *Images of Christ: Ancient and Modern*. Sheffield: Sheffield Academic Press, 1997.

37. Relton, H. Maurice. *A Study of Christology: The problem of the Relation of the Two Natures in the Person of Christ*. New York: Macmillan, 1934.

38. Roston , Murray. *The Search for Selfhood in Modern Literature*. New York: Palgrave, 2001.

39. Priestley, Joseph. *Socrates and Jesus Compared*. Philadelphia: Byrne, 1803,

40. Savage, Catharine Brosman. *Existential Fiction*. Detroit: Gale Group, 2000.

41. Secretan, Philibert. *Les tentations du Christ: "La légende du grand inquisiteur" de Fedor Dostoïevski et "La dernière tentation du Christ" de Nikos Kazantzaki*. Paris: les Éd. du Cerf, 1995.

42. Schleiermacher. *Life of Jesus*, Philadelphia: Fortress Press, 1975. Trans. S. MacLean Gilmour.

43. Schweitzer, Albert. *The Quest of the Historical Jesus*. Minneapolis: Fortress Press, 2001.

44. Sim, Stuart. *Negotiation With Paradox: Narrative Practice and Narrative Form in Bunyan and Dofoe*. Maryland: Barnes & Noble Books, savage, 1990.

45. Sinclair, Upton. *They Call Me Carpenter: a Tale of the Second Coming*, Whitefish: Kessinger Publishing, 1922.

46. Stead, William. *If Jesus Came to Chicago: A Plea for the Union of All Who Love in the Service of All Who Suffer*, Chicago: Laird & Lee, 1894.

47. Strauss, David Friedrich. *The Christ of Faith and the Jesus of History: A Critique of Schleiermacher's Life of Jesus*. Trans. Leander E. Keck. Philadelphia: Fortress Press, 1977.

48. Stroup, George W. *The Promise of Narrative Theology*. London: SCM Press, 1984.

49. Tommie L. Jackson. M, *The Existential Fiction of Ayi Kwei Armah, Albert Camus, and Jean-Paul Sartre*. Lanham: University Press of America, 1997.

50. Westphal, Bertrand. *Roman & Évangile: transposition de l'Évangile dans le roman européen contemporain. 1945-2000*, Limoges: PULIM, 2002.

51. Whitehead, Alfred North. *Science and the Modern World.* Cambridge: Cambridge University Press, 1932.

52. Wilson, A. N. *God's Funeral*. New York: W. W. Norton, 1999.

53. Wright, T. R. *Theology and Literature*. Oxford and New York: Blackwell, 1988.

## 英文期刊

1. "Only Mailer's ego is big enough to tell first-person story of Christ", Nicholas Basbanes, Telegram &Gazette. Worcester, Mass.: May 11,1997, p.5.

## 主要分析文本

1. 《巴拉巴》，帕尔·拉格维斯，周佐虞译，上海译文出版社，1986 年。

2. 《《大师与玛格丽特》，布尔加科夫，钱诚译，外国文学出版社，1999 年。

3. 《《断头台》，钦·艾特玛托夫，梓鸣，述弢译，重庆出版社，1988 年。

4. 《《基督的最后诱惑》，卡赞扎基斯，董乐山、傅惟慈译，译林出版社，1988 年。

5. 《King Jesus: A Novel《耶稣王：一部小说》, Robert Graves, New York: Creative Age, 1951.

6. 《Live From Golgotha《各各他直播》, Gore Videl, New York: Random House, 1992.

7. 《L'homme Qui Devint Dieu《成为神的人》, Gerald Messadi, Paris: R. Laffont, 1995.

8. 《Memoirs of Pontius Pilate《彼拉多回忆录》, James R. Mills, Grand Rapids: Fleming H. Revell Company, 2000.

9. 《L'Évangile selon Pilate《彼拉多福音》, Eric-Emmanuel Schmitt, Paris: Albin Michel, 2003.

10. 《Pontius Pilate: A Biographical Novel《本丢·彼拉多：一部传记小说》, Paul Maier, Grand Rapids, Mich.: Kregel Publications, 1968.

11. 《*Pilate's Wife: A Novel of the Roman Empire*《彼拉多的妻子：一部罗马帝国小说》, Antoinette May, New York: Harper Paperbacks, 2007.

12. 《*Pilate's Wife*《彼拉多的妻子》, Hilda Doolittle, : New Directions Publishing Corporation, 2000.

13. 《*Quarantine*《40 天》, Jim Crace, London&New York: Viking, 1997.

14. 《*Testament*《见证》, Nino Ricci, Boston &New York: Hoaghton Mifflin Company, 2003.

15. 《*The Big Fisherman*《大个子渔夫》, Douglas, Lloyd C. London: Reprinted Society, 1949.

16. 《*The Gospel According to the Son*《子的福音书》, Norman Mailer, New York: Random House, 1997.

17. 《*The Man Who Died*《已死的人》, D. H. Lawrence, London: Martin Secker, 1931.

18. 《*The Gospel According to Jesus Christ*《耶稣基督的福音》, José Saramago, trans. by Giovanni Pontiero, London: the Harvill Press, 1996.

19. 《*The Gospel According to Judas by Benjamin Iscariot*《犹大福音》, Jeffrey Archer, Francis J. Moloney, New York: Macmillan Audio, 2007.

20. 《*The Shadow of the Galilean: The quest of the historical Jesus in narrative form*《加利利人的影子：在叙事中追问历史上的耶稣》, Gerd Theissen, trans. by John Bowden from German, Philadelphia: Fortress Press, 1988.

21. *The Thieves of Golgotha*《各各他的贼》, D. S. Lliteras, Charlottesville: Hampton Roads Publishing, 1998.

22. *The Wife of Pilate*《彼拉多的夫人》, Gertrud von le Fort, Perth Hills: The Bruce Publishing Company, 1957.

23. *Wide Girl*《野姑娘》, Michele Roberts, London: Methuen, 1984.

# 附件一 二十世纪部分耶稣小说比较

| 书名 | 选取福音书内容 | 视角 | 出版年份 | 耶稣形象 |
|---|---|---|---|---|
| 子的福音书 | 全 | 耶稣第一人称 | 1997 | 爱与真理的化身 |
| 大个子渔夫 | 全 | 全知 | 1948 | 较传统的基督形象 |
| 我，犹大 | 全 | 犹大第一人称 | 1977 | 同左 |
| 流浪的犹太人 | 受试探—复活 | 耶稣部分由犹大第一人称 | 1986 | 同左 |
| 伽利略的影人 | 传道—复活 | 安德鲁第一人称 | 1981 | 同左 |
| 大师与玛格丽特 | 审问至受难 | 全知 | 1952 | 无罪的羔羊 |
| 断头台 | 审问 | 全知 | 1986 | 宗教先行者 |
| 见证 | 出生至受难 | 玛利亚等四人第一人 | 2002 | 伟大的伦理教师 |
| 40日 | 40日被试探 | 全知 | 1993 | 寻求神的犹大青年 |
| 已死的人 | 复活 | 全知 | 1930 | 自然人（性） |
| 耶稣基督的最后诱惑 | 出生至受难 | 全知 | 1953 | 卓越的精神追求者 |
| 耶稣王 | 全 | 全知 | 1946 | 异教的神 |
| 各各他直播 | 受难 | 提摩太第一人称 | 1992 | 犹大叛乱头目 |
| 耶稣基督福音 | 出生至受难 | 全知 | 1991 | 上帝的牺牲品 |

# 附件二　二十世紀部分耶穌小說之比較二

| 人性方面 / 神性方面 | 書名 | 子的福音書 | 大個子漁夫 | 我，撫大 | 流浪的撓太人 | 伽利略人的影子 | 大師與瑪格麗特 | 斷頭台 | 見證 | 40日 | 已死的人 | 耶穌基督的最後誘惑 | 耶穌王 | 各各他直播 | 耶穌基督福音 |
|---|---|---|---|---|---|---|---|---|---|---|---|---|---|---|---|
| 個體 | 身體 | √ | √ | √ |  |  | √ | √ | √ | √ | √ | √ | √ |  | √ |
| 個體 | 心靈 | √ | √ | √ |  |  | √ | √ | ★ | √ | √ | ★ | √ | √ | √ |
| 個體 | 性 |  |  |  |  |  |  |  | √ | √ | ★ | √ | √ |  | √ |
| 關係 | 與自己 | ★ | √ | √ | √ |  |  |  | ★ |  | √ | √ | √ |  | √ |
| 關係 | 與門徒 | √ | √ | √ | √ |  | √ |  | √ | √ | √ | √ | √ | √ | √ |
| 關係 | 與親人 | √ |  | √ | √ |  |  |  |  | ★ |  | √ | √ |  | √ |
| 歷史性 | 政治性 |  |  | √ |  | √ |  |  | √ | √ |  | √ | ★ | √ | √ |
| 歷史性 | 民族性 |  | ★ | ★ |  | √ | √ |  | √ | √ |  | √ | √ |  | √ |
| 歷史性 | 時間性 | √ |  | √ |  | √ | √ |  | √ | √ | √ | √ | √ |  | √ |
| 神蹟 | 出生 | √ | √ | √ | √ |  |  |  |  |  | √ |  |  |  | √ |
| 神蹟 | 日常 | √ | √ | √ | √ |  |  |  |  |  |  |  | ★ |  | √ |
| 神蹟 | 復活 | √ | √ | √ | √ |  | √ | √ | √ | √ |  |  | √ |  |  |
| 啟示 | 道德性的 | √ | √ | √ | √ |  | √ | √ | √ | ★ |  |  |  |  |  |
| 啟示 | 真理性的 | √ | √ | √ | √ |  | √ | √ | √ |  |  |  | √ |  |  |

# 附件三　二十世纪部分耶稣重写小说之比较一

| 书　名 | 子 | 渔夫 | 我，抗大 | 流浪的抗大人 | 伽利略 | 大师 | 断头台 | 见证 | 40日 | 已死的人 | 最后诱惑 | 耶稣王 | 各各他 | 耶稣基督 |
|---|---|---|---|---|---|---|---|---|---|---|---|---|---|---|
| 选取福音书内容 | 全 | 全 | 全 | 受试探—复活 | 传道—复活 | 审问至受难 | 审问 | 出生至受难 | 40日被试探 | 复活 | 出生至受难 | 全 | 受难 | 出生至受难 |
| 视角 | 耶稣第一人称 | 全知 | 抗大第一人称 | 耶稣部分由亚第一人称 | 安德鲁第一人称 | 全知 | 全知 | 玛利亚等四人第一人 | 全知 | 全知 | 全知 | 全知 | 提摩太第一人称 | 全知 |
| 出版年份 | 1997 | 1948 | 1977 | 1986 | 1981 | 1952 | 1986 | 2002 | 1993 | 1930 | 1953 | 1946 | 1992 | 1991 |
| 耶稣形象 | 爱与真理的化身 | 较与传统的基督形象 | 同左 | 同左 | 同左 | 无罪的羔羊 | 宗教先行者 | 伟大的伦理教师 | 寻求神的抗大青年 | 自然人（性） | 卓越的精神造求者 | 异教的神 | 犹大叛乱头目 | 上帝的牺牲品 |